AtV DOKUMENT UND ESSAY

Die Alliierten richteten 1945 jeweils auf ihren Territorien Lager ein, um „Personen, die für die Besatzung und ihre Ziele gefährlich sind“, zu internieren. Eines von zehn Lagern in der sowjetischen Zone war Sachsenhausen: vom Konzentrationslager zum Speziallager. Die Namen ähneln sich, die Strukturen auch, doch die neuen Lager sollten anderen Zielen dienen. Was geschah wirklich hinter diesen Mauern? Wer kam dort hin und auf Grund welcher Anschuldigungen? Einer der Häftlinge war der berühmte Schauspieler Heinrich George. Intensive Recherchen brachten dem Autor und Herausgeber einen kostbaren Fund: ein umfangreiches Konvolut geheimer Häftlingsnotizen, die zusammen mit einer Fülle teilweise bisher unbekannter Dokumente und ergänzt durch einige Aufsätze zu speziellen Themen das bisherige Tabu endgültig brechen.

GÜNTER AGDE, Dr. phil., geboren 1939, Filmhistoriker, wissenschaftlicher Mitarbeiter an der ehemaligen Akademie der Künste zu Berlin. Publikationen zu filmhistorischen Themen, u. a. „Kahlschlag. Das 11. Plenum des ZK der SED 1965. Studien und Dokumente“ (Aufbau Taschenbuch Verlag, 1991).

Günter Agde

Sachsenhausen bei Berlin

Speziallager Nr. 7
1945–1950
Kassiber, Dokumente und Studien

Aufbau Taschenbuch Verlag

ISBN 3-7466-7003-9

1. Auflage 1994

Reihengestaltung nach einem Entwurf von
Sabine Müller, FAB Verlag, Berlin
Umschlaggestaltung Torsten Lemme, Berlin
Satz LVD GmbH, Berlin
Druck Elsnerdruck, Berlin
Printed in Germany

Inhalt

Vorwort

Die Alliierten der Anti-Hitler-Koalition richteten 1945 auf den von ihnen militärisch besetzten Territorien Deutschlands Internierungslager ein, die sie etliche Jahre lang betrieben. Erst 1950 wurden die letzten dieser Lager aufgelöst. Auf Grund gemeinsamer Beschlüsse (Potsdamer Konferenz, Alliierter Kontrollrat) internierten sie dort zahlreiche Deutsche, die „für die Besetzung und ihre Ziele gefährlich sind." Strukturen, Belegungen, innere Abläufe und Reglements dieser Lager handhabten die Alliierten freilich sehr verschieden. – Die Geschichte der Internierungslager bildet einen Bestandteil der europäischen Nachkriegsgeschichte und ist ohne sie (oder außerhalb) nicht zu verstehen.

Über diese Lager wurde bereits viel geschrieben. Insbesondere Historiker und Journalisten haben dies bittere Kapitel der Nachkriegszeit dargestellt. Auch viele ehemalige Internierte publizierten ihre Erinnerungen.

Nach der Wende flammte die öffentliche Debatte um diese Lager wieder auf und konzentrierte sich auf die Internierungslager, die die Sowjetunion auf dem Gebiet ihrer Besatzungszone, der späteren DDR, unterhielt, weil das DDR-Tabu der Internierungslager – wie andere Tabus auch – nun nicht mehr galt. Mittlerweile weiß man zwar viel, aber doch noch nicht genug über diese Lager.

Ein historischer Glücksfall bringt nun in bislang Bekanntes eine außerordentlich aufschlußreiche, authentische Binnensicht ein: 50 Seiten handgeschriebener Briefe, die der Berliner Eisenbahner Hans Scholz im Verlauf von 1½ Jahren 1945/46 im Speziallager Nr. 7 des NKWD, dem Internierungslager Sachsenhausen bei Berlin, geschrieben und mit Glück und Geschick hinausgeschmuggelt hat.

Genauso sensationell: Es war ihm gelungen, diese Briefe überhaupt zu schreiben, war doch jeglicher Besitz von Bleistift und Papier verboten. Seine Ehefrau hat die Briefe tatsächlich erhalten und jahrzehntelang die ihr heiligen Zettel, auf brüchigem Papier eng beschrieben, vielfach zusammengefaltet und geknifft, im sprichwörtlichen Nähkästchen aufbewahrt, wo ihre Kinder sie nach ihrem Tode entdeckten und im folgenden dann der Gedenkstätte Sachsenhausen zur Auswertung und dem Herausgeber zur Veröffentlichung überließen. Hans Scholz hat das Internierungslager nicht überlebt.

In seinen Briefen spiegelt sich in ungewöhnlicher Weise der Alltag des Internierungslagers: lebendig, plastisch und nachvollziehbar. Hans Scholz erzählt von dem, was er tagtäglich tut. Andere Internierte mögen anderes getan haben und sich an anderes erinnern. Der heutige Leser muß hinzugeben, daß im Lager strenges Arbeitsverbot galt, ebenso war der Besitz jeglichen Werkzeugs verboten. Die Arbeitskommandos, nach denen sich Hans Scholz drängte, waren hochbegehrt, aus Gründen, die man bei ihm nachlesen kann.

Er schreibt diese Briefe als Trost und Lebenshilfe an seine Lieben daheim: immerhin mußte seine Frau in der entbehrungsreichen, harten Nachkriegszeit die beiden gemeinsamen Kinder allein großziehen, sie ernähren und kleiden, an die Berufswahl des Jungen denken, für Wohnung und Heizung sorgen.

Hans Scholz achtet sehr darauf, seine eigene Stimmung zu verschweigen, zu vertuschen: monatelang hat er nur Appetit, erst spät, kurz vor seinem Tod, fällt das Wort Hunger. So notiert er auch nicht zufällig alles Aktive, Mobilisierende in seinem tristen Alltag: Überlebenswille als Sicht auf tägliche Verrichtungen.

Auf einfache Weise sind seine Briefe auch ein Stück Lebenshilfe für sich selbst: Er kann sich äußern, kann Zeichen aussenden, im Aufschreiben sich klarwerden und verständigen, kann sich damit seine Individualität und Identität bewahren. Seinen Texten sind kaum Anzeichen einer Art Lagerpsychose zu entnehmen, aber die beiden zentralen Fragen seines Daseins im Lager bestimmen buchstäblich jeden Tag: warum und wielange? Das sind – in seinem Lebensalter – die existentiellen Fragen, um die die Sinnbefragung gewiß aller Sachsenhausener ging und zwangsläufig gehen mußte. Genauso sind ihnen allen die Ohnmacht, die Unmöglichkeit einer plausiblen Antwort täglich vor Augen: das Bewußtsein von Unschuld und der offenbar weithin gemeinsame Austausch darüber. Die generelle Untätigkeit der Bewacher und Machthaber, die Kampagnen der Entlassungsparolen (und der – seltenen – tatsächlichen Entlassungen), dann wieder unerklärbare, willkürliche Aktionen der Bewacher durch Umzüge von Barackenbelegungen, scharfe Kontrollen und Quarantäne, die mangelhafte medizinische Versorgung, die miserable Verpflegung, die Besetzungen von Arbeitskommandos, auch Freizeit- und Kulturgestaltungen bestimmen das Lagerleben für jeden. Wenn Hans Scholz die verständliche Reizbarkeit von Kameraden notiert, schließt er die eigene Anfälligkeit dafür durchaus ein – und bewältigt sie damit, ein Beispiel für die ideelle Funktion seiner Briefe.

Ebenso täglich erleben die Sachsenhausener das Dahinsiechen und Sterben vieler Leidensgefährten. Hans Scholz beschreibt es lakonisch und karg am Schicksal seines Vetters Fritz. Wenn man zwischen diesen Zeilen liest und sich in die Lage des Schreibers hineinzuversetzen sucht, wird man spüren, wie sehr die Briefe Überlebenshilfe für ihn selbst sind. Apropos: über Sterblichkeitsraten und die Umstände von Beerdigungen gibt es bislang keine zeitgenössischen Dokumente.

Und auch dies muß man beim Lesen von Hans Scholz´ Briefen immerzu mitdenken: Nie wußte der Schreiber, ob seine Nachrichten die Empfänger auch wirklich erreichten. Diese Ungewißheit mußte sich folgerichtig durch die völlige Echolosigkeit steigern. Zwar gibt es in Hans Scholz´ Briefen Hinweise darauf, daß er Rückmeldungen dubioser Art von Frau und Familie erhielt, doch die Verbindung zwischen ihnen wird weder stabil noch dauerhaft. Die Resonanzlosigkeit als Folge des weder politisch noch rational erklärbaren totalen Schreibverbots durch die Machthaber, also die völlige Isolierung von jeglicher Außenwelt, verschärfte in aller Form die Sinnbefragung, die Zweifel und Selbstzweifel, die psychische Erosion, den Verfall des Individuums. Gegen alles dieses schreibt Hans Scholz in seinen Briefen an.

Die Doppelfunktion der Briefe – Trost für die Empfänger und lebenshelfende Selbstverständigung – ist stets mitzudenken. Sie ist auch mitzudenken, wenn man die sehr viel kürzeren Briefe und Kassiber liest, die der Herausgeber den Scholz-Papieren angefügt hat. Sie stützen auf ihre Weise Hans Scholz´ Auskünfte über den Lageralltag und führen sie weiter. Auch sie sind unter Gefahr geschrieben und durch Zufall aus dem Lager gelangt.

Die Briefe Hans Jakubiks, Erwin Tränkmanns und Walter Gorgas´ stammen vom Sommer 1949. Sie entstanden infolge einer allgemeinen Schreiberlaubnis durch das NKWD und bildeten das erste (und zensierte) Lebenszeichen, das die Angehörigen seit der Inhaftierung erhielten. Diese Schreiberlaubnis übrigens galt nur für die von Sowjetischen Militärtribunalen Verurteilten, nicht für Internierte.

Der Entschluß, diese intimen Zeugnisse vom Überlebenswillen in schlimmer Lage zu veröffentlichen, zog die Notwendigkeit nach, ihre Einordnung wenigstens zu versuchen, das Umfeld wenigstens zu skizzieren. Probatestes Mittel dafür bleibt allemal das Dokument. Und es gelang, diverse Dokumente – allesamt aus den Jahren 1945-1950 – aufzufinden, die die Rahmenbedingungen für das Schicksal Hans Scholz´ und der anderen Internierten umreißen helfen: interne Befehle, Dienstanweisungen und Berichte des NKWD und deutscher Behörden, ein Gerichtsurteil und eine Predigt, private und öffentliche Briefe Dritter, symptomatische Zeitungsartikel, auch Gegenstände, die Internierte im Lager unter primitivsten Bedingungen anfertigten und die für dies Buch fotografiert wurden. Noch die behördenamtlichen Transportberichte der Polizei bei der Auflösung der Lager 1950 lassen unmittelbare Rückschlüsse auf das Lagerleben zu.

Die Gruppierung von authentischen zeitgenössischen Dokumenten um den „goldenen Fonds“ der Scholz-Kassiber herum wird von einigen wissenschaftlich-historischen Studien flankiert, die Dokumente und Fakten des gewiß komplizierten Zusammenhangs tiefer ausloten und beschreiben.

Dieses Ensemble will ausdrücklich als Lesebuch verstanden werden, eine beziehungsvolle Sammlung miteinander korrespondierender Teile, ein Buch zum Vor- und auch Zurück-Blättern. Der Sinn der NKWD-Befehle wird erst richtig begreifbar, wenn man sie in Beziehung zu den Anweisungen des Alliierten Kontrollrats setzt, sie ihnen zuordnet und hinzufügt, daß sie oft willkürlich und ohne einsehbare Gründe „variiert“ wurden. Die Konsequenzen des Greußen-Urteils werden erst voll ermeßbar, wenn man Scholz´ Lager-Alltags-Beobachtungen danebenlegt. Der häufige Internierungsgrund „Werwolfverdacht" für minderjährige Jugendliche erhellt sich besser, wenn man weiß, was es mit dem Werwolf auf sich hatte. Wer sich „von außen" den Lagern näherte, wußte sehr wohl, daß er in erster Linie mit der Besatzungsmacht umzugehen hatte, wie es Geistliche – darunter Heinrich Grüber – versuchten. Scheinbar belanglose Details erschließen sich erst im Kontext des Gesamt-Zusammenhangs: Hans Scholz´ mühsame Arbeiten, seine Lagerstatt zu verbessern, die Schnitzereien und Stickereien anderer – bei Verbot des Besitzes von jeglichem Werkzeug; die mühsamen und bitteren Versuche, die ungenügende Verpflegung zu verbessern; der Gebrauchswert der Gegenstände, die bei der Auflösung des Lagers verkauft werden sollen. Die Dokumente bergen eine Fülle solcher Details, die der Leser selbst erschließen und in den Gesamt-Zusammenhang stellen soll.

Und endlich die schlimme Verschränkung, daß die Alliierten für ihre Internierungen solche Lager nutzten, die die Nationalsozialisten als Konzentrationslager zu Massenmord und Holocaust betrieben hatten.

Die Geschichte der alliierten Internierungslager ist noch lange nicht erforscht. Aber immer wieder wird über sie geschrieben. Dies Lesebuch will auch zur weiteren Erhellung dessen beitragen, was diese Lager wirklich waren, und zugleich manche – aus begreifbaren Gründen emotional aufgeladene – Diskussionen versachlichen helfen. Und es will als Dokumentensammlung auch Leser informieren und in Kenntnis setzen, die von den Lagern kaum Genaueres wissen. Den enormen Aufklärungsbedarf, dem man immer wieder begegnet, will das Lesebuch ebenso abbauen helfen wie es Legendenbildungen entgegenwirken will. Auch der öffentliche Umgang mit den Internierungslagern gehört zur deutschen Geschichte und ist zugleich – wie die Debatte um die Ausgestaltung von Gedenkstätten immer wieder zeigt – eine Standortbestimmung heutiger Gesinnungen.

Die schwierigste Frage bei jeglichem Umgang mit den Internierungslagern kann und will dies Buch nicht beantworten: die Frage nach Art und Grad von Schuld oder Unschuld der von der sowjetischen Besatzungsmacht Internierten. Eine wirklich schlüssige Antwort kann erst die (inzwischen begonnene) Forschung und wissenschaftliche Auswertung der Archivmaterialien ergeben.

Und schließlich will das Buch mithelfen, Sinne und Gedanken für Opfer von Willkür und für die Verletzung von Menschenrechten zu schärfen, ein Plädoyer für Respekt und Mahnung.

Editorisches:
Der Abdruck der Dokumente, Briefe und Kassiber folgt, wenn nicht jeweils am konkreten Ort anders verzeichnet, konsequent den Originalen. Abkürzungen und Unterstreichungen in den Originalen wurden strikt übernommen. Bei Zeichensetzung und wenigen stilistischen Unebenheiten hat der Herausgeber eine behutsame Modernisierung – selbstverständlich ohne jede inhaltliche Korrektur – angestrebt. Rechtschreib- und andere offensichtliche Fehler wurden stillschweigend korrigiert.

Die Dokumente werden komplett und ohne jede Kürzung wiedergegeben und innerhalb der Kapitel chronologisch geordnet. Auslassungen aus persönlichkeitsrechtlichen Gründen und unleserliche Passagen hat der Herausgeber in eckige Klammern <...> gesetzt. Zum besseren und schnelleren Verständnis einzelner Sachverhalte und von Abkürzungen wurden Fußnoten formuliert. Dabei folgt der Herausgeber dem Prinzip, daß das erstmalige Erscheinen erklärt wird, im folgenden dann als bekannt gesetzt gilt und nicht noch einmal erläutert wird.

Die Originale der Briefe befinden sich im Besitz der Leihgeber, Fotokopien beim Herausgeber. Der Abdruck sowie die jeweiligen Fußnoten erfolgen mit ausdrücklichem Einverständnis der Leihgeber. Quelle und Standort der anderen Dokumente sind jeweils am Ende der Texte verzeichnet, ebenso der Nachdrucke, die in der Regel den Erstdrucken folgen. Die übrigen Quellen und Standorte sind in der Danksagung notiert.

Auf Transliterierung der russischen Namen wurde im Interesse besserer Lesbarkeit verzichtet.

November 1993 Günter Agde

I. Umfeld und Hintergründe

Lutz Prieß/Peter Erler: Sowjetische Speziallager in der SBZ/DDR 1945 bis 1950

1944/1945 schlug der von Deutschland entfesselte II. Weltkrieg auf das eigene Territorium zurück. Die drei Hauptverbündeten der Antihitlerkoalition – die UdSSR, USA und Großbritannien – verbanden mit dem Ziel der bedingungslosen militärischen Kapitulation auch konsequente Maßnahmen der Entmilitarisierung und Entnazifizierung sowie der Sühne von Verbrechen gegen Frieden und Menschlichkeit. Auf der Konferenz vom 3. bis 11. Februar 1945 in Jalta beschlossen die alliierten „Großen Drei", „alle Kriegsverbrecher einer gerechten und schnellen Bestrafung zuzuführen" und „die nazistische Partei, die nazistischen Gesetze, Organisationen und Einrichtungen zu liquidieren, alle nazistischen und militaristischen Einflüsse in den öffentlichen Einrichtungen sowie dem kulturellen und wirtschaftlichen Leben des deutschen Volkes zu beseitigen und gemeinsam solche anderen Maßnahmen in Deutschland zu ergreifen, die sich für den künftigen Frieden und die Sicherheit der ganzen Welt als notwendig erweisen können".[1]

Doch noch stand der letzte, entscheidende militärische Schlag gegen das faschistische Deutschland bevor. Die alliierten Streitkräfte waren mit dem Problem konfrontiert, das Hinterland ihrer kämpfenden Truppen vor feindlichen Kräften, Diversionsgruppen, versprengten und marodierenden deutschen Soldaten bzw. einer deutschen „fünften Kolonne" freizuhalten. Diese Aufgabe erfüllten allgemein die jeweiligen militärischen Abwehrorganisationen der Armeen. Die USA-Militärs hatten bereits 1944 für die bevorstehende Besetzung Deutschlands konkrete Verhaftungskategorien erarbeitet, die dann – 1945 weiter präzisiert – auch von den Briten übernommen wurden und wahrscheinlich auch den Sowjets bekannt waren und deshalb Eingang in ihre Befehle zur Verhaftung von Deutschen bis Kriegsende gefunden haben. Doch im Unterschied zu den westalliierten Verhaftungskategorien – Kriegsverbrecher, Personen, die der Sicherheit der Truppen und militärischen Einrichtungen gefährlich werden konnten und Funktionsträger der NSDAP sowie anderer nationalsozialistischer Organisationen, die den Bestimmungen des „automatischen Arrests" unterlagen[2], gab es davon abweichend von Anfang an eine spezifisch sowjetische Verhaftungskategorie, nämlich „Autoren antisowjetischer Veröffentlichungen". [3]

Die Sicherheit der vorrückenden sowjetischen Truppen lag in den Händen der Truppen des NKWD[4] sowie der militärischen Abwehrorganisation Smersch.[5] Der Volkskommissar für innere Angelegenheiten der UdSSR, L. P. Berija, erließ am 22. Februar 1945 den auf früheren Befehlen beruhenden präzisierten Befehl Nr. 00101, in dem der zu verhaftende Personenkreis und dessen Verbringung in Kriegsgefangenenlager (für Militärpersonen), in Internierungslager (für Zivilpersonen) bzw. in Überprüfungs- und Aussonderungslager (für sowjetische Staatsbürger) angeordnet wurde.[6] Im Zuständigkeitsbereich der einzelnen sowjetischen Fronten wurden im Frühjahr 1945 derartige Lager und Gefängnisse in Verantwortung des jeweiligen NKWD-Bevollmächtigten der Fronten eingerichtet. Diese Lager befanden sich anfangs auf ostpreußischem und polnischem Territorium. Die Internierungslager für Zivilpersonen hatten zu diesem Zeitpunkt die Funktion von Sammellagern für den schnellen Weitertransport der arbeitsfähigen Männer und Frauen in die Sowjetunion. Die Deportation zehntausender Deutscher aus den Kampfgebieten der Roten Armee als Arbeitskräfte in die UdSSR wurde jedoch bereits im April 1945, durch den Befehl Berijas Nr. 00315 weitestgehend eingestellt. Nunmehr sollten festgenommene Personen, mit Ausnahme jener, an denen die Geheimdienste ein Interesse hatten, nicht mehr in die Sowjetunion verschickt werden. Dafür erging die folgende Anweisung: „Damit Festgenommene an Ort und Stelle in Haft gehalten werden können, haben die Frontbevollmächtigten des NKWD der UdSSR die notwendigen Gefängnisse und Lager einzurichten. Zur Bewachung dieser Gefängnisse und Lager sind die den Frontbevollmächtigten unterstellten Gefangenen-Transporteinheiten des NKWD der UdSSR einzusetzen."[7]

Im Bereich der 1. Belorussischen Front, die in der Hauptstoßrichtung Berlin kämpfte, gab es die größte Anzahl von Lagern und Gefängnissen. Die ursprünglich zur „Sammlung“ und Deportation von Arbeitskräften eingerichteten Lager in den ehemaligen deutschen Ostgebieten wurden entweder rasch wieder aufgelöst oder bestanden, wie in Graudenz, Landsberg, Oppeln, Posen und Tost, noch bis Anfang 1946.

In der Sowjetischen Besatzungszone (SBZ) wurden die als „Spezlager des NKWD“ bezeichneten Internierungslager und NKWD-Gefängnisse im Juli 1945 unter die Befehlsgewalt von Generaloberst I. A. Serow, des „Bevollmächtigten des NKWD für die Gruppe der Sowjetischen Besatzungstruppen in Deutschland“gestellt. Serow war gleichzeitig Stellvertretender Volkskommissar für innere Angelegenheiten der UdSSR und Stellvertreter des Obersten Chefs der Sowjetischen Militäradministration in Deutschland (SMAD) für Fragen der Zivilverwaltung.[8] Die bisherige „Abteilung Spezlager der 1. Belorussischen Front“ unter Leitung von Oberst Swiridow erhielt den Status einer „Abteilung Spezlager des NKWD der UdSSR auf dem Territorium Deutschlands“. Damit ist die eigentliche „Vorgeschichte“ der Internierungslager in der SBZ im Juli 1945 abgeschlossen. Bis dahin hatten die zwischen Januar und April 1945 existierenden Lager im Verantwortungsbereich der Frontbevollmächtigten des NKWD der kämpfenden sowjetischen Truppen ihre Hauptfunktion als Sammel- und Deportationslager erfüllt. Die vorläufige Einstellung der Deportationen von arbeitsfähigen Internierten und weitere massenhafte Verhaftungen nach der bedingungslosen Kapitulation Deutschlands erforderten eine Neustrukturierung des Lager- und Gefängnissystems des NKWD unter den Bedingungen der Sowjetischen Besatzungszone. Der „Abteilung Spezlager des NKWD der UdSSR auf dem Territorium Deutschlands“ unterstanden im Herbst 1945 die Lager Mühlberg, Buchenwald, Berlin-Hohenschönhausen, Bautzen, Ketschendorf, Frankfurt/Oder, Sachsenhausen, Torgau und Fünfeichen sowie die Gefängnisse Strelitz, Lichtenberg und Frankfurt/Oder. Das zuvor existierende Lager Weesow bei Werneuchen wurde bereits im August 1945 aufgelöst. Zwischen September 1945 und April 1947 gab es noch das Lager Jamlitz bei Lieberose.

In allen vier Besatzungszonen Deutschlands wurde die deutsche Bevölkerung zwischen Frühjahr und Herbst 1945 von einer Verhaftungs- und Internierungswelle erfaßt. Hunderttausende Parteigänger des nationalsozialistischen Regimes wurden von den militärischen Abwehrorganisationen der amerikanischen, britischen, französischen und sowjetischen Besatzungtruppen in ihren Zonen verhaftet. Anfangs überwog bei allen Alliierten gleichermaßen das Sicherheitsinteresse, da von Seiten des geschlagenen Gegners auch nach der Kapitulation weiterhin bewaffneter Widerstand, Terrorakte und Untergrundtätigkeit befürchtet wurden. Darüberhinaus boten die von den Alliierten vorgesehenen Verhaftungskategorien viel Spielraum für willkürliche Verhaftungen und Internierungen „auf Verdacht". Bis Ende 1945 internierten die USA rund 100 000 Personen, Großbritannien rund 52 000, Frankreich rund 10 000 Menschen in ihren Besatzungszonen.

Über die Einrichtung von Lagern in allen Besatzungszonen waren sich die Alliierten bereits vor der Niederringung Deutschlands einig. Der zu verhaftende und zu internierende Personenkreis wurde aber erstmalig in der Mitteilung über die Dreimächte-Konferenz in Potsdam vom 2. August 1945 näher umrissen: „Kriegsverbrecher und alle diejenigen, die an der Planung oder Verwirklichung nazistischer Maßnahmen, die Greuel oder Kriegsverbrechen nach sich zogen oder als Ergebnis hatten, teilgenommen haben, sind zu verhaften und dem Gericht zu übergeben. Nazistische Parteiführer, einflußreiche Nazianhänger und die Leiter der nazistischen Ämter und Organisationen und alle anderen Personen, die für die Besetzung und ihre Ziele gefährlich sind, sind zu verhaften und zu internieren."[9]

Bis dahin bildete die Grundlage für Verhaftungen in der SBZ der Befehl Berijas Nr. 00315 und ein Rundschreiben des NKWD, das einen handschriftlichen Vermerk vom 27. Juni 1945 trägt, aber wahrscheinlich erst im September 1945 den Leitern der Spezlager und der Gefängnisse des NKWD ausgehändigt wurde[10], Anweisungen der Ortskommandanten und Befehle der SMAD. Interniert werden konnte jeder Deutscher, der verdächtig war oder den Vertretern der Besatzungsmacht unangenehm auffiel.

Näher bestimmt wurden die Festlegungen der Potsdamer Konferenz durch spezielle Befehle, Gesetze und Direktiven des Alliierten Kontrollrates und der SMAD. So verpflichtete der Befehl Nr. 42 des Obersten Chefs der SMAD vom 27. August 1945 alle „ehemaligen Angehörige der deutschen Armee im Range eines Leutnants und höher sowie ohne Ausnahme alle ehemaligen Angehörigen der SS und SA, Mitarbeiter der Gestapo und Mitglieder der NSDAP“, sich bis zum 25. September 1945 einer Registrierung bei den Militärkommandanturen zu unterziehen. Bürgermeister und Landräte waren für das fristgemäße Erscheinen der Personen verantwortlich. Personen, die nicht fristgemäß erschienen sowie diejenigen, die dieselben verbargen, konnten zur strengsten Verantwortung gezogen werden.[11]

Um „eine einheitliche Rechtsgrundlage zu schaffen, welche die Strafverfolgung von Kriegsverbrechern und anderen Missetätern dieser Art – mit Ausnahme derer, die von dem Internationalen Militärgerichtshof abgeurteilt werden –“, erließ der Alliierte Kontrollrat am 20. Dezember 1945 das Gesetz Nr. 10.[12]

Detailliert wurden die zu ahndenden Vergehen und der zu bestrafende Personenkreis in der Kontrollratsdirektive Nr. 38 über die „Verhaftungen und Bestrafung von Kriegsverbrechern, Nationalsozialisten und Militaristen und Internierung, Kontrolle und Überwachung von möglicherweise gefährlichen Deutschen“ vom 12. Oktober 1946 aufgeführt. Sie erfaßte auch jene Deutsche, „die keiner bestimmten Verbrechen schuldig sind, aber für die Ziele der Alliierten als gefährlich galten“.[13] Betroffen von Internierung waren außer Nazi- und Kriegsverbrechern Personen mit schweren bzw. weniger schweren Belastungen entsprechend der alliierten Direktiven. Dazu zählten auch jene, die aktiv in der nationalsozialistischen Bewegung, in deren Apparat und Organisation bzw. Institutionen tätig waren, z. B. Funktionäre der NSDAP wie Zellenleiter, Blockwarte und Ortsbauernführer sowie Polizeioffiziere oder Aufseher für ausländische Zwangsarbeiter und sowjetische Kriegsgefangene.

Eine zahlenmäßig starke Kategorie betraf Jugendliche ab 14 Jahre und zum Teil jünger, die vorrangig unter dem Verdacht der Zugehörigkeit zur Organisation „Werwolf“ (einer von der NS-Führung als terroristische Organisation nach der Beendigung der militärischen Auseinandersetzung geplanten, in der Realität jedoch fast nirgendwo in Deutschland tatsächlich zustandegekommenen „NS-Guerilla“)[14], wegen Funktionen bzw. Gefolgschaft in der Hitlerjugend und dem Bund Deutscher Mädchen sowie wegen unerlaubten Besitzes von Waffen und Munition interniert wurden.

Eine wesentliche Rolle für ungerechte Internierung spielten Denunziationen, willkürliche Mitnahme von der Straße weg und die unterbliebene Aufklärung der Sachverhalte durch die zuständigen sowjetischen Organe.

Die Betroffenengruppen umfaßten Frauen und Männer aller Altersgruppen sowie Angehörige aller sozialer Klassen und Schichten.

Die Verhaftungen erfolgten in der Regel nach Vorladungen „zur Klärung eines Sachverhaltes“ bei sowjetischen Dienststellen oder durch operative Gruppen des NKWD/MWD.[15] Auf sowjetische Anordnung waren zu diesen Festnahmekommandos ortskundige deutsche Polizeikräfte abkommandiert.[16] In nicht wenigen Fällen überstellten auch deutsche Polizisten inhaftierte Personen an den sowjetischen Sicherheitsdienst.

Bei einer bis heute noch unbekannten Zahl von Verhafteten erfolgte vor der Internierung eine Verurteilung durch ein Sowjetisches Militärtribunal (SMT). Diese Sondergerichte wirkten nach Kriegsende zunächst in allen größeren Militäreinheiten in der SBZ. Später, mit der Bildung der Länder, hatten sie nur noch in Berlin, Schwerin, Dresden, Potsdam, Weimar und Halle ihren Sitz.

Die Praxis der sowjetischen Untersuchungsorgane, welche nicht selten die Anwendung von physischer Gewalt einschloß, war von Vorurteilen belastet und verzichtete auf Zeugen und Beweismittel. Grundlage für die „Rechtssprechung“ bildeten außer dem Gesetz Nr. 10 und der Direktive Nr. 38 des Alliierten Kontrollrats auch der Paragraph 58 des Strafgesetzbuches der Russischen Sozialistischen Föderativen Sowjetrepublik (RSFSR).[17] Auf Grundlage dieses Paragraphen, der während der stalinistischen Säuberungen in den dreißiger Jahren das Schicksal von Millionen Sowjetbürgern entschied, sprachen die Tribunale im Schnellverfahren, häufig ohne verständliche Anklage und ohne

Rechtsbeistand, überhöhte Urteile über zehn, 15, oder 25 Jahre Zwangsarbeit aus, darunter gegen Jugendliche, die der Mitgliedschaft im „Werwolf" beziehungsweise des Bandenunwesens beschuldigt wurden, sowie wegen sogenannter politischer Vergehen, wie zum Beispiel antisowjetische Propaganda oder „konterrevolutionäre" Verbrechen.

Nach der ersten Internierungswelle des Jahres 1945, von der vor allem viele kleinere und mittlere Nazifunktionäre betroffen waren, erfolgten in der SBZ spätere Verhaftungen durch die NKWD/MWD-Organe zunehmend öfter aus politischen Gründen. Der Verdacht auf „Spionage und Agententätigkeit" insbesondere durch Verbindungen mit dem Ostbüro der SPD oder auf sogenannte antisowjetische Propaganda, inbegriffen der Vorwurf des „Trotzkismus, Titoismus und Sozialdemokratismus", waren oftmals Anlaß für Festnahmen, Internierung und Deportation. Zu diesem Personenkreis gehörten auch als unzuverlässig angesehene Mitglieder der SED, ehemalige Mitglieder der KPD und anderer kommunistischer und linkssozialistischer Splittergruppen, Sozialdemokraten und andere Antifaschisten, darunter auch solche, die schon unter Hitler in Gefängnissen oder Konzentrationslager eingesperrt gewesen waren. Damit leisteten die sowjetischen Geheimdienstorgane einen „spezifischen" Beitrag zur Bekämpfung der politischen Opposition in der SBZ.

Die Verurteilten kamen in die Straflagerabteilungen der Speziallager Bautzen, Hohenschönhausen, Sachsenhausen und Torgau und, soweit 1950 nicht entlassen, in Haftanstalten der DDR. Weiterhin verhängte ein Sondertribunal sogenannte Fernurteile. Die davon Betroffenen mußten Zwangsarbeit vor allem im GULag Workuta leisten.

Nach Angaben des Innenministeriums der UdSSR von 1990 sprachen die SMT in 756 Fällen die Todesstrafe aus.[18]

Außerordentlich schwer waren die Lebensbedingungen in den Speziallagern. Eine „Vorläufige Anordnung über die Spezlager des NKWD auf dem besetztem Territorium Deutschlands" vom 27. Juli 1945, über deren Inhalt die Internierten jedoch nie in Kenntnis gesetzt wurden, war Grundlage für das offizielle Lagerregime.[19] Diese „Lagerordnung" wurde 1946 überarbeitet und blieb bis zur Auflösung der Lager gültig.[20]

Ein bedrückendes Erlebnis war für viele Insassen der den Alltag beherrschende Zustand untätigen Verharrens und leeren „Dahinvegetierens". Nur ein Teil von ihnen hatte Gelegenheit zu einer sinnvollen Arbeit, in der Regel für den elementaren Eigenbedarf der Lager beziehungsweise der sowjetischen Lagerorgane. Eine Spezifik der sowjetischen Internierungspraxis bestand darin, daß das Schreib- und Kontaktverbot die Spezlager zu Schweigelagern machte. Noch 1947 waren die Insassen der Spezlager so gut wie von allen Informationen über die Außenwelt abgeschnitten. Danach waren ihnen verschiedene Presseerzeugnisse aus der SBZ zugänglich. Ab diesem Zeitpunkt förderten die sowjetischen Lagerleitungen auch wieder die Betätigung von Orchestern, Singe-, Tanz- und Theatergruppen, was nach den Anfängen einer kulturellen Selbstbetätigung zwischenzeitlich untersagt gewesen war. Den Schriftverkehr mit Angehörigen erlaubten die sowjetischen Organe ab 1948 nur den SMT-Verurteilten. Bis dahin wußten die Angehörigen gar nichts über den Verbleib von Internierten oder waren auf Vermutungen angewiesen. Vereinzelte Freilassungen und aus den Lagern geschmuggelte Kassiber waren die einzige Informationsquelle.

Unter den spezifischen Bedingungen des Lagerdaseins, der Zusammenballung Tausender Menschen auf engstem Raum, spitzten sich die existentiellen Nöte und Probleme, mit denen die Bevölkerung in der Nachkriegszeit allgemein zu ringen hatte – Hunger und Kälte, Krankheiten und Epidemien, die unzulängliche Versorgung mit Medikamenten – in besonderer Weise zu, und das führte vor allem in den harten Wintern der Jahre 1946 und 1947 zu zahlreichen Todesopfern.

Während Internierte in westlichen Internierungslagern schon längst den Umständen entsprechende Versorgungsrationen sowie medizinische Versorgung erhielten, aus Krankheits- oder Altersgründen sowie bei Nichtnachweis von individueller Schuld an Kriegsverbrechen auch entlassen wurden, verschärften sich im Winter 1946/1947 die Lagerbedingungen in der SBZ. Zeitweilig sanken sogar die bereits kargen Verpflegungsrationen infolge drastischer Kürzungen der Lebensmittelnormen. Hunger, Dystrophie, Lungenentzündung, Tuberkulose, Ruhrepidemien und andere Erkrankungen führten gerade in diesem

Zeitraum zu einem Massensterben. In der sowjetischen Verwaltungshierarchie bewirkten diese Umstände jedoch keine einzige Initiative, Kranke und Alte aus den Lagern zu entlassen.

Im Zeitraum 1945 bis 1950 starben nach bisherigen Angaben in den Speziallagern von insgesamt 122 671 Internierten 42 889 Menschen.[21]

Aus den Lagern der SBZ wurden 12 770 Personen in Zwangsarbeitslager und 6 680 Personen in Kriegsgefangenenlager der UdSSR deportiert. Die Transporte wurden in Lagern, die über einen Bahnanschluß verfügten, zusammengestellt (wie zum Beispiel Sachsenhausen). Auf Transport gingen nur Personen, die gesund und in der Lage waren, schwere körperliche Arbeit zu verrichten. Die Schwere der zur Last gelegten Vergehen spielte bei der Auswahl der Zwangsarbeiter keine Rolle. Eingepfercht in Güterwagen mit einer Belegung von 30 bis 60 Personen (in der ersten Zeit ohne Heizung und Toilette) traten die Betroffenen den wochenlangen Transport in die Lager der GU-Lags in der Sowjetunion an. Dort mußten sie unter unsäglich schwierigen Bedingungen Zwangsarbeit in Steinkohleschächten und in den Wäldern des Hohen Nordens leisten.

In ihrer Verzweiflung über das ungewisse Schicksal ihrer verhafteten Nächsten ersuchten Angehörige bei deutschen und sowjetischen Behörden immer wieder um Auskunft oder um Freilassung von Internierten. Insbesondere der offizielle Abschluß der Entnazifizierung in der SBZ im Frühjahr 1948, die Auflösung der Mehrzahl der Lager in den westlichen Besatzungszonen sowie die mündlichen und in der Presse außerhalb der SBZ wiedergegebenen Berichte entlassener Internierter warfen ab 1948 verstärkt Rückfragen nach der Notwendigkeit eines weiteren Verbleibs von Betroffenen in den sowjetischen Speziallagern auf. Der ehemalige Häftling des Konzentrationslagers Buchenwald Eugen Kogon klagte 1948 im abschließenden Teil der Neuauflage seines Buches „Der SS-Staat“ den undemokratischen Umgang mit Andersdenkenden und -handelnden und deren Internierung in der SBZ an.[22]

Für die Lösung des Problems der Lager setzten sich katholische und evangelische Würdenträger, wie Propst D. Heinrich Grüber, Generalsuperintendent D. Friedrich-Wilhelm Krummacher und andere Vertreter der evangelischen Kirchen, ein. Sie wandten sich 1948 und 1949 mit der Bitte an die SMAD, Gottesdienste für die Internierten zuzulassen, Unschuldige zu entlassen und über Verstorbene zu informieren. Ein Treffen von Bischof Otto Dibelius mit dem Politischen Berater der SMAD Generaloberst W. S. Semjonow am 2. Februar 1949 in Berlin-Karlshorst führte erstmals zur Genehmigung von Ostergottesdiensten in einigen Lagern. Weihnachtsgottesdienste fanden 1949 in Buchenwald und Sachsenhausen statt.[23] In der Öffentlichkeit setzten sich insbesondere die SPD[24] und die 1948 in Westberlin gegründete Kampfgruppe gegen Unmenschlichkeit (KgU) für die Freilassung der Internierten und die Auflösung der Speziallager ein. Aus den vom Suchdienst der KgU veröffentlichten Todeslisten erhielten viele Menschen erstmalig Auskunft über das schreckliche Schicksal ihrer nächsten Angehörigen.

In der Zeit von 1945 bis Mitte 1948 gab es keine wesentlichen Veränderungen in der Art und Weise der Organisation und Verwaltung der Speziallager des NKWD in der SBZ. Auch die Ablösung des Leiters der Abteilung Spezlager, Oberst Swiridow, durch Oberst Zikljaew im Juli 1947 blieb zunächst vorerst ohne Auswirkungen auf die Lage der Internierten. Erst im Frühjahr 1948 entschlossen sich die sowjetischen Organe zu einer durchgreifenden Reorganisation des Lagersystems.

In der Öffentlichkeit stellte die SED die von der SMAD anläßlich des 100. Jahrestages der Märzrevolution von 1848 in Aussicht gestellte Amnestie als eine „ernste Wendung“ in der „Behandlung des Problems der von der Besatzungsmacht verhafteten deutschen Personen“ dar.[25] Aus den noch bestehenden Lagern wurden im Sommer 1948 rund 28 000 Internierte entlassen. Die übrigen wurden in nunmehr drei Lagern zusammengelegt: in Bautzen verblieben vor allem die zu 15 und mehr Jahren SMT-Verurteilten, in Buchenwald wurden vorwiegend ohne Urteil Internierte und in Sachsenhausen überwiegend SMT-Verurteilte bis zu 15 Jahren und Frauen zusammengelegt. Darüberhinaus waren in Sachsenhausen auch verurteilte sowjetische Bürger.

Nach dieser Reorganisation und Umverlegung von Internierten hatte Oberst Zikljaew seine Aufgaben erfüllt, und er wurde im Frühjahr 1949 durch den ebenfalls in Fragen sowjetischer Lagerverwaltung erfahrenen Oberst Sokolow abgelöst, der bis zur Auflösung der Spezlager 1950 im Amt blieb.

Die zunehmende Konfrontation zwischen den einstigen Alliierten seit 1946, insbesondere bei der Lösung der mit der demokratischen Gestaltung Nachkriegsdeutschlands verbundenen Fragen, führte zu keinerlei gemeinsamer Regelung der Interniertenproblematik unter den Besatzungsmächten. Die Praxis der Verhaftungen, Verurteilungen und Internierungen in der SBZ war bereits kurze Zeit nach Kriegsende vor allem durch Erfahrungen und Methoden stalinistischer „Säuberungen" und sowjetischer GULags geprägt. Erst im Zusammenhang mit der DDR-Gründung im Herbst 1949 entschloß sich die Sowjetunion auch auf Drängen der Parteiführung der SED, zur Auflösung der letzten drei Lager.[26]

Die vollständige Auflösung der Internierungslager erfolgte entsprechend einem Beschluß der Regierung der UdSSR und wurde am 17. Januar 1950 in der DDR-Presse bekanntgemacht. Der bereits am 9. Januar 1950 bestätigte Plan der „Abteilung Spezlager des MWD der UdSSR in Deutschland" zur Entlassung „abgeurteilter und nicht verurteilter Deutscher" sah vor, vom 16. Januar bis zum 24. Februar 1950 15 088 Personen aus den Lagern zu entlassen. Davon sollten 3 432 Personen zur weiteren Untersuchung bzw. Aburteilung an deutsche Organe und 10 518 bereits durch sowjetische Militärtribunale Verurteilte zur Gefängnishaft an das Ministerium des Innern der DDR übergeben werden; 648 Deutsche sollten im Gewahrsam sowjetischer Organe verbleiben.[27]

Die Insassen der sowjetischen Spezlager und Gefängnisse des NKWD waren in der Öffentlichkeit der SBZ/DDR überwiegend als Nazi- und Kriegsverbrecher abgestempelt. Doch zu keinem Zeitpunkt der Internierung beziehungsweise der Haft wurde ihnen nach rechtstaatlichen Grundsätzen Schuld oder Unschuld nachgewiesen. Den Überlebenden und Entlassenen wurde in der DDR eine Schweigepflicht auferlegt, die erst Ende 1989 infolge einer politischen Wende gebrochen werde konnte.

Anmerkungen

1 Die Krim (Jalta)konferenz der höchsten Repräsentanten der drei alliierten Mächte – UdSSR,USA und Großbritannien (4.–11. Februar 1945). Dokumentensammlung, Moskau/Berlin 1986, S. 222.

2 Vgl. Christa Schick: Die Internierungslager, in: Von Stalingrad zur Währungsreform: zur Sozialgeschichte des Umbruchs in Deutschland, München 1990, S.301–304.; Heiner Wember: Umerziehung im Lager. Internierung und Bestrafung von Nationalsozialisten in der britischen Besatzungszone Deutschlands, Essen 1991, S. 13–17.

3 Vgl. Bodo Ritscher: Zur Herausbildung und Organisation des Systems von Speziallagern des NKVD der UdSSR in der Sowjetischen Besatzungszone Deutschlands im Jahre 1945, in: Deutschland Archiv (DA), 6/1993, S. 726.

4 NKWD – Narodnyi Kommissariat wnutrenich del (Volkskommissariat für Innere Angelegenheiten).

5 Smersch – Smert schpionam (Tod den Spionen – Abteilung des Volkskommissariats für Verteidigung)

6 Vgl. S. 45 des vorliegenden Bandes.

7 Ebenda, S. 50

8 Vgl. Jan Foitzik: Sowjetische Militäradministration in Deutschland, in: SBZ-Handbuch. Staatliche Verwaltungen, Parteien, gesellschaftliche Organisationen und ihre Führungskräfte in der Sowjetischen Besatzungszone Deutschlands 1945–1949, München 1990, S. 20/21, 28.

9 Vgl. Die Potsdamer (Berliner) Konferenz der höchsten Repräsentanten der drei alliierten Mächte – UdSSR, USA und Großbritannien (17. Juli–2. August 1945). Dokumentensammlung, Moskau/ Berlin 1986, S. 386.

10 Staatliches Archiv der Russischen Föderation (GARF), fond 9409,opis 1, akta 140, l. 10–11.

11 Befehle des Obersten Chefs der Sowjetischen Militärverwaltung in Deutschland. Aus dem Stab der Sowjetischen Militärverwaltung in Deutschland, Sammelheft 1, 1945. Berlin 1946, S. 17.

12 Amtsblatt. des Kontrollrats in Deutschland. Nummer 3, 31. Januar 1946. Herausgegeben vom Alliierten Sekretariat Berlin, Elsholzstraße 32, S.50–55.

13 Amtsblatt des Kontrollrats in Deutschland. Nummer 11, 31. Oktober 1946. Herausgegeben vom Alliierten Sekretariat Berlin,Elsholzstraße 32, s.184–211. Vgl. S. 30 des vorliegenden Bandes.

14 Vgl. Kurt Schilde: Jugendliche unter „Werwolf"-Verdacht. Anmerkungen zu einem schwierigen Thema, in: Norbert Haase/Brigitte Oleschinski (Hrsg.): Das Torgau-Tabu. Wehrmachtstrafsystem, NKWD-Speziallager, DDR-Strafvollzug, Leipzig 1993, S.176–188.

Sowie Gerhard Hass, Der Werwolf 1944/45 – Propaganda und Realität, S. 200 des vorliegenden Bandes.

15 Seit 15.März 1946 MWD – Ministerstvo wnutrennich del – Ministerium für Innere Angelegenheiten.

16 Siehe Brandenburgisches Landeshauptarchiv, Rep. 203 VP Nr.33, Bl. 22–24.

17 Sammlung Außerdeutscher Strafgesetzbücher/Strafgesetzbuch der Russischen Sozialistischen Föderativen Sowjetrepublik vom 22.November 1926 in der am 1. Januar 1952 gültigen Fassung mit Nebengesetzen und Materialien, Berlin 1953.

18 Denkschrift des Ministeriums für Innere Angelegenheiten der UdSSR zu den Sonderlagern in der ehemaligen SBZ, in: Neues Deutschland, 27. Juli 1990.

19 Vgl. S. 51 des vorliegenden Bandes.

20 Vgl. S. 54 des vorliegenden Bandes.

21 Denkschrift des Ministeriums für Innere Angelegenheiten der UdSSR zu den Sonderlagern in der ehemaligen SBZ, in: Neues Deutschland, 27. Juli 1990.

22 Vgl. Eugen Kogon: Der SS-Staat, Frankfurt(Main) 1959 (nach der Fassung einer 1948 erschienenen Auflage).

23 Joachim Heise: Nicht nur um die Seelsorge von Internierten bemüht, in: Neues Deutschland, 7./8. April 1990.

24 Vgl. Terror in der Ostzone. Denkschrift, hrsg. vom Vorstand der SPD, Hannover 1948.

25 Vgl. „Neues Deutschland„, 8. April 1948.

26 „Wir halten es für zweckmäßig, die bestehenden Straflager in der Ostzone aufzulösen.“, hieß es in einem Brief von W. Pieck an J. W. Stalin vom 19. September 1949, vgl. Stiftung Archiv der Parteien und Massenorganisationen der DDR im Bundesarchiv (SAPMO-BArch) NL 36/695.

27 Vgl. S. 178 ff. des vorliegenden Bandes.

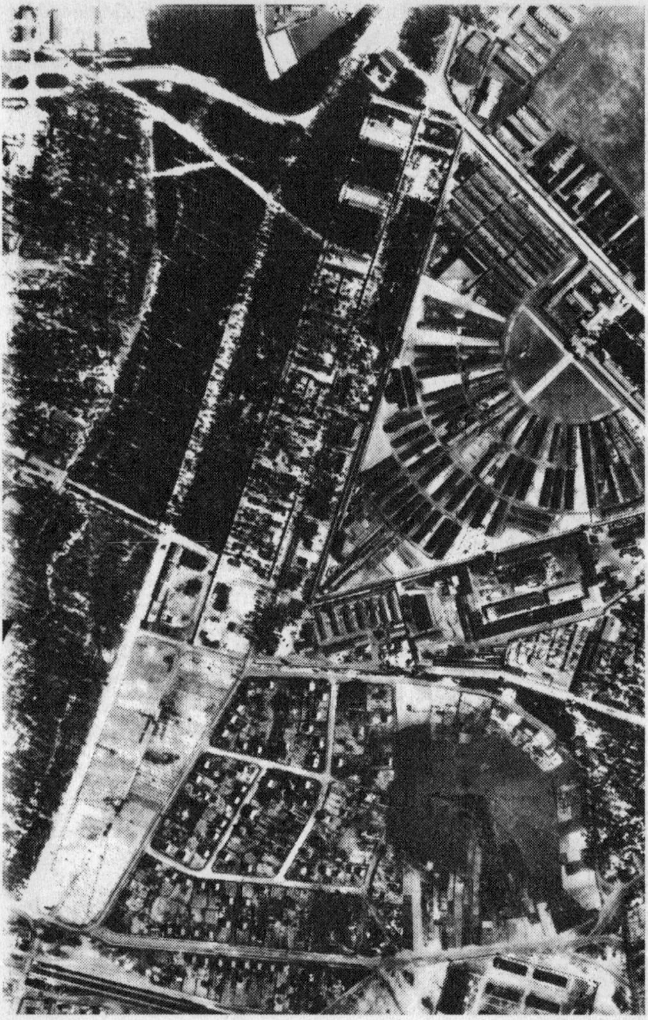

Die Luftaufnahme des Lagers Sachsenhausen fotografierte ein alliiertes Aufklärungsflugzeug im März 1945 aus 7000 Meter Höhe. Das Lager wurde einige Monate später vom NKDW als Internierungslager genutzt.

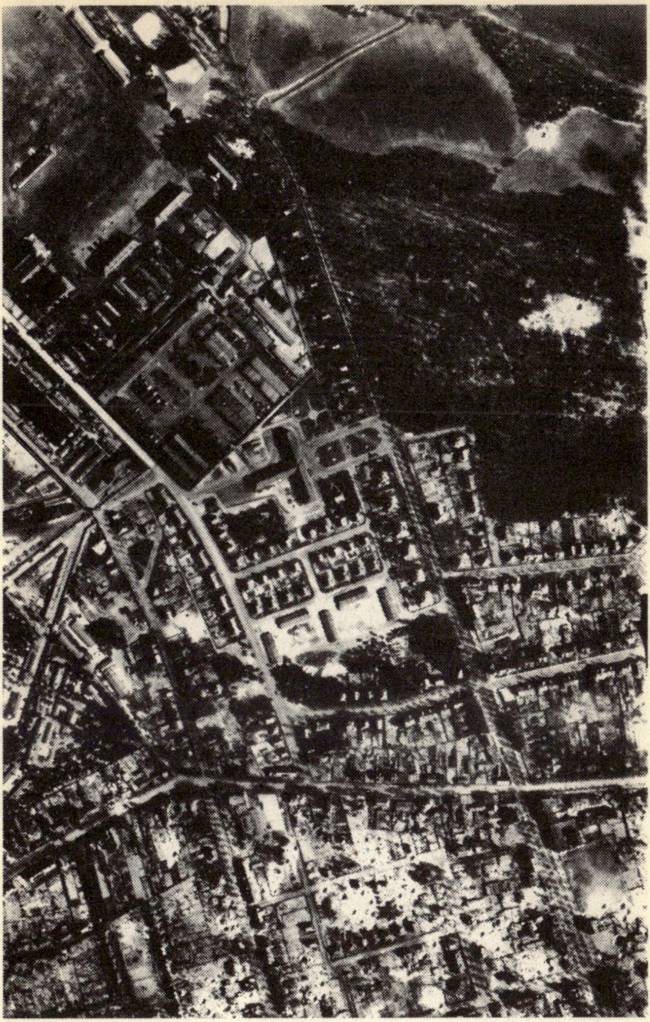

Alliierter Kontrollrat in Deutschland. Direktive Nr. 38

Verhaftung und Bestrafung von Kriegsverbrechern, Nationalsozialisten und Militaristen und Internierung, Kontrolle und Überwachung von möglicherweise gefährlichen Deutschen

Der Kontrollrat erläßt folgende Direktive:

ABSCHNITT I

1. Zweck
Der Zweck dieser Direktive ist es, für ganz Deutschland gemeinsame Richtlinien zu schaffen betreffend:

a) die Bestrafung von Kriegsverbrechern, Nationalsozialisten, Militaristen und Industriellen, welche das nationalsozialistische Regime gefördert und gestützt haben;
b) die vollständige und endgültige Vernichtung des Nationalsozialismus und des Militarismus durch Gefangensetzung oder Tätigkeitsbeschränkung von bedeutenden Teilnehmern oder Anhängern dieser Lehren;
c) die Internierung von Deutschen, welche, ohne bestimmter Verbrechen schuldig zu sein, als für die Ziele der Alliierten gefährlich zu betrachten sind, sowie die Kontrolle und Überwachung von Deutschen, die möglicherweise gefährlich werden können.

2. Verweisungen:

a) Potsdamer Abkommen, Art. III, § 3 (I) a;
b) Potsdamer Abkommen, Art. III, § 3 (III);
c) Potsdamer Abkommen, Art. III, § 5;
d) Direktive Nr. 24 des Kontrollrats;
e) Kontrollratsgesetz Nr. 10, Art. II § 3 und Art. III § 1 u. 2.

3. Das Problem und die allgemeinen Grundsätze
Zwecks Durchführung der in Potsdam aufgestellten Grundsätze wird es für notwendig erachtet, Kriegsverbrecher und Personen, die möglicherweise gefährlich werden können, in fünf Hauptgruppen einzuteilen und einer jeden Gruppe angemessene Strafen und Sühnemaßnahmen festzusetzen.

Wir sind der Ansicht, daß die Gruppeneinteilung und die Art der Strafen und der Sühnemaßnahmen in einem Übereinkommen einheitlich festgesetzt werden müssen, ohne aber dabei das freie Ermessen, das den Zonenbefehlshabern durch das Kontrollratsgesetz Nr. 10 eingeräumt wurde, einzuschränken.

4. Eine klare Definition der Alliierten Politik hinsichtlich Deutscher, die offensichtlich gefährlich sind oder möglicherweise gefährlich werden können, ist jetzt erforderlich, um eine einheitliche Behandlung in den verschiedenen Zonen hinsichtlich dieser Personen zu gewährleisten.

5. Gruppen und Sühnemaßnahmen

Die Zusammensetzung der Gruppen und der Sühnemaßnahmen wird im einzelnen im Abschnitt II dieser Direktive behandelt. Sie soll gemäß den nachstehenden allgemeinen Grundsätzen erfolgen:

a) Ein Unterschied soll zwischen der Gefangensetzung von Kriegsverbrechern und ähnlichen Rechtsbrechern und der Internierung von Personen gemacht werden, die gefährlich werden und deshalb in Haft gehalten werden können, weil ihre Freiheit eine Gefahr für die Sache der Alliierten bedeuten würde.

b) Die Zonenbefehlshaber können nach ihrem Ermessen eine Person bewährungsweise in eine niedrigere Gruppe versetzen; ausgenommen hiervon sollen Personen sein, die wegen ihrer Beteiligung an bestimmten Verbrechen als Hauptschuldige überführt worden sind.

c) In jeder Gruppe bleibt es im Ermessen der Zonenbefehlshaber, nötigenfalls Sühnemaßnahmen im Rahmen der in dieser Direktive gesetzten Grenzen abzuändern, um Einzelfällen gerecht zu werden.

d) Die Einteilung aller Schuldigen sowie der Personen, die gefährlich werden können, die Festsetzung der Sühnemaßnahmen sowie die Nachprüfung der einzelnen Fälle ist von den Stellen durchzuführen, die von den Zonenbefehlshabern mit der verantwortlichen Anwendung dieser Direktive beauftragt werden.

e) Die Zonenbefehlshaber und die Spruchkammern sollen berechtigt sein, Personen von einer Gruppe in eine andere einzureihen, sei es in eine niedrigere oder in eine höhere. Die Zonenbefehlshaber können sich nach ihrem Ermessen für die Einreihung, Verhandlung und Nachprüfung deutscher Gerichte bedienen.

f) Um zu verhindern, daß Personen, die unter diese Direktive fallen, sich den Folgen der Direktive durch Umzug in eine andere Zone entziehen, hat jeder Zonenbefehlshaber dafür zu sorgen, daß die anderen Zonen die von ihm angewendeten Methoden für die Ausstellung von Ausweispapieren eingruppierter Personen kennen und verstehen.

g) Für die Durchführung dieser Direktive empfiehlt es sich, daß jeder Zonenbefehlshaber in seiner eigenen Zone Befehle oder Gesetze erläßt, die mit den Bestimmungen und Grundsätzen dieser Direktive übereinstimmen. Die Zonenbefehlshaber sollen untereinander Abschriften solcher Befehle und Gesetze austauschen.

h) Vorausgesetzt, daß derartige Zonengesetze in ihrem wesentlichen Inhalt mit den hier niedergelegten Grundsätzen übereinstimmen, sind die Einzelheiten der Anwendung dem freien Ermessen der Zonenbefehlshaber überlassen, um den örtlichen Bedingungen ihrer Zone gerecht zu werden.

i) In Berlin soll die Alliierte Kommandantura für die Durchführung der Grundsätze und Bestimmungen dieser Direktive verantwortlich sein und die zu diesem Zweck erforderlichen Verordnungen und Befehle erlassen. Das in dieser Direktive den Zonenbefehlshabern für die Durchführung eingeräumte freie Ermessen übt für Berlin die Alliierte Kommandantura aus.

j) Abgesehen von den in Abschnitt II dieser Direktive bestimmten Gruppen und Sühnemaßnahmen sollen diejenigen Personen, die Kriegsverbrechen oder Verbrechen gegen den Frieden oder gegen die Menschlichkeit gemäß Kontrollratsgesetz Nr. 10 begangen haben, nach den Bestimmungen und den in Gesetz Nr. 10 vorgeschriebenen Verfahrensregeln behandelt werden.

ABSCHNITT II

Artikel I
Gruppen der Verantwortlichen

Zur gerechten Beurteilung der Verantwortlichkeit und zur Heranziehung zu Sühnemaßnahmen (ausgenommen in dem unten folgenden Falle 5) werden folgende Gruppen gebildet:

1. Hauptschuldige;
2. Belastete (Aktivisten, Militaristen und Nutznießer);
3. Minderbelastete (Bewährungsgruppe);
4. Mitläufer;
5. Entlastete (Personen der vorstehenden Gruppen, welche vor einer Spruchkammer nachweisen können, daß sie nicht schuldig sind).

Artikel II
Hauptschuldige

Hauptschuldiger ist:

1. Wer aus politischen Beweggründen Verbrechen gegen Opfer oder Gegner des Nationalsozialismus begangen hat.
2. Wer in Deutschland oder in den besetzten Gebieten ausländische Zivilpersonen oder Kriegsgefangene völkerrechtswidrig behandelt hat.
3. Wer für Ausschreitungen, Plünderungen, Verschleppungen oder sonstige Gewalttaten verantwortlich ist, auch wenn diese Akte bei der Bekämpfung von Widerstandsbewegungen begangen worden sind.
4. Wer sich in einer führenden Stellung in der NSDAP, in einer ihrer Gliederungen oder angeschlossenen Verbände oder in irgendeiner anderen nationalsozialistischen oder militaristischen Organisation betätigt hat.
5. Wer sich in der Regierung des Reiches, der Länder oder in der Verwaltung der früher besetzten Gebiete in einer führenden Stellung, die nur von führenden Nationalsozialisten oder bedeutenden Anhängern der nationalsozialistischen Gewaltherrschaft bekleidet werden konnte, betätigt hat.
6. Wer der nationalsozialistischen Gewaltherrschaft außerordentliche politische, wirtschaftliche, propagandistische oder

sonstige Unterstützung gewährt hat, oder wer aus dieser Zusammenarbeit für sich oder andere erheblichen Nutzen gezogen hat.

7. Wer in der Gestapo, dem SD, der SS, der Geheimen Feld- oder Grenzpolizei für die nationalsozialistische Gewaltherrschaft aktiv tätig war.
8. Wer sich in einem Konzentrations-, Arbeits-, Internierungslager, in einer Heil- oder Pflegeanstalt an Tötungen, Folterungen oder sonstigen Grausamkeiten in irgendeiner Form beteiligt hat.
9. Wer aus Eigennutz oder Gewinnsucht aktiv mit der Gestapo, dem SD, der SS oder mit ähnlichen Organisationen zusammengearbeitet hat, indem er Gegner der nationalsozialistischen Gewaltherrschaft denunzierte oder sonst zu ihrer Verfolgung beitrug.
10. Jedes Mitglied des Oberkommandos der deutschen Wehrmacht als solches gekennzeichnet.
11. In Abschnitt 1 des Anhangs „A" ist ein Verzeichnis der Personengruppen enthalten, welche in Anbetracht der ihnen zur Last gelegten Verbrechen, wie sie in den Ziffern 1 bis 10 dieses Artikels näher bezeichnet sind, und in Anbetracht der von ihnen besetzten Stellen sorgfältig zu prüfen sind, und welche, falls die Ergebnisse der Untersuchung eine Anklage notwendig machen, als Hauptschuldige vor ein Gericht zu stellen und im Falle der Schuld zu bestrafen sind.

Artikel III
Belastete

A. Aktivisten

I. Aktivist ist:

1. Wer durch seine Stellung oder Tätigkeit die nationalsozialistische Gewaltherrschaft wesentlich gefördert hat.
2. Wer seine Stellung, seinen Einfluß und seine Beziehungen zur Ausübung von Zwang, Drohung, Gewalttätigkeiten, Unterdrückung oder sonst ungerechten Maßnahmen ausgenutzt hat.
3. Wer sich als überzeugter Anhänger der nationalsozialistischen Gewaltherrschaft, insbesondere ihrer Rassenlehre, offen bekannt hat.

II. Aktivist ist insbesondere, soweit er nicht Hauptschuldiger ist:

1. Wer durch Wort oder Tat, insbesondere öffentlich durch Reden oder Schriften oder freiwillige Zuwendungen aus eigenem oder fremdem Vermögen oder durch Einsetzen seines persönlichen Ansehens oder seiner Machtstellung im politischen, wirtschaftlichen oder kulturellen Leben wesentlich zur Begründung, Stärkung und Erhaltung der nationalsozialistischen Gewaltherrschaft beigetragen hat.
2. Wer durch nationalsozialistische Lehre oder Erziehung die Jugend an Geist und Seele vergiftet hat.
3. Wer zur Stärkung der nationalsozialistischen Gewaltherrschaft unter Mißachtung anerkannter sittlicher Grundsätze das Familien- und Eheleben untergraben hat.
4. Wer im Dienste des Nationalsozialismus ungesetzlicherweise in die Rechtspflege eingegriffen oder sein Amt als Richter oder Staatsanwalt politisch mißbraucht hat.
5. Wer im Dienste des Nationalsozialismus hetzerisch oder gewalttätig gegen Kirchen, Religionsgemeinschaften oder weltanschauliche Vereinigungen aufgetreten ist.
6. Wer im Dienste des Nationalsozialismus Werte der Kunst oder Wissenschaft verhöhnt, beschädigt oder zerstört hat.
7. Wer sich führend oder aktiv an der Zerschlagung der Gewerkschaften, der Unterdrückung der Arbeiterschaft und der mißbräuchlichen Verwendung der Gewerkschaftsvermögen beteiligt hat.
8. Wer als Provokateur, Spitzel oder Denunziant die Einleitung eines Verfahrens zum Schaden eines anderen wegen seiner Rasse, Religion oder seiner politischen Gegnerschaft gegen den Nationalsozialismus oder wegen Zuwiderhandlungen gegen nationalsozialistische Anordnungen herbeigeführt oder herbeizuführen versucht hat.
9. Wer seine Stellung oder seine Macht unter der nationalsozialistischen Gewaltherrschaft zur Begehung von Straftaten, insbesondere Erpressungen, Unterschlagungen oder Betrügereien ausgenutzt hat.
10. Wer durch Wort oder Tat eine gehässige Haltung gegenüber Gegnern der NSDAP in Deutschland oder im Ausland gegen Kriegsgefangene, die Bevölkerung der ehemals be-

setzten Gebiete, gegen ausländische Zivilarbeiter, Häftlinge oder ähnliche Personen eingenommen hat.

11. Wer die Versetzung zum Frontdienst von Personen wegen ihrer Gegnerschaft zum Nationalsozialismus begünstigt hat.

III. Aktivist ist auch, wer nach dem 8. Mai 1945 durch Propaganda für den Nationalsozialismus oder Militarismus oder durch Erfindung und Verbreitung tendenziöser Gerüchte den Frieden des deutschen Volkes oder den Frieden der Welt gefährdet hat oder möglicherweise noch gefährdet.

B. Militaristen

I. Militarist ist:

1. Wer das Leben des deutschen Volkes auf eine Politik der militärischen Gewalt hinzulenken versucht hat.
2. Wer für die Beherrschung fremder Völker, ihre Ausbeutung und Verschleppung eingetreten oder verantwortlich ist.
3. Wer die Aufrüstung für diese Ziele gefördert hat.

II. Militarist ist insbesondere, soweit er nicht Hauptschuldiger ist:

1. Wer durch Wort oder Tat militaristische Lehren oder Programme aufgestellt oder verbreitet hat oder in einer Organisation (mit Ausnahme der Wehrmacht), die der Förderung militaristischer Ideen diente, aktiv tätig war.
2. Wer vor 1935 die planmäßige Ausbildung der Jugend für den Krieg organisiert oder an einer solchen Organisation teilgenommen hat.
3. Wer in befehlender Stellung für sinnlose Zerstörung von Städten und Dörfern nach dem Einmarsch in Deutschland verantwortlich ist.
4. Wer ohne Rücksicht auf seinen Dienstgrad als Angehöriger der Wehrmacht, des Reichsarbeitsdienstes, der Organisation Todt (OT) oder Transportgruppe Speer seine Dienstgewalt dazu mißbraucht hat, persönliche Vorteile zu erlangen oder seine Untergebenen brutal zu mißhandeln.
5. Wer auf Grund seiner Ausbildung und früheren Tätigkeit im Generalstab oder in anderer Weise nach der Ansicht des (zuständigen) Zonenbefehlshabers zur Förderung des Militarismus beigetragen hat, und wer von dem Zonenbefehlshaber als möglicherweise den Zielen der Alliierten gefährlich erachtet wird.

C. Nutznießer

I. Nutznießer ist:

Wer unter Ausnutzung seiner politischen Stellung oder seiner Beziehungen aus der nationalsozialistischen Gewaltherrschaft, der Aufrüstung oder aus dem Kriege für sich selbst oder andere persönliche oder wirtschaftliche Vorteile erlangt oder herausgeschlagen hat.

II. Nutznießer ist insbesondere, soweit er nicht Hauptschuldiger ist:

1. Wer ausschließlich auf Grund seiner Zugehörigkeit zur NSDAP ein Amt oder eine Stellung erhalten hat oder bevorzugt befördert worden ist.
2. Wer erhebliche Zuwendungen von der NSDAP oder von ihren Gliederungen oder angeschlossenen Verbänden erhalten hat.
3. Wer mittelbar oder unmittelbar auf Kosten der politisch, religiös oder rassisch Verfolgten, insbesondere mittels Enteignung, Zwangsverkäufen und aller sonstigen ähnlichen Rechtsgeschäfte Vorteile für sich selbst oder für andere erlangt oder erstrebt hat.
4. Wer bei der Aufrüstung oder in Kriegsgeschäften unangemessen hohen Gewinn erzielt hat.
5. Wer sich im Zusammenhang mit der Verwaltung ehemals besetzter Gebiete in ungerechtfertigter Weise bereichert hat.

D. In Abschnitt II des Anhangs „A“ ist ein Verzeichnis der Personengruppen enthalten, welche in Anbetracht der ihnen zur Last gelegten Verbrechen, wie sie in den Absätzen A, B, und C dieses Artikels näher bezeichnet sind, sorgfältig zu prüfen und, falls die Ergebnisse der Untersuchung eine Anklage notwendig machen, als Mitschuldige vor ein Gericht zu stellen und im Falle der Schuld zu bestrafen sind.

Artikel IV
Minderbelastete (Bewährungsgruppe)

I. Minderbelastet ist:

1. Wer an sich zur Gruppe der Belasteten gehört, jedoch wegen besonderer Umstände einer milderen Beurteilung würdig erscheint und nach seiner Persönlichkeit erwarten läßt, daß er

nach einer Bewährungsfrist seine Pflichten als Bürger eines friedlichen demokratischen Staates erfüllen wird. Dies bezieht sich auch auf ehemalige Angehörige der Wehrmacht.

2. Wer an sich zur Gruppe der Mitläufer gehört, jedoch wegen seines Verhaltens und seiner Persönlichkeit sich erst bewähren soll.

II. Minderbelastet ist insbesondere:

1. Wer nach dem 1. Januar 1919 geboren ist, nicht zur Gruppe der Hauptschuldigen gehört, jedoch als Belasteter erscheint, ohne aber ein verwerfliches oder brutales Verhalten gezeigt zu haben und nach seiner Persönlichkeit eine Bewährung erwarten läßt.
2. Wer ohne Hauptschuldiger zu sein, zwar als Belasteter erscheint, sich aber frühzeitig vom Nationalsozialismus und seinen Methoden unzweifelhaft und offenkundig abgewandt hat.

   Im Abschnitt III des Anhanges „A" ist ein Verzeichnis der Personengruppen enthalten, welche sorgfältig zu prüfen und, falls Beweise für ihre Schuld nach den Bestimmungen der Absätze I und II dieses Artikels vorhanden sind, als Mitbelastete anzuklagen und im Falle der Schuld zu bestrafen sind.

Artikel V
Mitläufer

I. Mitläufer ist:

Wer nur als nomineller Parteigänger an der nationalsozialistischen Gewaltherrschaft teilgenommen oder sie unterstützt hat.

II. Demgemäß ist insbesondere als Mitläufer zu betrachten:

1. Wer als Mitglied der NSDAP oder einer ihrer Gliederungen – ausgenommen HJ und BDM – lediglich Mitgliedsbeiträge bezahlt, an Versammlungen, deren Besuch obligatorisch war, teilgenommen oder unbedeutende oder laufende Obliegenheiten, wie sie allen Mitgliedern vorgeschrieben waren, wahrgenommen hat.
2. Wer, ohne Hauptschuldiger, Belasteter oder Minderbelasteter zu sein, Anwärter der NSDAP, aber noch nicht endgültig als Mitglied aufgenommen war.

3. Wer, nach Ansicht des Zonenbefehlshabers, als früherer Angehöriger der Wehrmacht auf Grund seiner Fähigkeiten die Ziele der Alliierten gefährden könnte.

Artikel VI
Entlastete

Entlasteter ist:
Wer trotz seiner formellen Mitgliedschaft oder Anwartschaft oder eines anderen äußeren Merkmals sich nicht nur passiv verhalten, sondern auch aktiv nach besten Kräften der nationalsozialistischen Gewaltherrschaft Widerstand geleistet und dadurch Nachteile erlitten hat.

Artikel VII
Sühnemaßnahmen

Nach dem Grade der Verantwortlichkeit sind die Sühnemaßnahmen (Artikel VIII bis XI) in gerechter und billiger Weise zu verhängen, um die Ausschaltung des Nationalsozialismus und Militarismus aus dem Leben des deutschen Volkes und die Wiedergutmachung des verursachten Schadens zu erzielen.

Artikel VIII
Sühnemaßnahmen gegen Hauptschuldige

I. Gegen Hauptschuldige, die bestimmte Kriegsverbrechen begangen haben, sind folgende Sühnemaßnahmen zu verhängen:
a) Todesstrafe;
b) Zuchthaus oder Gefängnis auf Lebenszeit oder für die Dauer von 5 bis 15 Jahren;
c) zusätzlich können alle im Absatz II dieses Artikels aufgeführten Sühnemaßnahmen verhängt werden.

II. Die folgenden Sühnemaßnahmen können gegen sonstige Hauptschuldige verhängt werden:
a) Gefängnis oder Internierung bis zu 10 Jahren; Internierung nach dem 8. Mai 1945 kann angerechnet werden; körperlich Behinderte sind entsprechend ihrer Leistungsfähigkeit zu besonderen Arbeiten heranzuziehen.
b) Ihr Vermögen kann eingezogen werden. Es ist ihnen jedoch der unter Berücksichtigung der Familienverhältnisse und

ihrer Erwerbsfähigkeit zum notdürftigen Lebensunterhalt erforderliche Betrag zu belassen.

c) Unfähigkeit, ein öffentliches Amt einschließlich des Notariats und der Rechtsanwaltschaft zu bekleiden.

d) Verlust ihrer Rechtsansprüche auf eine aus öffentlichen Mitteln zahlbare Pension oder Zuwendung.

e) Verlust des aktiven und passiven Wahlrechts und des Rechts, sich irgendwie politisch zu betätigen oder Mitglied einer politischen Partei zu sein.

f) Verbot der Mitgliedschaft in einer Gewerkschaft oder in einer wirtschaftlichen oder beruflichen Vereinigung.

g) Verbot auf die Dauer von mindestens 10 Jahren nach ihrer Freilassung:

1. in einem freien Beruf oder selbständig in irgendeinem gewerblichen Betriebe tätig zu sein, sich an einem solchen zu beteiligen oder dessen Aufsicht oder Kontrolle auszuüben;
2. in nichtselbständiger Stellung anders als in gewöhnlicher Arbeit beschäftigt zu werden;
3. als Lehrer, Prediger, Schriftsteller, Redakteur oder Rundfunk-Kommentator tätig zu sein.

h) Sie unterliegen Wohnraum- und Aufenthaltsbeschränkungen und können zu gemeinnützigen Arbeiten herangezogen werden.

i) Sie verlieren alle ihnen erteilten Approbationen, Konzessionen und Vorrechte sowie das Recht, ein Kraftfahrzeug zu halten.

Artikel IX
Sühnemaßnahmen gegen Belastete

1. Sie können auf die Dauer bis zu 10 Jahren in einem Gefängnis oder in einem Lager interniert werden, um Wiedergutmachungs- und Wiederaufbauarbeiten zu verrichten. Internierung aus politischen Gründen nach dem 8. Mai 1945 kann angerechnet werden.
2. Ihr Vermögen kann als Beitrag zur Wiedergutmachung ganz oder teilweise eingezogen werden. Bei teilweiser Einziehung des Vermögens sind insbesondere die Sachwerte einzuziehen. Die notwendigen Gebrauchsgegenstände sind ihnen zu belassen.

3. Sie dürfen kein öffentliches Amt einschließlich Notariat und Anwaltschaft bekleiden.
4. Sie verlieren alle Rechtsansprüche auf eine aus öffentlichen Mitteln zahlbare Pension oder Zuwendung.
5. Sie verlieren das aktive und passive Wahlrecht, das Recht, sich irgendwie politisch zu betätigen oder Mitglied einer politischen Partei zu sein.
6. Sie dürfen weder Mitglieder einer Gewerkschaft noch einer wirtschaftlichen oder beruflichen Vereinigung sein.
7. Es ist ihnen auf die Dauer von mindestens fünf Jahren nach ihrer Freilassung untersagt:
a) in einem freien Beruf oder selbständig in irgendeinem gewerblichen Betriebe tätig zu sein, sich an einem solchen zu beteiligen oder dessen Aufsicht oder Kontrolle auszuüben;
b) in nicht selbständiger Stellung anders als in gewöhnlicher Arbeit beschäftigt zu sein;
c) als Lehrer, Prediger, Redakteur, Schriftsteller oder Rundfunk-Kommentator tätig zu sein.
8. Sie unterliegen Wohnraum- und Aufenthaltsbeschränkungen.
9. Sie verlieren alle ihnen erteilten Approbationen, Konzessionen und Vorrechte sowie das Recht, ein Kraftfahrzeug zu halten.
10. Nach Ermessen der Zonenbefehlshaber können in die Zonengesetze Sühnemaßnahmen aufgenommen werden, die es den Belasteten untersagen, eine Zone ohne Genehmigung zu verlassen.

Artikel X
Sühnemaßnahmen gegen Minderbelastete

Wer nach dem Spruch einer Kammer in die Gruppe der Minderbelasteten einzureihen ist, kann einer Bewährungszeit unterworfen werden. Diese Bewährungszeit soll mindestens zwei und in der Regel nicht mehr als drei Jahre betragen. Von dem Verhalten während der Bewährungszeit hängt es ab, welcher Gruppe der Betroffene endgültig zugewiesen wird. Während der Bewährungszeit sind die folgenden Sühnemaßnahmen anwendbar:

1. Es ist den Minderbelasteten während der Bewährungszeit untersagt:
a) ein Unternehmen als Inhaber, Beteiligter, Leiter oder Bevollmächtigter zu führen oder es zu beaufsichtigen oder zu kontrollieren, ein Unternehmen oder eine Beteiligung daran ganz oder teilweise zu erwerben;
b) als Lehrer, Prediger, Redakteur, Schriftsteller oder Rundfunk-Kommentator tätig zu sein.
2. Ist der Minderbelastete zur Zeit der Einreihung in die Bewährungsgruppe an einem Unternehmen als Inhaber oder Gesellschafter beteiligt, so kann seine Beteiligung an dem Unternehmen gesperrt werden.
3. Der Begriff „Unternehmen" im Sinne der Paragraphen 1 (a) und 2 dieses Artikels umfaßt nicht notwendigerweise Kleinbetriebe, insbesondere Handwerksbetriebe, Einzelhandelsgeschäfte, Bauernhöfe und ähnliche Betriebe mit weniger als 20 Arbeitnehmern.
4. Vermögenswerte, deren Erwerb auf Ausnutzung politischer Beziehungen oder besonderer nationalsozialistischer Maßnahmen wie Arisierung und Aufrüstung beruhen, sind einzuziehen.
5. Für die Dauer der Bewährung können zusätzlich einzelne der im Artikel XI bezeichneten Sühnemaßnahmen in gerechter Auswahl und Anpassung verhängt werden, insbesondere:
a) Beschränkungen in der Ausübung eines freien Berufes und Verbot der Ausbildung von Lehrlingen;
b) bei Beamten: Kürzung des Ruhegehalts, Versetzung in den Ruhestand oder in ein Amt mit geringerem Rang oder in eine andere Dienststelle unter Kürzung der Bezüge, Rückgängigmachung einer Beförderung, Überführung aus dem Beamtenverhältnis in ein Angestelltenverhältnis.
6. Internierung in einem Arbeitslager oder Einziehung des gesamten Vermögens sind nicht anzuordnen.
7. Nach dem Ermessen der Zonenbefehlshaber können in die Zonengesetze Sühnemaßnahmen aufgenommen werden, die es den Minderbelasteten untersagen, eine Zone ohne Genehmigung zu verlassen.

8. Nach dem Ermessen der Zonenbefehlshaber können Sühnemaßnahmen in die Zonengesetze aufgenommen werden, welche den Minderbelasteten die Wählbarkeit und das Recht zu politischer Betätigung jeglicher Art sowie das Recht, Mitglieder von politischen Parteien zu sein, absprechen; auch kann ihnen das Wahlrecht entzogen werden.
9. Sie können angehalten werden, sich an ihrem Wohnort regelmäßig bei der Polizei zu melden.

Artikel XI
Sühnemaßnahmen gegen Mitläufer

Die folgenden Sühnemaßnahmen gegen Mitläufer können nach dem Ermessen der Zonenbefehlshaber verhängt werden:

1. Sie können angehalten werden, sich an ihrem Wohnort regelmäßig bei der Polizei zu melden.
2. Sie dürfen weder eine Zone noch Deutschland ohne Genehmigung verlassen.
3. Zivilpersonen dieser Gruppe sind bei keiner Wahl wählbar, sie können aber wählen.
4. Bei Beamten kann zusätzlich Versetzung in den Ruhestand oder in ein Amt mit geringerem Rang oder an eine andere Dienststelle, gegebenenfalls unter Kürzung der Bezüge oder Rückgängigmachung einer während der Zugehörigkeit zur NSDAP erlangten Beförderung, angeordnet werden. Bei Personen der Wirtschaft einschließlich Land- und Forstwirtschaft können entsprechende Maßnahmen angeordnet werden.
5. Mitläufern kann die Zahlung einmaliger oder laufender Beiträge zu einem Wiedergutmachungsfond auferlegt werden. Bei der Bemessung sind die Dauer der Mitgliedschaft, die Höhe der Beiträge und sonstigen Zuwendungen sowie die Vermögens-, Erwerbs- und Familienverhältnisse und andere wichtige Umstände zu berücksichtigen.

Artikel XII
Entlastete Personen

Gegen Personen, welche von einer Kammer als entlastet erklärt werden, dürfen keine Sühnemaßnahmen verhängt werden.

Artikel XIII

Personen der vorstehend in Artikel II bis VI bezeichneten Gruppen, welche bestimmter Kriegsverbrechen oder sonstiger Vergehen schuldig sind, können ungeachtet ihrer gemäß dieser Direktive vorgenommenen Eingruppierung strafrechtlich verfolgt werden. Die Verhängung von Sühnemaßnahmen auf Grund dieser Direktive schließt eine strafrechtliche Verfolgung wegen des gleichen Vergehens nicht aus.

Ausgefertigt in Berlin am 12. Oktober 1946.

Auf den Nachdruck der Anhänge wurde aus Platzgründen verzichtet.

(Amtsblatt des Kontrollrats in Deutschland. Nummer 11, 31. Oktober 1946. Herausgegeben vom Alliierten Sekretariat Berlin, Elsholzstraße 32, S. 184)

II. Das Lager

Lange Jahre war die Öffentlichkeit im Unklaren, ob und – wenn ja – welche Dokumente des NKWD oder anderer sowjetischer Behörden über die Internierungslager existieren. Die russischen Archive waren geschlossen, Anfragen wurden nicht beantwortet.

Erst die politischen Veränderungen der letzten Jahre und unermüdliches Bemühen deutscher Historiker ermöglichten schrittweise Einblicke. Die starke öffentliche Diskussion um die Internierungslager des NKWD, wie sie nach der Wende besonders im Osten Deutschlands aufkam, hat an dieser sukzessiven Öffnung gewiß auch ihren Anteil.

Der letzte Innenminister der DDR, Peter-Michael Diestel, brachte in einer medienspektakulären Aktion im Juli 1990 einige Dokumente aus Moskau nach Berlin. Deren Substanz ermöglichte eine Art Hochrechnung: in russischen Archiven mußten *sehr viele detaillierte Dokumente lagern, und diese* mußten *umfassende Aufschlüsse über die Belegungen der Lager, über Personalia, über Krankenstand, Verpflegungsnormen, Sterblichkeitsraten etc. geben können. Freilich sollte man in Rechnung stellen, daß es in der täglichen Praxis der Internierungslager mancherlei gravierende Differenzen zwischen den administrativen Festlegungen und deren tatsächlicher Ausführung gab.*

Inzwischen haben deutsche Historiker Zugang zu den Archiven. Die intensive Erschließung und Erforschung der dort lagernden Akten hat begonnen. Wegen des Umfangs des Materials wird freilich eine Veröffentlichung noch etliche Zeit in Anspruch nehmen. Einige – wie der Buchenwalder Historiker Bodo Ritscher sie nennt – „Führungsdokumente" sind jedoch bereits publiziert, wenn auch an entlegener Stelle (Deutschland-Archiv Nr. 6/1993)

Diese Dokumente galten für alle Lager des NKWD in der SBZ, also auch für Sachsenhausen. Sie gestatten einen klaren Blick auf das Lager und seine Strukturen aus der Sicht der Macht, die die Lager einrichtete und betrieb. Eine zuständige Behörde, das Innenministerium der UdSSR, setzte auf ihre Weise die Beschlüsse der Alliierten um, deutlich lesbar unter Nutzung ihrer Gulag-Erfahrungen.

Der Inhalt dieser im folgenden nachgedruckten NKWD-Befehle – ergänzt durch Materialien der Diestel-Pressekonferenz 1990 – diktierte das Lager-"leben" und prägte wesentlich die Rahmenbedingungen auch für die Briefe und Kassiber der Internierten und für andere Zeugnisse aus dem Lager.

Befehl des Volkskommissars für Innere Angelegenheiten der UdSSR vom 22. Februar 1945

STRENG GEHEIM
1945
Nr. 00101

INHALT: Über ergänzende Maßnahmen zu den Befehlen des NKWD der UdSSR Nr. 0016 vom 11. Januar 1945 und Nr. 0061 vom 6. Februar 1945
Moskau, 22. Februar 1945

In Ergänzung zu den Befehlen des NKWD der UdSSR Nr. 0016 vom 11. Januar und Nr. 0061 vom 6. Februar 1945
BEFEHLE ICH:

1. In Übereinstimmung mit dem Befehl des NKWD der UdSSR vom 11. Januar 1945 sind von den Frontbevollmächtigten des NKWD der UdSSR die Inhaftierten wie folgt in die Lager des NKWD einzuweisen:
a) Kommandeurs- und Mannschaftsdienstgrade der deutschen Armee und anderer gegen die UdSSR kriegführender Länder, Kommandeurs- und Mannschaftsdienstgrade des Volkssturms, Führungskräfte und operative Kräfte von Polizeiorganen, Gefängnissen und Konzentrationslagern, Militärkommandanten, militärische Untersuchungsführer, Militärstaatsanwälte und Angehörige anderer militärisch strukturierter Organisationen sind in Kriegsgefangenenlager einzuweisen.

b) Zivilpersonen (keine Staatsbürger der UdSSR), Angehörige anderer feindlicher Organisationen, Leiter auf Gebiets-, Stadt- und Kreisebene, Bürgermeister, Leiter großer Wirtschafts- und Verwaltungsorganisationen, Zeitungs- und Zeitschriftenredakteure. Autoren antisowjetischer Veröffentlichungen und andere feindliche Elemente sind in Internierungslager der GUPWI[1] des NKWD der UdSSR einzuweisen.

c) Sowjetische Staatsbürger sind in die Überprüfungs- und Aussonderungslager des NKWD der UdSSR einzuweisen.

d) Angehörige deutscher Arbeitsbataillone, die auf Grund der Anordnung der GOKO[2] Nr. 7467 ss vom 3. Februar 1945 mobilisiert wurden, sind zum Arbeitseinsatz den Diensten der GUPWI des NKWD der UdSSR zuzuweisen.

2. Die Kriegsgefangenen und Internierten sowie die Angehörigen deutscher Arbeitsbataillone sind durch die Operative Leitung der GUPWI des NKWD der UdSSR und entsprechend der NKWD-UNKWD[3] operativ-tschekistisch[4] zu behandeln.

3. Die unter den in Überprüfungs- und Aussonderungslagern des NKWD der UdSSR befindlichen sowjetischen Staatsbürgern ermittelten feindlichen Elemente sind zu überprüfen und Untersuchungsprozesse zu führen:

a) bei Angehörigen der Roten Armee, die in Kriegsgefangenschaft oder eingekesselt waren, durch die Organe der „Smersch“[5] NKO der Lager;

b) bei Zivilpersonen durch die entsprechenden territorialen Organe des NKWD-NKGB.

4. Der Leiter der GUPWI des NKWD der UdSSR, Generalleutnant Gen. Kriwenko, und der stellv. Leiter der GUPWI des NKWD der UdSSR, Kommissar 3. Ranges Gen. Kobulow haben zusammen mit den entsprechenden Organen des NKWD einen strengen Nachweis über die eingelieferten internierten und mobilisierten Deutschen und Personen anderer Nationalität sowie die informationsdienstliche Bearbeitung dieser Kontingente zu sichern mit dem Ziel, die aktiven feindlichen Elemente unter ihnen herauszufinden. Falls operativ notwendig, sind die operativen Maßnahmen mit dem NKGB, der „Smersch“ NKO und mit der Leitung der Abwehr der Roten Armee zu koordinieren. Der Leiter der Abteilung Überprüfungs- und Aussonder-

ungslager des NKWD der UdSSR, Kommissar der Staatssicherheit Gen. Schitikow, hat die gleiche Arbeit für die Zivilpersonen in den Überprüfungs- und Aussonderungslagern zu organisieren.

5. Der Stellvertreter des Volkskommissars für innere Angelegenheiten der UdSSR, Kommissar 2. Ranges der Staatssicherheit Gen. Tschernyschow, hat zusammen mit den Genossen Kriwenko und Schitikow die Bereitschaft der Kriegsgefangenen- und Internierungslager sowie der Überprüfungs- und Aussonderungslager zur Aufnahme und Unterbringung der von den Fronten eintreffenden Kontingente für zunächst 100 000 Personen und zum 15. März für weitere 100 000 Personen zu sichern.

VOLKSKOMMISSAR FÜR INNERE ANGELEGENHEITEN DER UDSSR
L. BERIJA
Generalkommissar der Staatssicherheit

Für die Richtigkeit: Unterschrift unleserlich

(Staatliches Archiv der Russischen Föderation Moskau, fond 9401)

Anmerkungen

1 Hauptverwaltung für Kriegsgefangene und Internierte
2 Staatliches Verteidigungskomitee
3 Verwaltung des NKWD
4 Nach Tscheka – „Gesamtrussische Außerordentliche Kommission zur Bekämpfung von Konterrevolution und Sabotage“ sowjetischer Geheimdienst
5 Die Spionageabwehrorganisation Smersch (Tod den Spionen) war eine Abteilung des Volkskommissariats für Verteidigung (NKO)

Befehl des Volkskommissars für Innere Angelegenheiten der UdSSR vom 18. April 1945

STRENG GEHEIM
Nr. 00315

INHALT: Über die teilweise Abänderung des Befehls des NKWD der UdSSR Nr. 0016 vom 11. Januar 1945
Moskau, 18. April 1945

In teilweiser Abänderung des Befehls des NKWD der UdSSR Nr. 0016 vom 11. Januar 1945
BEFEHLE ICH:

1. Von den Frontbevollmächtigten des NKWD der UdSSR sind beim Vorrücken der Truppen der Roten Armee auf das vom Feind zu befreiende Territorium bei der Durchführung tschekistischer Maßnahmen zur Säuberung des Hinterlandes der kämpfenden Truppen der Roten Armee von feindlichen Elementen zu inhaftieren:

a) Spionage-, Diversions- und terroristische Agenturen des deutschen Geheimdienstes;

b) Angehörige aller Organisationen und Gruppen, die von der deutschen Führung und den Geheimdiensten des Gegners zu Diversionshandlungen im Hinterland der Roten Armee abgestellt wurden;

c) Betreiber illegaler Sendestationen, Waffenlager und Druckereien, wobei die für feindliche Handlungen bestimmte materiell-technische Basis zu beschlagnahmen ist;

d) aktive Mitglieder der nationalsozialistischen Partei;

e) Führer der faschistischen Jugendorganisationen auf Gebiets-, Stadt- und Kreisebene;

f) Angehörige der Gestapo, des SD und anderer deutscher Terrororgane;

g) Leiter administrativer Organe auf Gebiets-, Stadt- und Kreisebene sowie Zeitungs- und Zeitschriftenredakteure und Autoren antisowjetischer Veröffentlichungen.

2. Personen, die nachweislich terroristische und Diversionshandlungen begangen haben, sind entsprechend dem Befehl des

NKWD der UdSSR vom 6. Februar 1945 an Ort und Stelle[1] zu liquidieren.
3. Militärische und politische Führungs- und Mannschaftsdienstgrade der Armee des Feindes und der militärisch strukturierten Organisationen Volkssturm, SS, SA sowie das Personal von Gefängnissen, Konzentrationslagern, Militärkommandanturen, Organen der Militärstaatsanwaltschaft und Gerichten sind befehlsgemäß in die Kriegsgefangenenlager des NKWD einzuweisen.
4. Kommandeurs- und Mannschaftsdienstgrade der sogen. Russischen Befreiungsarmee" sind in die Überprüfungs- und Aussonderungslager des NKWD der UdSSR einzuweisen.
5. Personen, die im Zuge der Säuberung des Hinterlandes der kämpfenden Truppen der Roten Armee festgenommen wurden, dürfen nicht mehr in die UdSSR geschickt werden.
Festgelegt wird, daß Inhaftierte, an denen ein operatives Interesse besteht, mit Genehmigung des NKWD der UdSSR in die UdSSR überstellt werden können.
6. Damit Festgenommene an Ort und Stelle in Haft gehalten werden können, haben die Frontbevollmächtigten des NKWD der UdSSR die notwendigen Gefängnisse und Lager einzurichten.

Zur Bewachung dieser Gefängnisse und Lager sind die den Frontbevollmächtigten unterstellten Gefangenen-Transporteinheiten des NKWD der UdSSR einzusetzen. Vom Stellvertreter des Volkskommissars für innere Angelegenheiten der UdSSR, Gen. Tschernyschow, ist zusammen mit den Frontbevollmächtigten des NKWD der UdSSR jeden fünften Tag die Standortverteilung der an der Front zu schaffenden Gefängnisse und Lager zu erarbeiten und mir zur Bestätigung vorzulegen.
7. Die Frontbevollmächtigten des NKWD der UdSSR haben die Materialien aller Inhaftierten, die sich in ihrem Gewahrsam befinden, zu sichten.

Invaliden, Kranke, Nichtarbeitsfähige, Männer über 60 Jahre und Frauen, die nicht unter die Bestimmungen nach Punkt 1 des vorliegenden Befehls fallen, sind freizulassen.
8. Die Genossen Kommissare 2. Ranges der Staatssicherheit Tschernyschow und Kobulow haben zusammen mit dem Leiter der GUPWI des NKWD der UdSSR, Gen. Kriwenko und dem Leiter der Abteilung Überprüfungs- und Aussonderungslager des

NKWD der UdSSR, Gen. Schitikow, die notwendigen Aussonderungsmaßnahmen für Inhaftierte, die von den Fronten in die Lager des NKWD überstellt werden, zu organisieren und durchzuführen. Dabei ist wie folgt zu verfahren:

a) Personen, die unter die Bestimmungen nach Punkt 1 des vorliegenden Befehls fallen, sind in Internierungslagern in Gewahrsam zu halten;

b) Personen, die nicht unter die Bestimmungen nach Punkt 1 des vorliegenden Befehls fallen und über die keine ergänzenden Materialien zu erwarten und die physisch dazu in der Lage sind, werden der Industrie zur Arbeit überstellt. Invaliden, alte Männer und Nichtarbeitsfähige sind nach der Überprüfung organisiert an ihren ständigen Wohnsitz zu entlassen.

VOLKSKOMMISSAR FÜR INNERE ANGELEGENHEITEN
DER UDSSR
L. BERIJA

Generalkommissar der Staatssicherheit

Für die Richtigkeit: Unterschrift unleserlich

(Staatliches Archiv der Russischen Föderation Moskau, found 9401)

Anmerkung

1 Anm. d.Ü.: wörtlich: am Ort ihres Verbrechens

Befehl des Volkskommissars für Innere Angelegenheiten der UdSSR

1945 vom 10. Mai 1945
STRENG GEHEIM
Nr. 00461

INHALT: Über die Organisation von Lagern (Gefängnissen) bei den Frontbevollmächtigten des NKWD der UdSSR
Moskau, 10. Mai 1945

In Ergänzung des Befehls des NKWD der UdSSR Nr. 00315 vom 18. April 1945
BEFEHLE ICH:

1. Die Frontbevollmächtigten des NKWD der UdSSR, Kommissar 2. Ranges der Staatssicherheit Gen. Serow, Kommissar 3. Ranges der Staatssicherheit Gen. Zanawa, Generalleutnant Gen. Shelenin, Generalleutnant Gen. Meschik und Generalleutnant Gen. Kowaltschuk haben gemäß der beigefügten Stellenpläne und Standortverteilung Lager und Gefängnisse zu organisieren.
2. Den Frontbevollmächtigten des NKWD der UdSSR ist zu erlauben, entsprechend der Anzahl der Lager und Gefängnisse an den Fronten Gruppen aus 3 bis 7 Mann zur Leitung der Lager und Gefängnisse zusammenzustellen sowie 1 bis 2 Mann zur Nachweisführung und Statistik abzustellen.

Zur Komplettierung der Lager, Gefängnisse und Gruppen sind vorwiegend Mitarbeiter und Offiziere, die den Frontbevollmächtigten unterstehen, und Offiziere von Frontstäben einzusetzen.

Der Häftlingsnachweis ist im Apparat des Frontbevollmächtigten des NKWD der UdSSR nach der beigefügten Dienstanweisung zu führen. Der Leiter der 1. Spezialabteilung des NKWD der UdSSR, Oberst der Staatssicherheit Gen. Kusnezow, hat den zentralen Nachweis über dieses Kontingent getrennt vom allgemeinen Nachweis über die Verbrecher zu führen.
3. Der Stellvertreter des Volkskommissars für innere Angelegenheiten der UdSSR, Kommissar 3. Ranges der Staatssicherheit Gen. Obrutschnikow, hat fehlende Lager- und Gefängnisleiter, Leiter der Nachweisapparate und Verwaltungsleiter auszusuchen und innerhalb von 10 Tagen den Frontbevollmächtigten des NKWD der UdSSR zur Verfügung zu stellen.
Generalleutnant Gen. Stachanow hat zur Komplettierung des Apparates der Lager an den Fronten 250 Mann aus dem Offiziers-, Unteroffiziers- und Mannschaftsbestand der NKWD-Truppen dem Gen. Obrutschnikow zur Verfügung zu stellen und dem Frontbevollmächtigten des NKWD der UdSSR der 4. Ukrainischen Front ein Bataillon zur Bewachung der Lager und Gefängnisse zuzuteilen.
4. Der Leiter der Hauptverwaltung für Rückwärtige Dienste des

NKWD der UdSSR, Generalleutnant der Rückwärtigen Dienste Gen. Wurgaft, hat über die Fronten die Versorgung der in den Lagern und Gefängnissen internierten (inhaftierten) Deutschen nach den für Kriegsgefangene geltenden Normen zu organisieren. Der Kaderbestand der Lager ist nach den geltenden Normen für Armeeangehörige zu versorgen.

5. Der Leiter der Zentralen Finanzabteilung des NKWD der UdSSR, Generalmajor der Rückwärtigen Dienste Gen. Berenson, hat die Finanzierung der Gefängnisse und Lager bei den Frontbevollmächtigten des NKWD der UdSSR zu sichern.

6. Die Frontbevollmächtigten des NKWD der UdSSR haben einmal in fünf Tagen über „WTsch“[1] oder verschlüsselt nach dem beigefügten Formblatt über die ausgeführten Arbeiten, über durchgeführte Arretierungen und Festnahmen an das NKWD der UdSSR zu berichten, Vorfälle und Festnahmen von besonderer Bedeutung sind sofort zu melden.

7. Zur Auswertung von Materialien, die von den Frontbevollmächtigten des NKWD der UdSSR eintreffen, zur Zusammenstellung von Informationen nach diesen Materialien, zur Erarbeitung von operativen Richtlinien für die Organe des NKWD der UdSSR, NKGB und für die Spionageabwehr „Smersch“ sowie zur Durchführung vorläufiger operativer und Untersuchungsmaßnahmen in den wichtigsten Fällen ist beim NKWD der UdSSR eine besondere Operative Gruppe zu bilden. Zu ihr gehören: Oberst der Staatssicherheit Gen. Ludwigow (Leiter der Gruppe), Oberst der Staatssicherheit Gen. Michailow (stellv. Leiter der Gruppe), Oberstleutnant der Staatssicherheit Gen. Majorow, Oberstleutnant der Staatssicherheit Gen. Kimtschenko, Major der Staatssicherheit Gen. Leonow, Major der Staatssicherheit Gen. Frenkina, Hauptmann der Staatssicherheit Gen. Sokolow.

VOLKSKOMMISSAR FÜR INNERE ANGELEGENHEITEN
DER UDSSR
L. BERIJA

Generalkommissar der Staatssicherheit
Für die Richtigkeit: Unterschrift unleserlich
(Staatliches Archiv der Russischen Föderation Moskau)

Anmerkung

1 Spezieller Nachrichtenkanal, der ab einer betimmten Kommandoebene genutzt werden konnte (wörtlich: Hochfrequenzverbindung)

Vorläufige Instruktion zur Registrierordnung in Gefängnissen und Lagern

STRENG GEHEIM
Anlage Nr. 3
zum Befehl des NKWD der UdSSR
Nr. 00461–1945

VORLÄUFIGE INSTRUKTION
zur Registrierordnung in Gefängnissen und Lagern, die nach dem Befehl des NKWD der UdSSR Nr. 00315 vom 18. April 1945 einzurichten sind:

1. Für jeden Inhaftierten hat der operative Mitarbeiter eine Registrier-Kontrollakte anzulegen. Die Akte muß folgende Dokumente enthalten: Vernehmungsprotokoll Haftverfügung und Einweisung in das Gefängnis bzw. Lager, in der die persönlichen Daten des Inhaftierten und die Begründung der Hafteinweisung an den Haftverbüßungsort sowie die persönlichen Dokumente, die bei der Festnahme einbehalten wurden, enthalten sein müssen.

Die Registrier-Kontrollakte wird bei der Einweisung eines Inhaftierten in ein Gefängnis oder Lager mitgereicht.

Die Kopie der Haftverfügung wird zur persönlichen Nachweisführung an die entsprechende Nachweisgruppe beim Apparat des Bevollmächtigten des NKWD der UdSSR geleitet.

Die Nachweisgruppen füllen auf der Grundlage dieser Bestimmungen die Karte Nr. 1 für den Nachweis der Inhaftierten beim Apparat des Bevollmächtigten aus.

2. Wenn Materialien über eine konkrete verbrecherische Tätigkeit eines Inhaftierten vorliegen sowie dann, wenn der Inhaftierte von operativem Interesse ist (wegen seiner dienstlichen Tätigkeit, seiner Verbindungen u. a.), ist für ihn eine Untersuchungsakte anzulegen.

Der Nachweis und die Registrierung der Untersuchungsakte wird gemäß Befehl des NKWD der UdSSR Nr. 00931 vom Jahre 1939 durchgeführt.

3. Das Gefängnis bzw. Lager hat auf der Grundlage der Haftverfügung, die sich in der Registrier-Kontrollakte befindet, die Registrierung des Inhaftierten vorzunehmen. Dazu muß die Registrierkarte Nr. 1 ausgefüllt und die Daktyloskopiekarte in zwei Exemplaren für jeden Häftling ausgefertigt werden.

4. Die ausgefertigten Nachweis- und Registriermaterialien für die Inhaftierten (Registrierkarte Nr. 1 und die Daktokarte in einem Exemplar) sind den Nachweisgruppen bei den Bevollmächtigten des NKWD der UdSSR zuzustellen. Im Gefängnis bzw. Lager verbleibt das zweite Exemplar der alphabetischen Karten, aus denen der alphabetische Nachweis über die Inhaftierten zusammengestellt wird. Das zweite Exemplar der Daktokarte wird der Registrier-Kontrollakte beigefügt.

5. Die Nachweisgruppen haben innerhalb von 24 Stunden nach Eingang des Registriermaterials dieses an die 1. Spezialabteilung des NKWD der UdSSR weiterzuleiten mit einer Aufstellung, die den Familien-, Vor- und Vatersnamen der Inhaftierten, auf die sich das Material bezieht, zu enthalten hat.

6. Die Gefängnisse und Lager haben an die entsprechenden Nachweisgruppen bei den Bevollmächtigten über alle Inhaftierten und über alle Abgänge aus dem Gefängnis oder Lager – Überstellung in einen anderen Haftverbüßungsort, Freilassung, Flucht, Tod – Meldung zu erstatten. Die Meldungen sind nach dem Abgleich der notwendigen Angaben in der Nachweiskartothek der Nachweisgruppen mit Begleitpapieren an die 1. Spezialabteilung des NKWD der UdSSR zu reichen.

Die Registrier-Kontrollakten der Verstorbenen und Freigelassenen sind an die 1. Spezialabteilung des NKWD der UdSSR zu leiten.

7. Die Nachweisgruppen haben auf der Grundlage des zentralen Nachweises über die Arbeit der Operativen Gruppen und über die Häftlingsbewegung Meldungen zu erstellen und diese verschlüsselt oder über „WTsch“ an die 1. Spezialabteilung des NKWD der UdSSR zum 1. und 16. jeden Monats zu übermitteln (die Form der Aufstellung ist beigefügt).

8. Bei jeder Überstellung eines Inhaftierten an andere Haftverbüßungsorte sind mit ihm zusammen die angelegte Registrier-Kontrollakte und – wenn vorhanden – auch die Untersuchungsakte mitzureichen.

LEITER DER 1. SPEZIALABTEILUNG DES NKWD
DER UDSSR
Oberst der Staatssicherheit
KUSNEZOW

Für die Richtigkeit: Unterschrift unleserlich

(Staatliches Archiv der Russischen Föderation Moskau. found 9401)

Vorläufige Anordnung über die Spezlager des NKWD auf dem besetzten Territorium Deutschlands vom 27. Juli 1945

STRENG GEHEIM
„BESTÄTIGT"
STELLV. VOLKSKOMMISSAR FÜR INNERE ANGELEGENHEITEN DER UDSSR
GENERALOBERST
Unterschrift
I. SEROW
27. Juli 1945

VORLÄUFIGE ANORDNUNG
Über die Spezlager des NKWD auf dem besetzten Territorium Deutschlands

Die Spezlager des NKWD werden errichtet und liquidiert auf Anweisung des Bevollmächtigten des NKWD der UdSSR bei der Gruppe der Sowjetischen Besatzungstruppen in Deutschland.

Die Lager des NKWD sind vorgesehen für Inhaftierte, die unter Punkt 1 des Befehls des NKWD der UdSSR Nr. 00315 vom 18. April fallen.

Die Hauptaufgabe des Lagers besteht in der vollständigen Isolierung der im Lager befindlichen Kontingente und der Verhinderung von Fluchten.

I. AUFBAU DES LAGERS

1. Die Lager des NKWD werden von der Zivilbevölkerung isoliert errichtet. Der Zugang zum Gelände des Lagers ist unbefugten Personen verboten. Dazu sind an entsprechenden Stellen Schilder mit der Aufschrift „Zugang und Zufahrt verboten" anzubringen.
2. Alle Gebäude des Lagers mit Ausnahme der Diensträume müssen sich hinter einer festen Umzäunung oder einem Stacheldrahtverhau von mindestens 3 Meter Höhe befinden.
3. Die Umzäunung des Lagers ist so anzulegen, daß von jeder Ecke der Umzäunung aus in beide Richtungen eine gute Einsicht in die inneren und äußeren Seiten der Lagerzone besteht, d.h. als Quadrat oder Rechteck.
4. Auf eine Entfernung von 3–5 Metern von der äußeren und inneren Seite der Hauptumzäunung ist eine verbotene Zone einzurichten, die durch Stacheldrahtzäune von 1,5–2 Meter Höhe begrenzt wird.
5. An den Ecken der Lagerzone, auf der Außenseite, sind für die Posten der äußeren Lagerwache Wachtürme zu errichten.
Die Entfernung zwischen den Wachtürmen darf 80–100 Meter nicht überschreiten und muß dem Wachposten die akustische und Sichtverbindung mit dem Wachposten des nächstliegenden Turmes ermöglichen.

Anmerkung: In Abhängigkeit von der Länge der Lagerumzäunung sind zwischen den Ecktürmen zusätzlich Wachtürme zu errichten.
6. In der Nacht muß die Lagerzone beleuchtet sein. Auf den Wachtürmen werden schwenkbare Scheinwerfer installiert, deren Reflektoren mit elektrischen Lampen in der Stärke von 500–1000 Kerzen ausgestattet sind.

7. Am Lagereingang werden spezielle Tore und Torhäuser errichtet, die ständig durch Posten besetzt sind.
8. Wachtürme und Torposten müssen telefonisch oder durch eine Klingelanlage mit dem Wachraum des verantwortlichen Diensthabenden des Lagers verbunden sein.

Anmerkung: Bei Fehlen von Telefon oder Klingelanlage sind die Posten mit Trillerpfeifen auszustatten.

II. UNTERKÜNFTE DES LAGERS

Alle Unterkünfte in der Lagerzone müssen numeriert und mit Liegen, Doppelstockpritschen oder Pritschen wie in Eisenbahnwaggons, mit Tischen, Bänken, Regalen für Geschirr und Toilettenutensilien sowie allem weiteren notwendigen Inventar ausgestattet sein.

Für die Unterbringung von Frauen sind in jedem Lager gesonderte Räume in einer besonderen Zone einzurichten, in der sie von den Männern durch Stacheldraht oder einen Zaun isoliert sind.

Die Lagerwerkstätten sind als eine besondere Arbeitszone abzutrennen. Der Zugang der Lagerkontingente zu den Werkstätten erfolgt nach Listen und Ausweisen, die vom Leiter des Lagers bestätigt sind.

III. AUFNAHME VON INHAFTIERTEN

Die Aufnahme von Inhaftierten in das Lager wird persönlich vom Leiter des Lagers oder auf seine Anweisung durch den Stellvertretenden Leiter des Lagers, den Leiter der Registriergruppe des Lagers, den verantwortlichen Diensthabenden oder den Lagerkommandanten vorgenommen.

Die Grundlage für die Aufnahme eines Inhaftierten in das Lager bildet die persönliche Registrier-Kontrollakte, die folgende wesentliche Dokumente enthalten muß:

a) Beschluß über die Verhaftung und Einweisung in das Spezlager des NKWD, bestätigt durch den Leiter der Operativen Gruppe des NKWD oder der „Smersch",

b) Beschluß über die Haft oder Haftprotokoll,

c) Durchsuchungsprotokoll,

d) Vernehmungsprotokoll,

e) Paket mit persönlichen Dokumenten.

Personen ohne ordnungsgemäß ausgefertigte Registrier-Kontrollakte werden nicht in das Lager aufgenommen.

Die Übernahme der Inhaftierten vom Begleitkommando wird durch ein Dokument bestätigt, in dem die Herkunft der Inhaftierten, die Zahl der auf Transport gegangenen und die Anzahl der dem Lager zugeführten Inhaftierten anzugeben sind. Alle Vorkommnisse während des Gefangenentransports (Flucht, Tod, Übergabe in ein Krankenhaus usw.) müssen in dem Aufnahme-Übergabe-Dokument angeführt sein.

Der Leiter des Begleitkommandos ist verpflichtet, über alle Vorkommnisse während des Gefangenentransportes beglaubigte Dokumente vorzulegen (Sterbeurkunde, Bescheinigung des Krankenhauses usw.)

Anmerkung: In Fällen, wo die zugeführten Inhaftierten Beanstandungen oder Beschwerden über ungesetzliche Behandlung durch das Begleitkommando während des Transports äußern, sind diese Eingaben in einem gesonderten Dokument festzuhalten, das dem Leiter der Einheit des Transportbegleitkommandos und als Kopie der Abteilung Spezlager des NKWD zu übergeben ist.

Bei der Aufnahme in das Lager erfolgt eine gründliche Durchsuchung jedes Inhaftierten mit der Anfertigung eines Durchsuchungsprotokolls. Alle bei der Durchsuchung abgenommenen Gegenstände und Wertsachen werden in das Protokoll eingetragen und zur Aufbewahrung abgegeben.

a) Wertsachen – dem Leiter der Finanzabteilung des Lagers;

b) persönliche Dinge in die Effektenkammer.

Anmerkung: Die Durchsuchung inhaftierter Frauen muß in gesonderten Räumen und unbedingt von weiblichen Mitarbeitern des Lagers vorgenommen werden.

Bei der Aufnahme der Inhaftierten hat das medizinische Personal des Lagers alle Aufgenommenen auf Läuse zu untersuchen und vorhandene Kranke zu erfassen. Alle ermittelten Kranken müssen unverzüglich isoliert und in das Lagerkrankenhaus oder eine speziell abgesonderte Quarantänebaracke gebracht werden.

Alle im Lager ankommenden Inhaftierten haben vor der Unterbringung in den Wohnunterkünften die obligatorische sanitäre Bearbeitung zu durchlaufen, zu der eine Reinigung im Bad und die Desinfektion der Bekleidung in der Desinfektionskammer des Lagers gehören.

IV. REGISTRIERUNG DER INHAFTIERTEN

1. Für alle Inhaftierten, die das Lager aufnimmt, müssen Registrierkarte Nr. 1 und daktyloskopische Karten ausgefült werden.

Anmerkung: Die Daktyloskopierung der Inhaftierten wird nach der sanitären Bearbeitung und vor der Unterbringung in den Baracken durchgeführt.

2. Die Registrierkarte Nr. 1 wird in 3 Exemplaren ausgefertigt, wobei alle Spalten dieser Karte ausgefüllt sein müssen.

Die Daktyloskopiekarte wird in 2 Exemplaren ausgefertigt.

3. Die Registrierung von Inhaftierten in Lagern des NKWD erfolgt in strenger Übereinstimmung mit der Instruktion, die mit dem Befehl des NKWD der UdSSR Nr. 00461 vom 10. Mai 1945 ergangen ist.

4. Die persönlichen Registrier-Kontrollakten der Inhaftierten werden im Lager aufbewahrt. Die Kartothek muß entsprechend der vorgeschriebenen Ordnung in einem gesonderten Raum der Registriergruppe untergebracht werden.

5. Personen, die nichts mit der Registrierarbeit zu tun haben, ist es verboten, die Räume der Registriergruppe ohne Erlaubnis des Leiters des Lagers und des Leiters der Registriergruppe zu betreten.

V. REGIME

1. Inhaftierte, die sich in Lagern des NKWD befinden, sind verpflichtet, die Forderungen der Verwaltung und der Wache des Lagers zu befolgen, höflich zu sein, genau den aufgestellten Tagesablauf einzuhalten, die Unterkünfte aufzuräumen, die Fußböden zu wischen, absolute Sauberkeit in den Wohnunterkünften und auf dem Lagergelände zu halten.

2. Der Tagesablauf wird durch Befehl des Leiters des Lagers festgelegt und ist in allen Wohnunterkünften des Lagers zum Aushang zu bringen.

Der Tagesablauf regelt die Zeit des Weckens, der Morgentoilette, des Frühstücks, der Überprüfung, die Zeit der Arbeit, des Mittagessens usw. Für die Nachtruhe sind täglich mindestens acht Stunden vorzusehen.

3. Für die Verletzung und Nichteinhaltung von Forderungen der Lagerverwaltung werden die Inhaftierten mit administrativen Strafen belegt.

Das Verhältnis der Mitarbeiter des Lagers zu den im Lager Inhaftierten muß höflich, aber fordernd sein.

4. Die Überprüfung der Anwesenheit der Inhaftierten erfolgt zweimal am Tag, morgens und abends, in Verbindung mit dem Wechsel des Diensthabenden des Lagers.

Die Überprüfung der Inhaftierten führen der den Dienst übergebende und der den Dienst übernehmende verantwortliche Diensthabende des Lagers und der Lagerkommandant durch.

5. Den Inhaftierten ist gestattet:

a) notwendige persönliche Dinge (Toilettenutensilien, Löffel, Schüssel und Becher) bei sich zu haben;
b) die freie Bewegung in einem festgelegten Gebiet des Lagers;
c) Dame- und Schachspiele zu besitzen.

6. Den Inhaftierten ist nicht gestattet:

a) scharfe und spitze Metallgegenstände und Dinge zu haben;
b) Karten- und Glücksspiele zu besitzen;
c) beliebige Dokumente mit Ausnahme von Quittungen über abgenommene Gegenstände und Wertsachen zu haben;
d) zu singen, zu lärmen und sich an verbotenen Stellen aufzuhalten;
e) in andere Räume zu gehen;
f) alkoholische Getränke zu haben;
g) Briefwechsel und Besuche.

LEITER DER ABTEILUNG SPEZLAGER DES NKWD
DER UDSSR
OBERST Unterschrift SWIRIDOW

EINVERSTANDEN: OBERST Unterschrift KLEJMENOW

(Staatliches Archiv der Russischen Föderation Moskau[1], found 9409)

Anmerkung

1 P. Erler und L. Prieß veröffentlichten im Frühjahr 1991 den Text einer „Provisorischen Ordnung der Sonderlager auf dem Territorium Deutschlands“ aus dem Zentralen Staatsarchiv der Oktoberrevolution der UdSSR. Das Dokument ist vom 20. Oktober 1946 datiert und vom Stellvertreter des Oberbefehlshabers der SMAD, Generaloberst Serow, bestätigt. Dieser Text ist im wesentlichen identisch mit dem vorstehend publizierten, quasi der Ur-Fassung vom 27. Juli 1945. Die im folgenden gedruckten Passagen fehlen jedoch in dieser Ur-Fassung:

Zu I 7: „Ebenfalls wird in der Vorzone ein Gebäude mit Räumen für den Empfang und die Durchsuchung des Kontingents sowie mit einem Raum für einen ständigen Posten und einem Raum für den verantwortlichen Diensthabenden des Lagers errichtet“.

Zu I 2: „Aus der Zahl der Wohnunterkünfte ist ein Teil zu einer besonderen Zone für die Quarantäne der Neueingänge und für auf Transport zu schickende Kontingente, getrennt für Männer und Frauen, zusammenzufassen“.

Zu V 1 : „Zur Unterstützung des Lagerkommandanten werden in jeder Baracke, in jedem Zimmer und in jeder Kammer Älteste aus dem Kontingent ausgewählt, die alle Weisungen des Lagerkommandanten erfüllen“.

Zu V 6: „h) zu handeln und Sachen zu tauschen.“

Diese Hinzufügungen bezeugen, daß das NKWD inzwischen „seine“ Erfahrungen mit den Internierungslagern gemacht und ausgewertet hat: die Repressionen für Internierten wurden verschärft.

An alle Leiter der NKWD – Sonderlager und Gefängnisse auf dem Territorium Deutschlands

<RUNDSCHREIBEN>
ABSOLUT <STRENG> GEHEIM

Nur an den Leiter . . . . .
Gen. . . . .

Nachfolgend übermitteln wir zur strikten Einhaltung und praktischen Anwendung die Kategorien der Registratur von Häftlingen, die der Einweisung in Sonderlager und Gefängnisse unterliegen.

1. ZU VERHAFTEN UND IN SONDERLAGER EINZUWEISEN (sind)

a) Spionage-, Diversions- und terroristische Agenturen der deutschen Geheimdienste,
b) Angehörige aller Organisationen und Gruppen, die von der deutschen Führung und den Geheimdiensten des Gegners zu Diversionshandlungen im Hinterland der Roten Armee abgestellt wurden,
c) Betreiber illegaler Sendestationen, Waffenlager und Druckereien,
d) führende aktive Mitglieder der nationalsozialistischen Partei (NSDAP),
e) Führer der faschistischen Jugendverbände auf Gebiets-, Stadt- und Kreisebene,
f) Angehörige der Gestapo, des SD und anderer deutscher Terror-Einheiten,
g) Leiter administrativer Organe auf Gebiets-, Stadt- und Kreisebene sowie Redakteure und Autoren antisowjetischer Zeitungen und Zeitschriften.

3.[1] IN ANDERE LAGER EINZUWEISEN (sind)

1. Politisch – militärische Führung und Mannschaften der Armee des Gegners sowie der militaristischen Organisationen: Volkssturm, SS, SA, das Personal der Gefängnisse, Konzentrationslager, der Militärkommandanturen, der Organe der Militär-

staatsanwaltschaft und der Gerichte sind in Kriegsgefangenenlager so wie vorgesehen einzuweisen.
2. Führung und Mannschaften der ROA – der russischen Befreiungsarmee – sind in Untersuchungslager des NKWD der UdSSR einzuweisen.
3. Invaliden, Kranke, arbeitsunfähige Greise über 60 Jahre sowie Frauen, die nicht zu dem unter Punkt 1 des vorliegenden Befehls aufgeführten Personenkreis gehören, sind aus der Haft zu entlassen.
4. Personen, die von dem vorliegenden Befehl nicht erfaßt werden und über die kein zusätzliches Material vorgelegt werden kann: physisch geeignete Personen sind für Arbeiten in der Industrie zu übergeben, Invaliden, Greise und Arbeitsunfähige sind nach Abschluß der Untersuchungen zu entlassen und in organisierter Form zu ihrem ständigen Wohnort in Marsch zu setzen.
5. Die Untersuchungsakten Verstorbener und Entlassener sind der 1. Sonderabteilung nach Moskau zu übermitteln.

LEITER DER ABTEILUNG SONDERLAGER DES NKWD AUF DEM TERRITORIUM DEUTSCHLANDS
OBERST
(SWIRIDOW)

. . . . September 1945

(Materialien zur Pressekonferenz des Stellvertreters des Ministerpräsidenten und Ministers des Innern der DDR, Dr. Peter-Michael Diestel, Berlin, 26. September 1990)

Anmerkung

1 Fehlt Punkt 2: Entweder Fehler bei der Numerierung im Text oder absichtliche Auslassung

Verbotene Zone: Das Internierungslager Sachsenhausen war streng von der Außenwelt isoliert.

Auch innerhalb des Lagers waren Teile des Geländes und einzelne Baracken voneinander isoliert

Sowjetische Internierungslager in der SBZ / DDR 1945–1950

Erarbeitet von Peter Erler

	Bautzen	Berlin-Hohenschönhausen
Interne Sowjetische Bezeichnung	Speziallager Nr. 4 ab 1948 Speziallager Nr. 3	Speziallager Nr. 3
Verwendungszweck vor Mai 1945	Strafanstalt	Großküche Fabrikgelände
Zeitraum der Existenz	Mai 1945 bis Febr. 1950	Mai 1945 bis Okt. 1946
Gesamtbelegung	23 000–30 000	10 000–12 500
Durchschnittliche Belegung	5 000–9 000	ca. 2 000
Sterbefälle	4 100–16 700	3 000–3 500
Deportationen in die UdSSR	4 000–8 650	–
Entlassungen 1948 und davor	ca. 5 000	–
Entlassungen 1950	742	–
Häftlingskategorien	Internierte Strafgefangene	Internierte Strafgefangene

	Buchenwald	Frankfurt/Oder*
Interne Sowjetische Bezeichnung	Speziallager Nr. 2	?
Verwendungszweck vor Mai 1945	Konzentrationslager	Siedlung „An der Wachsbleibe“ „Horn“-Kaserne
Zeitraum der Existenz	Aug. 1945 bis Febr. 1950	Mai bis Okt. 1945 Mai’45–Sept./Okt. 47
Gesamtbelegung	28 445	ca. 10 500
Durchschnittliche Belegung	10 000–12 000	10 000–12 000
Sterbefälle	6 000–8 000	1 00–2 000
Deportationen in die UdSSR	1 330–2 100	?
Entlassungen 1948 und davor	1 330–2 100	–
Entlassungen 1950	7 153	–
Häftlingskategorien	Internierte	Internierte Kriegsgefangene

* (Durchgangslager für Deportationen in die UdSSR)

	Fünfeichen bei Neubrandenburg	Jamlitz bei Lieberose
Interne Sowjetische Bezeichnung	Speziallager Nr.9	Speziallager Nr. 6
Verwendungszweck vor Mai 1945	Kriegsgefangenenlager	Straflager der SS
Zeitraum der Existenz	Apr. 1945 bis Okt. 1948	Sept. 1945 bis Okt. 1948
Gesamtbelegung	17 200–20 000	10 000–14 200
Durchschnittliche Belegung	ca. 8 000	5 000–6 000
Sterbefälle	3 000–8 700	4 000–5 200
Deportationen in die UdSSR	500–1 000	ca. 1 000
Entlassungen 1948 und davor	4 000–4 500	–
Entlassungen 1950	–	–
Häftlingskategorien	Internierte	Internierte Kriegsgefangene

	Ketschendorf bei Fürstenwalde	Mühlenberg bei Riesa
Interne Sowjetische Bezeichnung	Speziallager Nr.5	Speziallager Nr.1
Verwendungszweck vor Mai 1945	Arbeitersiedlung	Kriegsgefangenenlager
Zeitraum der Existenz	Apr. 1945 bis Febr. 1947	Sept. 1945 bis Okt. 1948
Gesamtbelegung	15 000–20 000	21 835
Durchschnittliche Belegung	ca. 6 200	ca. 12 000
Sterbefälle	5 300–7 600	6 765
Deportationen in die UdSSR	ca. 2 000	3 075
Entlassungen 1948 und davor	–	7 705
Entlassungen 1950	–	–
Häftlingskategorien	Internierte Kriegsgefangene	Internierte

	Sachsenhausen	Forst Zinna/ Torgau
Interne Sowjetische Bezeichnung	Speziallager Nr.7 ab 1948 Speziallager Nr.1	Speziallager Nr. 10 ? Speziallager Nr. 8
Verwendungs-zweck vor Mai 1945	Konzentrationslager	Militärhaftanstalt „Seydlitz"-Kaserne
Zeitraum der Existenz	Aug. 1945 bis März 1950	Mai/Juni 46–Okt. 48 Aug. 45–März 1947
Gesamtbelegung	50 000–60 000	28 814 ca. 8 600
Durchschnittliche Belegung	11 000–20 000	ca. 3 000 ca. 6 000
Sterbefälle	ca. 12 000	600–476 ca. 300
Deportationen in die UdSSR	7 000–10 300	24 050 ? ?
Entlassungen 1948 und davor	3 400–6 000	441 –
Entlassungen 1950	6 617	– –
Häftlings-kategorien	Internierte Strafgefangene bis 1946	Sowjetbürger Internierte Strafgefangene? Kriegsgefangene

	Weeskow bei Werneuchen
Interne Sowjetische Bezeichnung	Speziallager Nr. 7
Verwendungszweck vor Mai 1945	Bauerngehöfte
Zeitraum der Existenz	Mai–Aug. 1945
Gesamtbelegung	9 000–13 700
Durchschnittliche Belegung	ca. 6 000
Sterbefälle	1 000–1 500
Deportationen in die UdSSR	ca. 1 000
Entlassungen 1948 und davor	–
Entlassungen 1950	–
Häftlingskategorien	Internierte

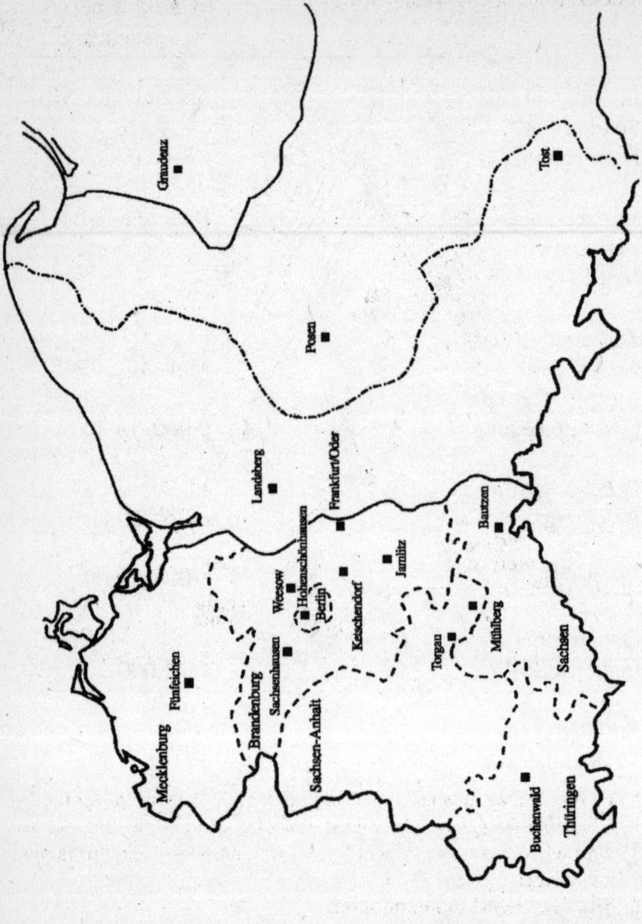
Graudenz
Posen
Tost
Landsberg
Frankfurt/Oder
Mecklenburg
Fünfeichen
Brandenburg
Sachsenhausen
Weesow
Hohenschönhausen
Berlin
Ketschendorf
Jamlitz
Bautzen
Torgau
Mühlberg
Sachsen-Anhalt
Sachsen
Buchenwald
Thüringen

Gedenkstätte Sachsenhausen 1993

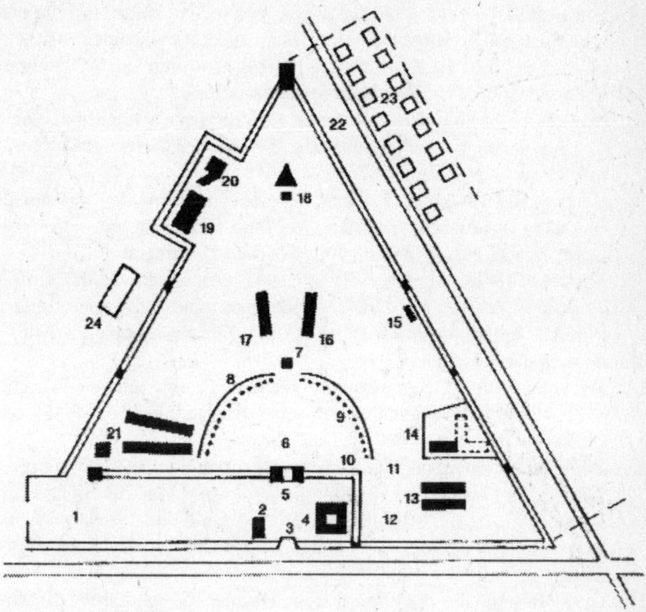

1 **Kommandanturbereich** der SS und der politischen Polizei für das Konzentrationslager, ab August 1945 bis März 1950 Sitz der sowjetischen Basatzungsmacht für das Internierungs- und Strafgefangenenlager.

2 **Sitz der Lagerkommandanten**

3 **Eingangstor** in das Konzentrationslager (seit 1950 geschlossen)

4 **Internationales Museum**, erbaut 1960 auf dem ehemaligen Garagenkomplex der SS-Totenkopfstandarte, zur Zeit wegen Neugestaltung geschlossen.

5 **Turm A,** Eingang zum Häftlingslager Sitz der SS-Lagerleitung, Postenzensurstelle, SS-Kartei und Turmbesatzung (Bewachung).

6 **Appellplatz,** diente von 1936 bis 1945 für Zählappelle und Strafmaßnahmen (z.B. Strafstehen, Prügelstrafe, Exekution).

7 **Standort des Galgens,** hier fanden öffentliche Hinrichtungen bei Zählappellen zur Einschüchterung der Häftlinge durch die SS statt.

8 **„Kreuzmauer“,** erbaut 1960, symbolisiert durch Andeutung der Stirnwände den ersten von vier Barackenringen. Steinblöcke dahinter zeigen die Standorte der einzelnen Baracken an.

9 **Schuhprüfstrecke;** 1940 angelegt, neun Abschnitte mit unterschiedlicher Bodengestaltung. Hier mußten Häftlinge täglich 10 Stunden (ca. 40 Kilometer mit 15 kg schweren Lasten) laufen, um Schuhsohlen auf ihre Haltbarkeit zu prüfen.

10 **Nachbau des Sicherungssystems:** Lagermauer, Wachtürme, elektrisch geladener Stacheldrahtzaun, Stacheldrahtsperre und „neutrale Zone“ – eigentlicher Todesstreifen.

11 **Bereich des „Kleinen Lagers“** (ehemals 18 Baracken, bis auf 2 Baracken abgerissen). Endstand vor dem Judenprogrom vom November 1938 zur Aufnahme von jüdischen Häftlingen

12 **Baracke 18/19,** Standort der ab 1942 errichteten Geldfälscherwerkstatt. Vorwiegend jüdische Häftlinge mußten Devisen, (engl. Pfund, Dollar, jugoslawisches Geld), Geschäftspapiere, Briefmarken u.a. fälschen.

13 **Baracke 38/39,** Originalbauten. Baracke 38 mit nachgebildetem Schlaf- und Aufenthaltsraum, kleine Ausstellung über jüdische Häftlinge, gestaltet 1961.

14 **Zellenbau** (nur noch Teile vorhanden), war vor 1945 Sondergefängnis der Gestapo und Gefängnis des Lagers von 1945–1950 für Internierte genutzt. 80 Zellen für Einzelhaft, Dunkelarrest und zur Massenunterbringung. Gedenkzellen erinnern an hier inhaftierte Häftlinge.

15 **Gedenkstein** für die Opfer stalinistischer Gewaltherrschaft am ehemaligen Durchgang zum Strafgefangenenlager der Zone II (errichtet 1990)

16 **Ehemalige Häftlingsküche,** heute Lagermuseum (von 1936 bis 1945 und 1945 bis 1950)

17 **Ehemalige Wäscherei,** heute Andachtsraum, Kinosaal

18 **Mahnmal** mit Steinskulptur „Befreiung“ von R. Graetz, errichtet 1960.

19 **Fundamente** der 1942 errichteten Massenvernichtungsanlage „Station Z“: Genickschußanlage, Gaskammer und Krematorium (zerstört nach 1950). Letzter Gang des Häftlings: von A bis Z ...

20 **Erschießungsgraben/ Galgenanlage.** Hinrichtungsstätte für Häftlinge des KZ und Überstellte des Reichssicherheitshauptamtes der SS, sowie der Gestapo

21 **Pathologie/ Leichenhalle/ Krankenrevier (R I/II).** Durchführung

von Obduktionen, medizinischen Versuchen und Leichenschändungen.

22 **Zone II, Strafgefangenenlager der sowjetischen Besatzungsmacht** (bis auf 15 Steinbaracken abgerissen).

23 **Steinbaracken (Originalgebäude),** Lager für englische Kriegsgefangene. Nach 1945 Unterbringung von Verurteilten der sowjetischen Sondergerichte (Militärtribunal), zuletzt Munitionsbunker der Nationalen Volksarmee der ehem. DDR. Gegenüber standen 4 Häuser, die die Nazis zur Unterbringung prominenter Gefangener (z.B. den österreichischen Staatsmann Dr. Schuschnigg) benutzt haben.

24 **Haus 24.** Lese- und Ausstellungsraum.

(Drucksache der Gedenkstätte Sachsenhausen)

Leben und Überleben. Kassiber und Briefe

Hans Scholz an seine Frau, seine Kinder und an seine Eltern 1945/46

Hans Scholz,
Jahrgang 1902
Reichsbahn-Oberinspektor

<undatiert>[1]
Die Vernommenen sind mit Auto abtransportiert worden. Wohin? Wir werden wohl auch folgen. Bringe die Militärstiefel mit. Wahrscheinlich werden wir zur Arbeit herangezogen oder zur weiteren Verwahrung. Wollne Strümpfe, Trainingshosen, 2 Arbeitshemden. Vielleicht kann der Ober <unleserlich> arbeit aus ..<unleserlich> Oder lieber nicht. Kann die Sache verschlimmern !!!

Bleibt alle gesund und seid herzlichst gegrüßt.

Kann für Euch nun leider nicht mehr sorgen. Haltet durch. Ich komme wieder.
Euer
Hans

<Am Rand:> 1 Kamm, 1 Mütze

Shsn. b. O. <Sachsenhausen bei Oranienburg> 8. 2. 46[2]

Schwager Fritz und Vetter Hans aus Grünau lassen grüssen ihre Familien und Euch und erhoffen baldiges und gesundes Wiedersehen und tatkräftigen Wiederaufbau ihrer Existenz im Rahmen früherer Arbeitsgebiete. Benachrichtiget auch Grünau wegen Vetter Hans und H<....>s (für Linkstraße und für Mutter K<....>, Wartenberg, wegen ihres Sohnes R.). Versuchet, mir auf gleichem Wege Lebenszeichen *neutral* zuzuleiten (Baracke 25).

Herzlichst

F.

Ist meine Wohnung noch besetzt?
Wo sind Hansi, Eberhard, Bruder Hans?

Sachsenhausen, 21. V. 46

Lieber Rudi und Familie!
Übergib bitte Eva den Brief.

Meine Lieben!

Bin gesund und munter. Hoffen, daß sich unser Schicksal nun bald entscheidet. Warten, leider bisher vergeblich, täglich auf die Entlassung. Das Leben ist erträglich. Hoffentlich geht es Euch allen einigermaßen zufriedenstellend. Wir hören hier leider sehr wenig oder Parolen, die sich nicht erfüllen. Was macht Dieter[3]? Geht er zur Schule oder lernt er schon etwas? Elfie[4] muß ja schon ein großes, verständiges Mädel sein. Das seelische Gleichgewicht zu halten und zu ertragen, ist hier ja schwerer als alles andere. Heute sind wir in Velten[5] zum Einsatz. Mal eine Abwechslung. Die Zeit vergeht ja rasend schnell u. der einzelne Tag noch schneller, wenn man arbeiten geht. Man kommt auch über alles besser hinweg. Fritz S<....> liegt im Revier, keine ernste Sache. Gehe viel mit Alfred K<....> spazieren. Ihm gehts auch gut. Ebenso dem Herbert G<....>

Seid herzlichst gegrüßt und baldiges Wiedersehen

Euer

Hans

Sachsenhausen, 3. 6. 46

Meine Lieben!

Geh' wieder mal nach Velten zum Arbeitseinsatz und gebe auf dem gleichen Wege ein Lebenszeichen. Ich hoffe, daß die vor 2 Wochen abgegebene Nachricht angelangt ist. Voriges Mal haben wir Salz (Zentnersäcke) entladen und gestapelt. Es war nicht leicht, da die Körperkräfte ja doch schon nachgelassen haben. Aber immerhin ist der Beweis vorhanden (ich habe so bald an 100 Säcke getragen), daß ich noch gesund und kein Wrack bin. Das ist hier die Hauptsache. Man darf nicht krank werden. Die einseitige Kost und Mangel an Medikamenten sind so manchem Kameraden zum Verhängnis geworden. Vetter Fritz liegt noch im Revier mit dicken Füßen und Beinen. Sein Zustand ist nicht direkt bedenklich, aber er muß Energie und Kraft zur Überwindung aufbringen. Das tut er. Wer sich im Revier gehen läßt, verlaßt unweigerlich das Lager in waagerechter Linie und landet in den Fichten.[6] Das Leben hier ist erträglich. Viel gearbeitet wird nicht. Um in Bewegung zu bleiben, melde ich mich öfters freiwillig zum Einsatz. Es gibt manchmal dabei was zum Erben, was man verwenden kann. Jetzt z. B. bringe ich immer Grünes mit (Disteln, Brennesseln, Melde, Wegerich, Sauerampfer usw.). Gewaschen, gebrüht u. geschnitten werden die Suppen damit verdickt bzw. mit Suppensatz vermengt u. zum Brotaufstrich verwendet. Brot! 500–550 gr. erhalten wir täglich, und das schmeckt trocken wie früher die beste Torte. Man möchte es am liebsten mit einem Male (geschieht auch öfters) aufessen. Morgens gibt es Graupen-, Grutzen- oder Mehlsuppen. Augenblicklich leider sehr dünne und wässrige. Zeitweise stand beinahe der Löffel darin. Die Mittagssuppe ist immer sehr schmackhaft, manchmal leider auch sehr dünn! Hier kommt es darauf an, wenn man dran ist zum Empfang. Im Kübel sind immer 90 Liter. Die erste Hälfte schneidet natürlich immer besser ab. Appetit ist jedenfalls immer vorhanden. Die Gelegenheit, nebenbei Essenschläge zu erhalten, ist leider vorbei. Ich halte durch, wenn auch die seelische Belastung – sie ist am schlimmsten – sehr bedrückend ist. Haltet Ihr auch durch, und wir werden uns gesund wiedersehen. Die Hoffnungen auf Entlassung sind wieder mal gestiegen, hoffentlich gehen sie nun endlich in Erfüllung. Oft genug sind wir angenarrt worden. Es waren immer Parolen, die – wenn der Termin da war – wie Seifenblasen platzten. Mal muß es ja klappen. Sonst sind die Einrichtungen hier ganz ordentlich. Abort und Waschgelegenheit in der Baracke, 3 x im Monat baden, 1 x Entlausung, 3 x wird Wäsche gewaschen. All das war m Hohenschönhausen – die erste Station – nicht so organisiert. Der Wettergott war uns ja auch sehr hold. Ich war nicht ein Mal erkaltet. Nun, wie geht es Euch? Sind Dieter u. Elfie auch brav? Denken sie an ihren Vater? Bitten sie den lieben Gott, daß er gesund zurückkommt? Sollte die Haft noch länger dauern u. Dieter die Schule verlassen – wo geht er hin? Lernt er einigermaßen, so soll er Bäcker u. Konditor oder Fleischer, Friseur lernen. Wenn er zu einem anderen Beruf besondere Lust verspürt (Mechaniker, Schlosser usw.), dann natürlich dazu. Raten würde ich zum Bäcker. Es wird uns ja möglich sein, eine Bäckerei mal zu kaufen oder einzurichten. Was wird aus mir werden? Nimmt uns die Eisenbahn wieder? Nun, wie es auch sei, ich gehe nicht unter. Zunächst muß die Übergangszeit überbrückt werden. Es wird ja von Jahr zu Jahr wieder besser werden. Was machen Oma und Opa? Daß ihr Schwiegersohn mal politischer Häftling werden wird, hätten sie sich nicht träumen lassen. Was macht der Falkenberg mit seinen Lieben? Sind auch sie alle gesund? Ist Grete da? Das sind so Gedanken, die einen beschäftigen. Ist der Reinhard schon zurück? Sind in der Umgebung Güter aufgeteilt worden?[7] Haben sich Tante Meta und Onkel Josef um Stellen bemüht? Was machen die Sparguthaben?[8] Hast Du was freibekommen? Wie sind die Lebensmittelzuteilungen? Dem Vernehmen nach soll es einigermaßen gehen. Trifft das zu? Wir tappen hier im Dunkeln. Jeglicher Brief-, Zeitungs- und sonstiger Nachrichtenverkehr ist strengstens verboten. So mancher Kamerad mußte schon deswegen in den Karzer oder Bunker wandern.[9] Schweige über unsern Briefwechsel. Vernichte die Zettel.

Den Brief an F<…> übergib Frau G<…>, die anderen besorge Du. Frau G<…> soll Frau K<…> mündlich den Empfang

der Nachrichten bestätigen, damit wir wissen, ob sie angekommen sind. Auch soll Frau G<…> Pakete nur durch Frau K<…> schicken, Unbekannten nichts aushändigen. Es kommen auch nach hier öfters Frauen. Doch meistens ist ihr Weg vergeblich. Es sind erstens nicht allzuviel Außenkommandos, und zweitens machen die Wachmannschaften Schwierigkeiten. Sie lassen die Frauen nicht ran oder jagen sie weg. Es sind nur wenige gute Kerls bei. Meistens räubern sie die Frauen aus, nehmen ihnen alles Mitgebrachte weg oder sagen, sie werden es abgeben, was aber nie geschieht. Leider werden sie öfters von eigenen Deutschen, die den Brigadier oder Dolmetscher bei der Kolonne spielen, unterstützt. Wir haben mal beobachtet, wie Russen Frauen, die in nächster Nähe an uns vorbeigingen, anhielten und sie visitieren wollten. Sie ließen sich aber nicht beirren, nicht in die Taschen schauen, sondern machten kehrt. Die Iosten schossen in die Luft, um sie zu erschrecken od. einzuschüchtern. Sie kehrten sich nicht daran u. gingen mit Erfolg weiter. Die Iosten ließen sie unbehelligt laufen und kamen zurück. Sie trauen sich doch nicht mehr, so willkürlich zu handeln. Ist Grünau von Russen frei? Man erzählt sich, daß südlich der Spree die Amerikaner die Herrschaft übernehmen.[10] Wohnt Ihr schon wieder in der Walchenseestraße?[11] Hat Frau < unleserlich > schon alles abgeholt? Wenn nicht, laßt es noch da. Sagt, Ihr könnt nicht rankommen. Dieter soll organisieren. Alles, was brauchbar ist, mitnehmen, und wenn es Tassen, Teller od. sonstige (Fahrradschläuche oder andere Telie) Sachen sind. Nun, ich glaube, ich habe genug geschrieben. Ihr werdet beruhigt sein. Hoffentlich sehen wir uns bald wieder. Seid alle recht, recht herzlich gegrüßt von
Eurem

Papa

Jeden Abend um 10 Uhr sind meine Gedanken bei Euch allen u. insbesondere bei Dir und den Kindern. Gott behüte und beschütze Euch und führe uns wieder gesund zusammen.

Der Berliner Eisenbahner Hans Scholz mit seinen Kindern Elfriede und Dieter (etwa 1944)

4. 6. 46

Liebe Eva!

Mein Einsatz nach Velten hat sich zerschlagen. Ich komme das nächste Mal ran, wahrscheinlich Pfingstmontag oder -dienstag. Ich will versuchen, dort einen Eisenbahner B<...> fernmündlich zu benachrichtigen, daß ich da bin. Dann könntest Du mal rüberkommen und Quetschkartoffeln oder Puffer mitbringen. Rauchwaren sind nicht unbedingt nötig. Man könnte sich allerdings dafür Essenschläge einhandeln. Das Rauchen haben wir uns ja abgewöhnt, weil wir nichts haben außer Teesatz. 2 Bleistifte, 1 Nähnadel, Rasierklingen. Ob wir uns sprechen können, ist fraglich. Die Bewachungsposten sind ja so verschieden.[12] Es ist ja auch fraglich, ob wir an einem Anschlußgleis – wo ich ja nur einen Eisenbahner treffen kann – arbeiten. Nur auf Aufforderung kommen. Die Briefe für Frau G<...> kommen das nächste Mal. Herbert ist jedenfalls gesund. Ebenso Alfred K<...> Die Vermittlung des Briefes geht von einem anderen Einsatz, den ich schon den 5. Tag habe. Hat nicht geklappt. Es grüßt und küßt Dich herzlich

Hans

Sachs., 9. VI. 46

Liebe Eva!

Wir glaubten ja, zum Maienfest[13] zu Hause zu sein; wir haben uns aber wieder mal geirrt. Das 3. große Fest ohne Euch Lieben verbracht und Ihr es ohne mich. Es ist bitter, und wir fragen uns immer wieder – waren wir wirklich so schlechte Menschen, daß wir ein solches Schicksal verdienen und so behandelt werden? Es nützt kein Klagen, wir müssen es ertragen und abwarten, was weiter kommt. Wer weiß ....

Eine gewisse Bestimmung und Vorsehung ist ja meistens jedem beschieden. Die Hoffnung bleibt uns und kann uns nicht genommen werden. Einmal muß der Tag kommen, wo ich Euch in meine Arme schließen werde. Durch Bewegung und Arbeit halte ich mich frisch und beweglich und werde die Inhaftierung überstehen. Der liebe Gott <unleserlich> wieder zusammenführen. Vetter Fritz geht es wieder besser. Die Nachricht habe ich von einem aus dem Revier[14] Entlassenen vor 3 Tagen erhalten. Er ist ja zäh und wird sich durchbeißen. Von dem beiliegenden Zettel macht Hansi gegenwärtig keinen Gebrauch, verwahrt ihn aber. Es kann möglich sein, daß ich hier oder da was doppelt schreibe. Das ist keine Geistesstörung, sondern darauf zurückzuführen, daß die Vermittlung bzw. der in Aussicht gestellte Einsatz nicht immer so klappt. Wahrscheinlich werden wir am 11. wieder Einsatz in Velten haben, und da hoffe ich, dabei zu sein. Ich habe <durchgestrichen: wie Du aus beiliegendem schriftl. ersehen wirst> die Absicht, Dich und Dieter fernmdl. nach Velten beordern zu lassen.[15] Ob es klappt, wirst Du ja merken. Sollte die Vermittlung zustandekommen, so wäre es ja sehr schön, ja, selbst auf die Gefahr hin, daß wir uns nicht mal sprechen können. Die Gewißheit, daß es Euch einigermaßen gut geht, würde mich ja sehr beruhigen und das Leben hier erträglicher gestalten. Der Appetit auf K-puffer oder Kartoffeln ist sehr groß. Es gibt ja doch immer nur Suppen mit wenigen oder gar keinen Kartoffeln. Wenn Du kommen solltest, so mach 2 kleine Pakete (Anschrift: Scholz, Baracke 49). Wie ich sie übernehme, müssen wir abwarten und muß sich aus der jeweiligen Lage ergeben. Mit Alfred K<....> mache ich jeden Abend – wenn ich keinen Einsatz habe – Rundgänge im Lager. Er ist auf dem Posten, aber sehr pessimistisch. Er glaubt an eine baldige Ent-lassung nicht. Die neueste Parole lautet, daß bis zum 15.6. das Lager geräumt werden soll. Gestern ist Fritz G<....> aus Hohenschönhausen hier eingetroffen. Konnte ihn noch nicht sprechen, nur im Vorbeigehen einen Zuruf wechseln. Es ist möglich, daß die unter 45 Jahren noch länger festgehalten werden. Das ist eine Vermutung, die aber noch nicht amtlich ist. Vor-bereitungen, die auf Entlassung zielen, sind jedenfalls ge- macht worden und unsere Hoffnung. Fingerabdrücke, Impfungen, Entlassungen, Anfertigungen von Listen, mündliche Überlieferungen lassen darauf schließen, daß man mit uns was vorhat.[16]

10.VI. 46 (7 Uhr)

Der erste Feiertag ist sang- und klanglos verlaufen. Es gab gute Suppen, die von mir aus mit Wildgemüse verdickt worden sind. Daß Melde, Disteln, Butterstauden, Wegerich, Vogelmiere, Brennesseln gut schmecken können bzw. daß ich sowas noch mal essen muß, hätte ich nie gedacht. Es bekommt mir ganz gut, und ich denke, ich führe dem Körper doch so einige nahrhafte Vitaminstoffe zu, die ihm dienlich sind. In den täglichen Suppen sind Büchsenkonserven (Bohnen, grüne Erbsen, Kohlrabi) verarbeitet. Gemüse bekommen wir also genug u., wie gesagt, immer schmackhaft. Vor einigen Tagen gab es sogar mal zusätzlich für 7 Mann 2 kl. Heringe. Auch das war ein Hochgenuß. Die heutige Morgensuppe (Grütze dick u. süß) war vorzüglich. Sie wird so um 6 (Uhr) ausgegeben. Dann gibt es so zwischen 12–14 Uhr das Brot, meistens noch in warmem Zustand. Man möchte und könnte es auch sofort ganz aufessen, denn die Morgensuppe hält ja nur bis 10 oder 11 Uhr vor. Um 14 Uhr werden die Essenkübel geholt und von allen sehnsüchtig erwartet. Zum Abend gibt es Kaffee u. ab u. zu mal Tee. Die Getränke sind süß, wenn die Morgensuppe ungesüßt verabreicht wird. Wer nun sein Brot vor oder nach dem Essen gleich vertilgt, um mal richtig satt zu sein, der muß dann bis zum nächsten Morgen warten. Es machen viele Kameraden so. Am besten hilft die Arbeit – der Einsatz – über die Kalamität hinweg. Erstens bist Du nicht da, wenn es das Brot gibt, und zweitens vergißt man beim Arbeiten das Essen. Gearbeitet wird hier im Sand in der nächsten Nähe des Lagers von 8–13.30 und von 15.30–19.30[17], wenn es nach auswärts geht von 8–15 bzw. 16 Uhr. Soeben (7.35 Uhr) ist der Appell beendet. Es wird um 7.20 angetreten. Die arbeiten gehen, bleiben gleich draußen, die anderen gehen in die Baracken zurück und müssen Betten machen. Von 9–19.30 ist für die Nichtarbeitenden Freizeit. Man kann im Lager spaziergehen oder sich sonstwie beschäftigen. Die das nicht können, warten aufs Essen und sind daher am hungrigsten. Ich habe z.B. heute viel vor. Beim letzten Einsatz organisierte ich eine gefütterte Wagendecke, die muß ich zur Bettunterlage umarbeiten. Zwischendurch wird dann rasch mal eine Partie Schach gespielt, um den Geist anzuregen. Ich habe es (innerhalb der Baracke) zum viertbesten Spieler gebracht und bei einem Turnier einen Figurensatz als Preis erworben. Zu den Figuren habe ich wieder ein Kästchen gezimmert. Es muß ja alles mit primitiven Mitteln gearbeitet werden. Wir dürfen ja nichts – kein Messer, keine Werkzeuge usw. – halten.[18] Jedes Arbeiten wird dadurch erschwert und dauert lange. Das ist ganz gut, die Zeit wird dadurch verkürzt. Die Zeit, sie vergeht im Fluge. Ehe es man sich versieht, ist die Woche rum, aber die Hoffnung, am Sonntag zu Hause zu sein, nicht in Erfüllung gegangen.

8 Uhr Betten machen u. arbeiten.

Inzwischen ist es 17 Uhr geworden. Meine organisierte Wagendecke ist zu zwei Bettunterlagen umgearbeitet worden. Zwischendurch wurde Brot geschnitten (1 Brot 5 Teile) und verlost u. um 14 Uhr gegessen (grüne Büchsenbohnen mit Grütze verdickt). Hat sehr gut geschmeckt. Brot ist selbstverständlich auch schon alle. Draußen ist es nach dem tüchtigen Regen herrlich. Ein Spaziergang nach Falkenberg würde sich verlohnen. Wann werden wir den gemeinsam machen können???? Aus den anderen Anlagen[19] kannst Du ersehen, mit was für Dingen wir uns hier beschäftigt haben. Vor Weihnachten waren die Kochrezepte an der Reihe. Da wurde auf dem Papier gebraten, gekocht, geschmurgelt, gebacken usw., und was da Einzelne dem Erzählen nach zu Hause gegessen haben! Es ist direkt phantastisch. Unter 4–5 Eiern wurde kein Eierbraten gemacht. Brot wurde nur zur Wurst und zum Schinken dazu gegessen. Zum Mittag natürlich riesige Fleischportionen oder Gänse, Hühner u.ä. Wir waren ja etwas bescheidener, haben aber schließlich auch nicht schlecht gelebt. Wenn sich die Zeiten wieder ändern, so werden wir uns doch etwas umstellen. Aber was bringt die Zukunft? Wird die Bahn mich behalten? Man macht sich so seine Gedanken. Ab 4 Uhr morgens bin ich meistens wach und habe viel Zeit zum Nachdenken. Es ist bloß alles zwecklos. Erst müssen wir mal hier raus sein.

2 Partien Schach gespielt und kurzen Spaziergang mit AK wegen Regen abgebrochen.

Augenblicklich donnert und regnet es tüchtig. Der Regen ist ja Gold wert.

20 Uhr. Es hat zum Appell geläutet.

20.30 Appell beendet. So, nun wird noch Kaffee empfangen u. getrunken, und um 22 Uhr gehts in die Klappe. So ist der Tagesablauf. Morgen ist Einsatz „Ziegelkommando". Es geht raus, vielleicht werde ich den Brief los. Nach Velten kann mich nur ein Zufall führen. Dem Vernehmen nach sind von einem anderen Bataillon[20] stammende Männer eingesetzt worden.

Was macht die große Oma[21] ?

<unleserlich> aber auch noch andere Möglichkeiten. Nun, wir werden die Zeit einigermaßen <unleserlich> darüber debattieren

<unleserlich> war uns der Wettergott mal gnädig, u. ich hoffe, daß er uns auch weiterhin gnädig sein wird.

Hoffentlich habt Ihr keine Verluste? Seid Ihr wieder im Hause?

<unleserlich> da war uns das Schicksal immer noch gnädig, und ich hoffe, daß es uns auch weiterhin gnädig sein wird. Grüße Falkenberg und Waßmannsdorf und haltet durch. Der Tag der Freiheit wird und muß kommen u. hoffentlich recht bald.

Hans

Beiliegende Briefe besorge bitte weiter, Adressen sind angegeben.

S., 16. VI. 46

Meine Lieben!

Und wieder geht ein schöner Tag zu Ende!! Schön wohl, wenn wir ihn in der Freiheit verbracht hätten, aber so war es sehr trübselig. Aber es kommt wieder eine Zeit, wo die Tage wieder schön – ja, schöner als vorher – sein werden. Nach fast drei ununterbrochenen Regentagen ist endlich die Sonne wieder hervorgekommen und hat die Stimmung gehoben. Allgemein besteht ja die Hoffnung, daß in Kürze uns die Freiheit winken wird. Hoffentlich wird es nun mal wahr. Oft genug sind wir angenarrt worden. Eigenartige Vorfälle haben dazu geführt, daß wir vom 13. bis 20. 6. vom Arbeitseinsatz ausgeschlossen worden sind. Arbeitsverbot ist hier vom Lagerkommandanten als Strafe eingesetzt worden. Für mich ist es tatsächlich eine Strafe insofern, daß ich mir keine zusätzliche Kost „Wildgemüse" verschaffen kann. Die Zeit wird uns auch in der Baracke nicht zu lang. Mit Ausbessern, Basteln, Spazierengehen, Schachspielen u. Schlafen kann man den Tag schon durchbringen. Zu Hause könnten wir die Zeit nützlicher verbringen. Ja, was hat man sich schon alles so in Gedanken zurechtgelegt, um das Leben wieder aufzubauen, ja, nötigenfalls unter ganz anderen Umständen. Aber wir sind verdammt zum Nichtstun und müssen erst mal abwarten, was uns draußen blüht und was wir vorfinden.

Hoffentlich können wir uns an Kartoffelgerichten sattessen. Pellkartoffeln mit Salz wären hier z. Z. eine Götterspeise. Mit einem gewissen Heißhunger würden wir uns darüber herstürzen und sie verschlingen. Warten und nochmals warten, heißt es vorläufig. Von Fritz habe ich noch keine neue persönliche Nachricht. Nach Angaben eines Kameraden ist eine wesentliche Besserung noch nicht eingetreten. Die Ödemkrankheit ist ja langwierig und schwer heilbar, wenn das Herz u. die Nieren nicht richtig arbeiten. Fritz wird sich schon durchbringen. Es ist gleich Zapfenstreich. Werde meine einigermaßen gepolsterte Lagerstätte zurechtmachen und mich hinlegen. Schließe Euch in mein Nachtgebet ein und bin noch in Gedanken eine ganze Weile bei Euch.

Seid herzlich gegrüßt
von Eurem

Pappa

S., 21. VI. <46>

Meine Lieben!

Wir haben heute den längsten Tag und die kürzeste Nacht. Sommeranfang! Ob lang oder kurz, hier vergeht ein Tag wie der andere. Zum Arbeitseinsatz sind wir noch nicht herangezogen

worden. Es mangelt an Arbeit, und wer weiß, wann ich meine Post loswerde. Aus einem hier angegliederten Nebenlager, in welchem Kriegsgefangene untergebracht sind[22], wurden in den letzten 3 Tagen einige Hundert abtransportiert, wahrscheinlich nach Rußland zum Arbeitseinsatz. Vielleicht ist das nur ein Anfang. Mein Jahrestag nähert sich, und man-
weiß nicht, was einem noch blüht. Aushalten, durchhalten heißt die Parole, und wenn es noch Jahre dauert. Sollte ich auch noch zum Einsatz herangezogen werden (45 Jahresgrenze), so müßtet Ihr halt ohne mich auskommen. Wir haben hier gelernt, mit wenigem auszukommen. Du weißt ja, was ich für Besitz mithabe. Für die leibliche Kost genügen 1 Schüssel oder Blechbüchse und 1 Löffel. Gabel braucht man nicht, und ein Messer darf man hier nicht haben. Bettwäsche, Federbetten und wattige Sachen sind vollkommen überflüssig und können verscherbelt werden. Wenn Not ist, kannst Du viel umsetzen und mach davon Gebrauch. Es wird in einigen Jahren wieder alles zum Kaufen geben. Quäle Dieter nicht mit der Schule, schicke ihn in die Lehre. Wenn er Fleischer werden will, soll die große Oma mal mit ihm nach Potsdam zum A<….> Fritz fahren. Sein Geschäft ist noch ganz, und verhaftet ist er auch nicht. Vielleicht kann ich alles regeln, so schlimm sieht ja die Sache noch nicht aus, trotzdem die Entlassungsparolen – eine wie die andere – wie Seifenblasen platzen. Glaube und Hoffnung werden aber trotzdem nicht aufgegeben. Vom Vetter Fritz habe ich nunmehr persönlich (Brief) Nachricht erhalten. Sein Zustand ist nicht bedenklich. Es ist alles bestens in Ordnung, seine Stimmmung ist unverändert positiv, zuversichtlich u. aktivistisch. Seine Krisis ist überstanden. Riesigen Appetit hat er, na, wie alle hier. Im Revier bekommen 8 Mann ein Brot (5 bei uns). Was macht unser Sonnenschein? Ich glaube, sie macht Dir nur Freude. Sie wird helfen und tüchtig sein. Durchs Kellerfenster in der Regattastraße rief sie mir noch zu: „In ein paar Tagen bist Du wieder da, Papi!“ Nun ist aus Tagen ein Jahr geworden. Wer hätte das wohl gedacht! Abwarten, durchhalten, liebe Eva, wir werden uns wiedersehen und unser Leben – auch in etwaiger veränderter Lage – zum Besten gestalten. Hoffentlich geht unser aller Wunsch – die gastliche Stätte „Sanatorium Sachsenhausen“ zu

verlassen – bald in Erfüllung.

Dieter, mach Du auch der Mama keinen Kummer! Sei brav, tüchtig, arbeite, organisiere, leiste Hilfe, wo Du nur irgend kannst. Du bist jetzt alt genug und mußt verständig sein. Die Zeiten erfordern es, das Spielen muß mal aufhören.

Es ist gleich 22 Uhr und die Zeit ran zum Schlafengehen. Ich bin in Gedanken bei Euch und grüße
inniglich

Hans

S., 22. VI. 46

Liebe Oma![23]

Warum und weshalb ich heute so viel an Dich denken muß, weiß ich nicht. Es mag die Umgebung sein, die Menschen, die um einen sind und die man hier so richtig kennenlernt. Man fragt sich da so oft: Was haben die für eine Kinderstube genossen? Die einen sind zänkisch u. streitsüchtig, widerspruchsvoll, rechthaberisch, großmäulig <unleserlich> bequem, faul usw. Es sind nicht viele, die sich so auf der mittleren Bahn bewegen. Die lange Haft, die einseitige Verpflegung, das zeitweise träge Leben wirken sich ja selbstverständlich mehr oder weniger aus und verändern vielleicht auch den Charakter, mindestens stellen sie eine starke seelische Belastung dar und tragen eine gewisse Reizbarkeit in den Menschen. Und da denke ich an unsere Jugendzeit zurück und erkenne erst so richtig, was Du insbesondere, liebe Mutter, an uns getan hast und allgemein geleistet hast. Von früh bis spät gewerkt u. geschafft und uns zu rechten Menschen erzogen. Was verdanke ich Dir und dem lieben Pappa, den der kühle Rasen deckt.[24] Ich weiß mir hier mit den primitivsten Mitteln zu helfen. Ich habe, das wird ja auch meine gute Schwiegermutter bestätigen, zu Hause meinen Mann gestanden und keine Hilflosigkeit gezeigt und werde auch bei noch so trauriger Lage weiterhin bestehen. Ich bin Dir Dank und nochmals Dank schuldig. Ich war vielleicht nicht immer ein braver Sohn und liebevoll gewesen, aber das Gegenteil ja schließlich auch nicht. Ich wünschte, ich könnte für Dich vieles tun, aber Du bist ja heute noch die Sorgende und Gebende. Hoffentlich hast Du im Hause mit <unleserlich> keine großen Schwierigkeiten und keinen Ärger. Hoffentlich hast du gute Nachrichten von Grete, wenn sie nicht schon da ist. Meinetwegen mache Dir keinen Kummer. Ich halte hier durch, und eines Tages müssen wir freikommen, und ich werde wieder bei Euch sein. Ich werde mich bemühen, Dir das zu vergelten, was Du mir und meiner Familie schon alles angetan hast. Ich befürchte nur, ich werde das gar nicht können, Du wirst immer noch diejenige bleiben und sein, die sorgen und geben wird. Statt eines geruhsamen Lebens, das Du Dir wohl verdient hast, ist für Dich auch weiterhin Kampf das Losungswort. Gebe der liebe Gott Dir Gesundheit und ein langes Leben, daß Du auch noch wieder bessere Zeiten, denen wir ja schließlich entgegengehen, erleben wirst. Das Gleiche gilt auch für meine Schwiegermutter und für Tante Meta. Auch sie sind die liebevoll Sorgenden und Gebenden. Sag ihnen das und statte ihnen meinen Dank ab.

Morgen ist wieder Sonntag und für uns Badetag. Von einer Woche zur anderen hoffen wir, nach Hause zu kommen, aber bisher immer vergeblich. Aber der Tag kommt, und ich bin wieder bei Euch. Es ist Zapfenstreich. Ich schließe Euch in mein Nachtgebet ein und verweile bis zum Einschlafen in Gedanken bei Euch. Recht herzliche Grüße und beste Wünsche zur Gesundheit

Dein Sohn

Hans

S., 28. VI. 46

Meine Lieben!

Der 28. VI. wird in unserer Familie immer ein denkwürdiger Tag bleiben und zwar als Jahrestag eines unliebsamen Geschehens (vorsichtig ausgedrückt). Wer von uns hatte wohl gedacht, daß es so lange und wer weiß wie lange noch dauern wird. Die Anzeichen, die auf Entlassung zielen, sind wohl nach wie vor vorhanden, aber es rührt sich nichts. Wir sind immer noch nicht wieder zum Einsatz gekommen und werden direkt zum Faulenzen gezwungen. Ich hoffe, daß es Euch wenigstens einigermaßen geht und ich mich darüber nicht zu sorgen brauche. So läßt sich die Haft leichter ertragen. Meinetwegen braucht Ihr keine Bange zu haben, ich halte durch und lasse mich nicht unterkriegen. Wie es bei der Reichsbahn aussieht, erfährt man hier auch nicht. Man tappt vollkommen im Dunkeln. Nun, ich glaube, wenn ich auch zunächst nicht wieder ankomme, für Euch sorgen zu können. Gerade jetzt im Sommer gibt es genügend Möglichkeiten, sich einen möglichst nahrhaften Erwerb zu verschaffen. Also auch darüber glaube ich unbesorgt sein zu können, nur erst raus hier aus diesem Sanatorium. Der Tag wird und muß kommen, wir können ja schließlich nicht ewig hier eingekastelt bleiben. Die beigegebenen Entwürfe kannst Du ja mal durchsehen und 4 x schreiben. Ich glaube, in dieser Form meine Angelegenheit einleiten zu müssen. Wenn Dieter nicht zur Schule geht, so muß er arbeiten und sich nützlich machen. Er muß sich möglichst nahrhafte Quellen aussuchen, z. B. bei den Russen Kartoffeln abladen u. helfen, wie es sein Vater gemacht hat. Und die Elfie – ich glaube, wir müssen bald Elfriede sagen – wird ja der lieben Mutti behilflich sein. Wie wäre es denn mit Pilzesuchen, Blaubeeren-, Brombeeren- und Preißelbeeren-Pflükken? Mir sind hier ertragreiche Quellgebiete angegeben worden, so daß man daraus einen Erwerb machen könnte, wenn man sich selbst genügend eingedeckt hat. Für den Winter müssen wir vorsorgen, er wird noch arg werden; denn inwieweit amerikanische Lieferungen erfolgen, bleibt abzuwarten. Pilze können eingesalzen oder getrocknet werden.

Opa, wie wäre es mit einer Fahrt nach Rehfelde oder Mahlsdorf und Strausberg? Man kann hierbei einen Abstecher nach Müncheberg machen. Versucht, eine genaue Karte von Strausberg und Umgebung zu bekommen. Die beiliegende Skizze stammt von einem Förster und bürgt für guten Erfolg. Eimerweise wird dort geerntet, nicht wie in unserem Wald, wo man suchen muß und nichts findet. Unter 20 Pfund geht´s nicht nach

Hause. Hoffentlich geht die Nachricht bald mal raus, sodaß Ihr über mich unterrichtet seid. Vetter Fritz` Zustand ist zufriedenstellend. Er hat die Absicht und den Willen, mit mir das Lager zu verlassen.
Seid herzlich gegrüßt von
Eurem

Hans

S. , 4. VII. 46

Meine Lieben!

Es war heute ein sehr heißer Tag und außerdem ein sehr betrübender. Vetter Fritz bat durch einen Kameraden, daß ich ihn nach Möglichkeit mal besuchen möchte. < unleserlich > Das ist an und für sich gar nicht so einfach. Das Betreten des abgeschlossenen Vordergebäudes[25] ist allgemein verboten und nur für Patienten in Begleitung eines Sanitäters erlaubt. Ich bin zufällig in Zahnbehandlung und kann daher hinein und konnte Fritz am Fenster sehen und ihn auch sprechen. Sein Zustand ist äußerst bedenklich. Ein Schlaganfall hat seinen linken Unterarm gelähmt und etwas hilflos gemacht. Das Herz ist etwas schwach. Medikamente, die helfen könnten, gibt es nicht. Die Widerstandskraft ist wohl durch den Durchfall und Schlaganfall geschwächt. Er glaubt selbst nicht mehr an eine Besserung und rechnet mit dem Sterben. Dem Aussehen nach steht es schlimm mit ihm. Er gab mir auf, alle recht, recht herzlich zu grüßen. Er hat ein rechtes und gutes Leben geführt und dankt allen, die dazu beigetragen haben. Ich stand hilflos da. Man kann ja selbst mit Worten nicht helfen. Wir verabschiedeten uns mit Händedruck. Er bat, wieder mal nach ihm zu sehen. Das wäre ja auch alles, was ich ja wohl noch für ihn tun könnte. Abwarten, eine Änderung kann immer noch eintreten.

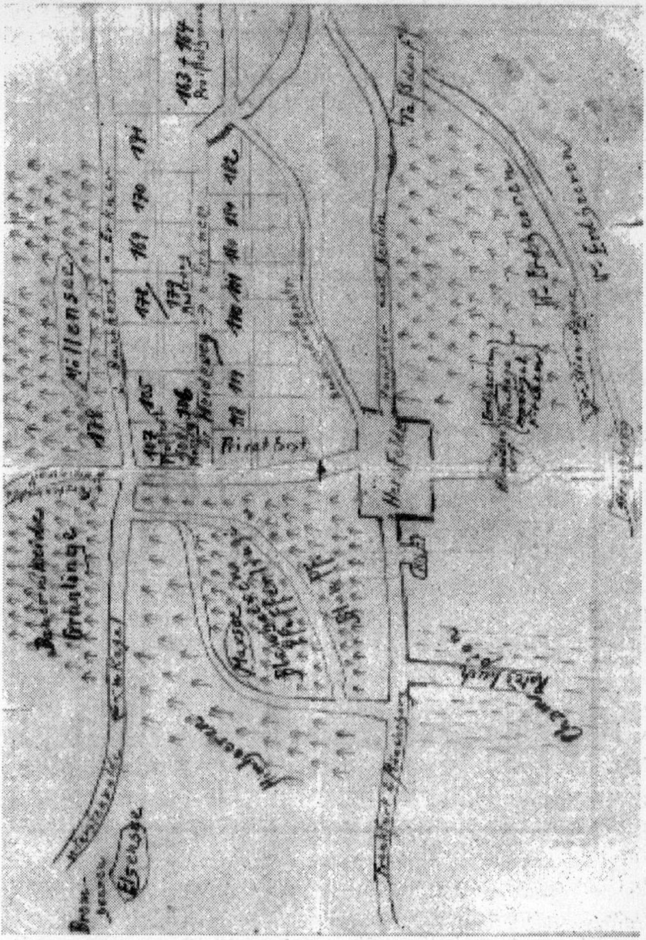

Waldskizze mit Pilz-„Stellen" von Hans Scholz, Beilage zum Brief vom 28. Juni 1946

5. VII. 46

Heute war ein sehr heißer Tag. Wir standen im Einsatz und führten im sogenannten Industriehof[26] Erdbewegungen durch. Die Arbeit war nicht schwer. Gegen Abend zogen Gewitter herauf ohne Regen. Eine Abkühlung trat jedoch ein. Der Konservenbüchsenvorrat an Erbsen u. gr. Bohnen ist anscheinend zu Ende. Es gab schon an 2 Tagen zum Mittag Kartoffelsuppe (dünn) und heute Graupen mit Sago (mittelmäßig). Fritz konnte ich nicht besuchen, werde es aber morgen tun.

6. VII. 46

Meine Lieben!

Ich war im Revier und kann erfreulicher Weise berichten, daß es dem Fritz besser geht. Auf eigene Gefahr durchgeführte Kompressen und auch die allgemeine Wetterabkühlung haben ihm Linderung gebracht und seine Lebenskräfte wieder aufgefrischt und gesteigert. Gegen vorgestern, wo er doch sehr apathisch und verzweifelt war, zeigte er wieder Kampfesmut und strahlendere Gesichtszüge. Ich habe den Eindruck, daß es wieder aufwärts geht und er die Krisis überwunden hat.

Unser heutiges Mittagesen (Graupen) war im Gegensatz zur Morgensuppe so dick und steif, daß der Löffel darin stand. Wir wünschten, es wäre alle Tage so. Es war in dieser Hinsicht ein schöner Wochenendabschluß. Es fehlte leider abends zum süßen Tee noch der nötige Zubiß. Aber nicht mal Stalinkuchen[27] war mehr vorhanden, da ich mittags alles aufgegessen hatte. Von mittags um 2 Uhr bis zum nächsten Morgen 6 Uhr ist ja eine lange Zeit, aber lieber mal ordentlich satt essen, als immer nur ein bißchen und dabei hungrig bleiben. Den immer vorhandenen Appetit vergißt man am besten beim Arbeitseinsatz. Man wird da abgelenkt, und der Tag vergeht dabei schneller. Du darfst nun etwa nicht denken, daß wir hier nun verhungern. Nein, so ist das nicht. Das Essen ist so bemessen, daß es zum Leben reicht. Ja, wer gar nichts tut, viel schläft, der nimmt dabei noch zu.

Es ist bald Zapfenstreich, und ich werde mich hinlegen und der Morgensuppe und dem *Sonntag* entgegen schlafen.

Bis zum Einschlafen weilen meine Gedanken bei Euch.

S., 7. VII. 46

Liebe Eva!

Wieder ein Sonntagmorgen! Ohne Sorgen?? Ja, es wäre schön, wenn man zu Hause und ohne Sorgen sein könnte. Aber, aber! Wir wissen nicht, was zu Hause los ist, und Ihr wißt nicht, wie es uns ergeht und dabei so nahe beieinander.[28] Ja, wenn man sich mal sehen und aussprechen könnte. Die seelische Belastung ist das Schlimmste. Die Arbeit hilft am besten darüber hinweg. Herbert G<....> hat Glück, er ist in seinem Fach tätig, bekleidet sogar eine Sonderstellung, die ihm gute Zusatzkost einbringt. Er hat mir schon einige Male etwas Brot abgegeben.

Richte bitte an Frau G<....> aus, daß er gesund und munter ist u. daß es ihm gut geht. Ebenso soll Frau G<...> an Frau F<....> berichten, daß er sich vollkommen erholt hat und es ihm auch gut geht. Wir hoffen alle auf baldige Heimkehr und werden dann wie die Turteltauben zusammen leben. Eine Wandlung ist wohl in uns allen vorgegangen. Auf unser Privatleben werden wir wohl mehr Rücksicht nehmen und demokratisch denken. *Richte auch an Frau K<....> von ihrem Mann die herzlichsten Grüße aus. Er ist wohlauf, bloß zu pessimistisch. Er glaubt nicht an baldige Heimkehr, hoffentlich behält er nicht recht.* Unser eiserner Wille ist jedenfalls: Durchhalten, um wieder nach Hause zu kommen und unsere Hoffnung, daß auch Ihr Frauen tapfer seid und trotz aller Schweren und Belastung ebenfalls durchhalten tut. Die Sonnabende und Sonntage sind immer schlimme Tage. Da ist einem zum Heulen zumute. Der Tränenstrom versiegt vor Wut und Ingrimm über das uns betroffene Mißgeschick. Über ein Jahr ist man bereits zur Untätigkeit verurteilt und weiß nicht, wie lange es noch dauern wird. Jeder gemeinste Verbrecher wird abgeurteilt und erfährt das Urteil. Männer, die weitaus schuldiger sind, laufen frei umher, und wir, die ja nur unsere Pflicht erfüllten und dabei niemandem Schaden zufügten, sitzen fest. Alles Stöhnen und Wehklagen nützt nichts, wir müssen halt die Suppe auslöffeln. Ich ärgere mich nur darüber, in W. anständig gewesen zu sein.

Werde AK zum Spaziergang abholen.

Spaziergang beendet und der Tee ohne Zubiß eingenommen. Ich liege bereits in der Koje. Der Himmel zeigte ein herrliches Abendrot. Vielleicht habt Ihr es auch beobachtet.

Es tat gut <unleserlich>. Morgen ist kein Einsatz. Schlaft wohl und denkt an mich, wie ich an Euch denke.

8. VII. 46

Gehe morgen in Einsatz und hoffe hierbei, meine Briefschaften loszuwerden. Ich war auch heute im Revier und habe Fritz ganz kurz gesprochen. Der Zustand ist unverändert (Durchfall), jedenfalls ist keine Verschlechterung eingetreten. Es ist vielleicht ratsam, <durchgestrichen: daß Hansi nicht> Hansi kann ruhig alles erfahren. Ich habe den Eindruck, daß er es überstanden hat und sein Zustand sich nach und nach bessern wird. Über das Geschriebene bitte ich allgemein nicht zu sprechen und zu erzählen, es könnten sich daraus Unannehmlichkeiten ergeben. Seid zunächst alle recht herzlich gegrüßt.

Ich überlebe mit der Hoffnung, daß wir uns bald wiedersehen werden.
Euer
Hans

15. VII. 46

Meine Lieben!

Der Sonntag war wieder mal lieb- und trostlos. Heute ist blauer Montag <unleserlich> hatten wir keinen besonderen Arbeitseinsatz. Morgen kann es vielleicht klappen. Man spricht z. Z. viel von Entlassung. Es wird aber auch von den Jahresgrenzen 18–45

viel geredet. Hauptsache ist, daß erst mal ein Anfang geschieht. Der Allmächtige wird uns schon wieder zusammenführen. Fritz´ Zustand hat sich weiterhin verbessert. Er bezieht wieder volle Rationen und ißt sie mit Appetit. Augenblicklich gibt es maues Essen. Es sättigt wenig, und man hat immer großen Appetit. Sago, das meistens zum Verdicken genommen wird, hält nicht vor. In Euren Töpfen wird es ja auch nicht zu üppig aussehen.
In der Hoffnung auf baldiges Wiedersehen
grüßt herzlichst

Hans

S. , 23. VII. 46 < Datum dick mit Bleistift umrahmt >

Meine Lieben!

Ein trüber und betrübender Tag. Fritz ist heute vormittag gegen 9 Uhr verstorben. Er war *zu* sehr geschwächt. Solltet Ihr es <unleserlich> mitteilen, so darf sie auf keinen Fall Nachfragen halten. Wir (ich, die Kompanie, Sanitäter oder sonstige Kameraden) würden große Unannehmlichkeiten haben.[29] Ich bin sehr traurig. Aber wer weiß, vielleicht geht er durch das Ableben größeren Unannehmlichkeiten aus dem Wege. <unleserlich> und Eberhard werden es überwinden und sich durchbeißen. Nach einem Vorschlag von Fritz soll E. Optiker lernen. Hansi soll sich mit dem Bekannten der Firma R<...> in Verbindung setzen. Was macht unser Bengel? Ich werde ihm ja hoffentlich bald die Hosen strammziehen können, wenn er ungezogen war. Er könnte in Waßmannsdorf bei Onkel S<....> Erntearbeit leisten und sich sein Brot verdienen. Ich habe es doch auch gemacht.
Herzl. Grüße

Hans

S. , 28. VII. 46

Meine Lieben!

Wieder ist ein Sonntag so klang- und sanglos für uns vergangen. Nun setzen wir auf den nächsten unsere Hoffnung, bei Euch zu sein. Einmal muß sie sich doch erfüllen. Ich habe mir ja nun ein Anrecht auf Doppelfeiern erworben, das muß unbedingt berücksichtigt werden, sofern eine Möglichkeit besteht. Appetit liegt meinerseits für zwei Mann vor. Die Kost hat sich gebessert. Die Suppen sind etwas dicker geworden. Augenblicklich wechseln Sago, Bohnen, Graupen. Zwischendurch als Zugabe einige Kohlblätter, die wir wie die Karnickel roh knabbern oder in die Suppe schneiden. Schneiden ist zuviel gesagt – reißen, Messer dürfen wir ja nicht besitzen. Sonst heißt es weiterhin: abwarten.

30. VII. 46

Aus dem Einsatz ist nichts geworden. Auch heute bin ich dienstfrei und werde versuchen, die Zeit so nützlich wie nur irgend möglich zu verbringen. Die Gedanken sind ja meistens bei Euch u. in die Zukunft gerichtet. Zunächst bin ich ja des Dienstes enthoben u. muß mich beim Arbeitsamt melden. Das Amt weist uns wohl der Eisenbahn wieder zu. Dann muß man erst mal sehen, was die hohe Direktion mit uns macht. Ich würde ja gern 4 Wochen bei Onkel S<...> in Waßmannsdorf arbeiten hauptsächlich für Deputate (Kartoffeln, Zuckerrüben, Mohrrüben, Kohlrüben), denn der Winter wird ja nicht so rosig werden. Es heißt halt immer wieder: abwarten, erst draußen sein, dann weiter sehen. Auf alle Fälle soll Oma versuchen, auch für uns mehrere Zentner (5) Zuckerrüben zu kaufen.

4. VIII.<1946>

Der Festtag unserer kleinen Oma.[30] Ich dachte schon, bei Euch zu sein u. persönlich Glück zu wünschen. Leider konnte ich nur

in Gedanken bei Euch weilen. Nimm noch nachträglich die herzlichsten Wünsche entgegen. Ich hoffe, daß es Euch u. insbesondere Dir, liebe Oma, gut geht und Dein Gesundheitszustand zufriedenstellend ist. Diese gegenseitige Ungewißheit ist ja das Schlimmste oder das Seelische, was sich so schwer ertragen läßt. Ich bin fast täglich mit AK zusammen. Auch HG sehe ich fast täglich. Beiden geht es nach wie vor gut u. lassen grüßen. Vielleicht bin ich den nächsten Feiertag bei Euch.
Herzl. Gruß

Hans

S., 15. VIII. 46

Meine Lieben!

Mir und den beiden anderen Kumpanen geht es nach wie vor gut, sind gesund und munter und warten nur sehnsüchtig auf die Entlassung. Eines Tages wird sie da sein. Das ist unsere Hoffnung und unser Glaube. Sie erhalten uns aufrecht und geben uns die seelische Kraft zum Durchhalten. Die körperliche Verfassung hat sich auch durch ständiges gutes Essen wesentlich gebessert. HG unterstützt mich nach wie vor mit Brot- und Essensgaben, was sehr wesentlich ist. Und nun zum 12. 8. Es war bis auf einen Zwischenfall ein Fest- und Freudentag für mich. Der Arbeitseinsatz lautete auf Außenkommando, und es ging auch endlich mal weit aufs Land Kartoffeln holen. Schon die Fahrt brachte eine Abwechslung. Man sah mal wieder Felder, Vieh, Dörfer usw. Auf der Hinfahrt waren wir noch hungrig – die Sagosuppe hält ja nicht lange vor – , aber auf der Rückfahrt satt, ja, bald mehr als satt. Auf der 1. Stelle bekamen wir 2 Doppelstullen mit Leberwurst und 2 halbe saure Gurken, auf der nächsten Stelle Pellkartoffeln mit Salz u. wieder 1 saure Gurke, weiter fielen noch einige übriggebliebene Salzkartoffeln, 1 trokkene Stulle, Kaffee und ein Schluck Milch ab. Rohe Kohlrüben/Kartoffeln und zwei kleine Birnen mußte der Magen auch noch aufnehmen, im Lager abends dann noch das Mittagessen,

Kartoffelsuppe, die steif wie Flammeri war. Der Magen wird sich gewundert haben. Ich hoffe, daß auch Ihr den Tag – durch Gedankenübertragung – besonders gemerkt habt. Auf solche Außenkommandos würde ich jeden Tag gehen. Augenblicklich bleibe ich zu Hause. Habe mir eine Bartflechte zugezogen und sehe aus wie ein Aussätziger. Es ist ekelhaft, aber nicht zu ändern. Es wird sich ja in einigen Tagen bessern, sodaß ich wenigstens wieder arbeiten gehen kann.

Was macht Ihr? Gibt es viel zum Einmachen? Die Elfie wird ja sehr fleißig sein und Dich unterstützen. Sie muß doch mindestens 1 Kopf größer geworden sein. Der Dieter, dieser Tunichtgut, geht er nach Köpenick zur Schule oder will er lieber ein Handwerk erlernen? Wenn er zu einem Beruf Lust und Liebe hat, dann kann er auch auf diesem Wege es zu etwas bringen. Sind Oma und Opa auf dem Posten? Sind sie sehr bekümmert um den ungeratenen Schwiegersohn? Was sagen denn andere Bekannte dazu? Wir werden mal als Märtyrer bezeichnet werden. Wir sitzen als Schutzsonderhäftlinge schließlich für das ganze deutsche Volk hier im Lager und sind uns gegenseitig zu Dank verpflichtet, daß nicht wesentliche Aktionen vorgekommen sind. Opfer hat es genug auch ohne dem gekostet. Unser lieber Vetter Fritz gehört ja auch zu denen, die auf dem Felde der Ehre geblieben sind. Auch viele Grünauer. Die große Oma, Tante Meta, Waßmannsdorf, die Strasburger, Ulmer oder Munderkinger, der Reinhard? Was machen sie bzw. wenn sie noch nicht da sind, was werden sie machen? Ich werde spätestens im nächsten Monat zu Hause sein. Die Parole wird ja nun nicht platzen, sondern in Erfüllung gehen. Sorgt für den Winter! Zukkerrüben, Mohrrüben, auch gelbe sogenannte Pferdemöhren sind wertvoll. Sie geben guten Syrup. Pilze. Ja, auf Pilzesammeln habe ich meine ganze Hoffnung gelegt, hoffentlich kann ich da noch wirken. Zunächst heißt es abwarten und mal sehen, was die nächsten Tage bringen.

18. VIII. 46

Wieder mal ein Sonntag. Als Morgentrank gab es Graupensuppe mit einigen Kartoffeln. Die Angelegenheit war sehr suppig. Vielleicht werden wir zum Mittag entschädigt. Die B-flechte ist im Abheilen. Sie wurde mit schwarzer Teersalbe behandelt. Ich sah und sehe auch noch aus wie ein schwarzer Teufel. Auch das wird vorübergehen. Ich bin jetzt dabei und wattiere mir eine Weste für den Winter vor. Sie tut mir aber auch jetzt schon gut. Durch den geringen Fettzusatz ist man sehr verfroren. Wie sieht es denn mit Tabak bzw. -Ersatz aus? An den Bahndämmen stehen gelbe Blumen – Königskerze oder wilder Tabak genannt –, die Blätter und Stengel eignen sich gut zur Mischung. Dieter soll mal solch Zeug holen. Wenn die Blätter schon trocken sind, dann soll er diese einsammeln. Lindenblüten waren ja auch nicht schlecht und einigermaßen bekömmlich. Schließlich geht es ja auch ohne Rauchen, aber wenn man sich den Genuß billig verschaffen kann, na, dann tut man es. Wie sieht es mit der Winterfeuerung aus? Gab es Kohlen oder Holz? Stehen noch Stubben im Wald? Was machen die Pilze? War Opa mal in Herzfelde? Wißt Ihr, daß Schirmpilze wie Schnitzel paniert u. gebraten wie Kalbsschnitzel schmecken? Pilze eignen sich auch zum Verlängern von Klopsen. Butterpilze haben nicht umsonst ihren Namen, sie sind weich wie Butter. Ich werde lieber damit aufhören, man macht sich den Mund zu sehr wäßrig. Es wird hier am Tage genug vom Essen geredet <unleserlich> Mittag gab es Kartoffelsuppe mit Graupen. Schmecken tut ja alles, da der nötige Appetit immer vorhanden ist. Was machen denn G<....>s? Ist Kulle schon zurück? Der könnte doch als Nicht-PG[31] und ehemaliger Maurer Bürgermeister von Bohnsdorf werden. Die Anlagen hebe bitte auf, die werden wir gemeinsam besprechen. Und wieder geht ein schöner Tag zu Ende. Vielleicht sind wir an einem der nächsten Sonntage bei Euch.

24. VIII. 46

Lieber Opa!

Heute ist Dein Festtag. Nimm (nachträglich) die herzlichsten Glückwünsche entgegen. Ich hoffe, daß es Dir zeitentsprechend einigermaßen gut geht und daß Dir die Zukunft noch gute und ruhige Tage bringen wird. Ich habe mir – da kein Einsatz ist – Flickarbeiten vorgenommen, um über den Tag besser hinwegzukommen. Wir holen das Versäumte im nächsten Jahre nach!

27. VIII. 46

Opas Festtag ist vorbei, der Sonntag ist vorüber, und so vergeht ein Tag nach dem anderen. An beiden Tagen war ich mit dem Ausbessern des Mantels beschäftigt. Ich habe ihn mit Sackleinewand abgefüttert. Wenn es sein muß, stehen wir auch noch den Winter durch. Es wäre ja sehr betrüblich, aber nicht zu ändern. Meine Bartflechte ist abgeheilt u. werde nun wieder arbeiten gehen. Hoffentlich gibt es mal wieder einen guten Einsatz. Das Wetter ist ja augenblicklich miserabel und drückt die Stimmung. Mit der Entlassung sieht es auch mies aus. Sie soll innerhalb der nächsten 4 (7??) Monate erfolgen. So besteht wenigstens die Hoffnung, Weihnachten bei Euch zu sein. Hoffentlich geht bei Euch alles einigermaßen glatt, ich halte durch. Die große Oma muß Kartoffeln, Rüben u.a. organisieren, Dieter muß einfahren helfen und Elfie einkochen.

3. IX. 46

Nun sind wir bereits im September. Der Herbst zieht ein, und wir sitzen noch hier. Auf Außenkommando waren wir noch nicht, hatten aber 2 gute Einsätze innerhalb des Lagers. Am Sonnabend in der Revier-Gärtnerei u. am Sonntag von 8–19 Uhr in der Küche Kartoffeln schälen. Das brachte zusätzliche Kost ein und damit wieder mal ein großes Sättigungsgefühl. Heute waren wir baden. Vielleicht das letzte Mal!!! Es wäre zu schön, um wahr zu sein. Morgen wieder ein Kartoffelkommando. Den Brief an G<....>, Herzfelde, bringt persönlich rüber, Du oder Opa. Es wird irgendwas bei abfallen. Opa könnte ggfls. Pilze suchen gehen. <unleserlich> per

Post, HG – AK<....> sind auf dem Posten. In der Hoffnung, daß wir uns bald wiedersehen werden, grüßt Euch alle recht herzlich
Euer

Papa – Hans

<am Rand>
den braunen Zettel an Frau AK<....> <unleserlich>str. abgeben.
G<....> ist die Tochter von einem Kameraden
Briefe in Berlin zur Post geben.

S., 13. 10. 46

Meine Lieben!

Wieder mal ein Sonntag ohne Euch, außerdem auch Badetag. 14 Tage sind nach B IV vergangen, die hoffentlich eingegangen ist. Wir waren s. Zt. in Lindow (Mark)[32] u. haben dort aus einem größeren Lager Kartoffeln in Lastautos verladen. Als Belohnung gab es 18 Pellkartoffeln u. am nächsten Tag einen Sonderzuschlag Mittagessen. Vielleicht haben wir in der kommenden Woche wieder das Glück, ein lohnendes Außenkommando zu bekommen.

<unleserlich> ist es für mich in erster Linie, wenn ich meine B(riefe) loswerde, in 2. Linie selbstverständlich eine verdiente Zusatzkost erhalte. Das Essen ist nach wie vor bekömmlich u. mit der Nachhilfe von HG auch hinreichend. Ich würde ja mal gern Kartoffelpuffer essen. Vielleicht wirds noch diesen Monat mit der Heimkehr klappen. Der Termin der letzten Parole lautete „bis zum 31. X.“. Leider sind uns nur zu oft Termine genannt worden, die sich leider nicht erfüllten. Ich beuge jedenfalls vor. Die Kleidung wird für den Winter entsprechend hergerichtet. Es wird ggfls. hier für uns kälter werden. Holz und Kohlen stehen nicht in ausreichendem Maß wie im Vorjahr zur Verfügung. Aber wie gehört sollen wir mit Ausnahmen der nach den Nürnberger Gesetzen Verurteilten

<Einschub: als Ortsgruppenleiter u. aufwärts oder höher stehende Pol-Leiter>

heimkehren.

Die uns zugegangenen Nachrichten bezügl. Eures Essens lauten ja günstig. Kartoffeln zum Einkellern <unleserlich>, außerdem Fett zum Backen usw. Denkt an Zuckerrüben, Mohrrüben, Kürbisse, ja, was Ihr organisieren könnt, nehmt! Ich bringe einen gewaltigen Appetit mit. Sagts mal der große Oma. Die ersten Kart.puffer esse ich bei ihr mindestens 10 Stück. Wo feiert Tante Grete ihren Geburtstag? Haben sie es vorgezogen, in der amerik. Zone zu bleiben? Für Dieter habe ich ja schon in der vor. Botschaft Glückwünsche beigegeben. Aber ich gratuliere nochmals, wünsche ihm alles Gute, hoffe und erwarte, daß er in seinem neuen Lebensabschnitt fleißig und arbeitsam ist. Ist es vielleicht besser, wenn er die Schule aufgibt u. ein Handwerk erlernt? Ein solches hat immer goldenen Boden und ernährt seinen Mann. Unser kleiner Pumpel wird ja frisch und munter sein u. in der Schule mit zu den Besten gehören u. ab u. zu auch an seinen Papa denken. Und Du, liebe Eva, gräme Dich nicht, sei um mich unbesorgt, ich halte allen Gewalten zum Trotze durch, und wir werden trotz aller Beschwernisse unsern Lebensweg durchkämpfen. Auf schlechte Zeiten folgen auch wieder gute. Warst Du in Herzfelde bei Frau G<....>? Sei nicht schüchtern. Fahre wieder hin, Mehl zum Backen fällt bestimmt ab. Frau G<....> soll sehr gutmütig sein. A. K<....> ist auf dem Posten u. läßt seine Frau herzlich grüßen. Er schneidert viel, wenn nicht Einsatz ist und erhält von einem als Friseur tätigen Kameraden (Förster, auch aus Grünau) ab und zu Zusatzkost. Zum Schluß herzl. Grüße an alle. Ich hoffe, daß Ihr für mich keine betrübenden Nachrichten habt wie ich sie leider über Fritz geben mußte. Bleibt gesund und munter und kämpft tapfer weiter!

Euer

Hans

< am Innenrand >

zum Einsatz am 15.X. klappt es !!!

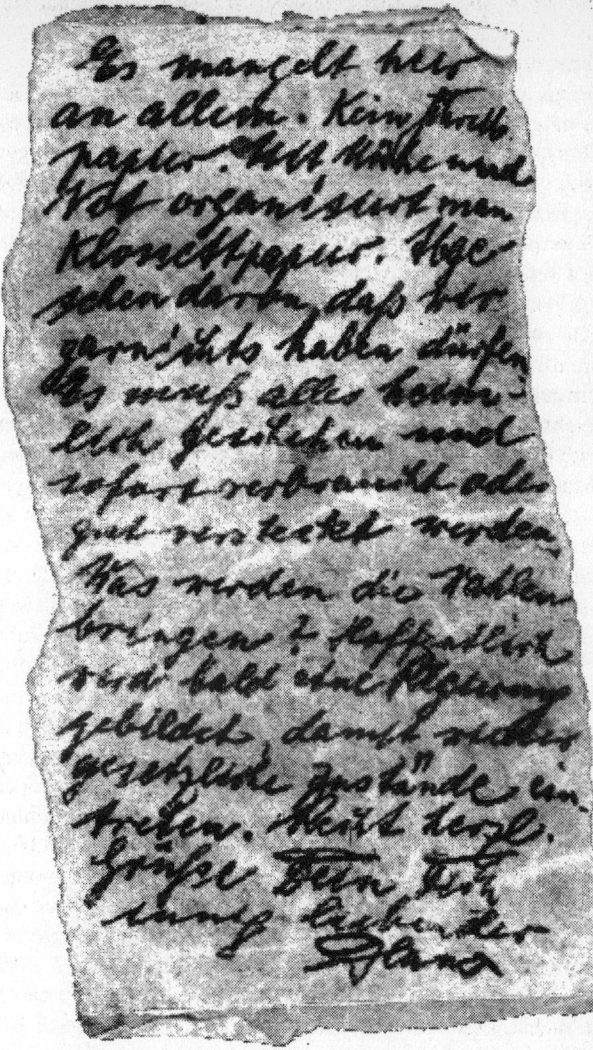
Es mangelt hier
an allem. Kein Schreib
papier. Mit Mühe und
Not organisiert man
Klosettpapier. Abge-
sehen davon, daß wir
garnichts haben dürfen.
Es muß alles heimlich
geschehen und
sofort verbraucht oder
gut versteckt werden.
Was werden die Wahlen
bringen? Hoffentlich
wird bald eine Regierung
gebildet, damit wieder
gesetzliche Zustände ein-
treten. Recht herzl.
Grüße Dein Dich
innig liebender
Hans

Faksimile des Kassibers von Hans Scholz vom 19. Oktober 1946

19. X. 46

Liebe Eva!

Der letzte Einsatz brachte nicht die erwünschte Vermittlung. Vielleicht klappt es morgen. Nach wie vor kann ich nur sagen, daß ich gesund und munter bin und mich für den Winter vorbereite. Die Hoffnung und den Glauben, bis Weihnachten bei Euch zu sein, gebe ich nicht auf. Wir müssen halt durchhalten. Alfred K<....> ist auch gesund und läßt seine Frau recht herzlich grüßen. Es mangelt hier an allem. Kein Schreibpapier. Mit Mühe und Not organisiert man Klosettpapier. Abgesehen davon, daß wir gar nichts haben dürfen. Es muß alles heimlich geschehen und sofort verbraucht oder gut versteckt werden. Was werden die Wahlen bringen?[33] Hoffentlich wird bald eine Regierung gebildet, damit wieder gesetzliche Zustände eintreten.
Recht herzl. Grüße
Dein
Dich innig liebender
Hans

S. , 22. X. 46
<am Rand> Ruhetag

Meine Lieben!

Dieters Fest- und Freudentag ist vorbei. Ihr werdet ihn ja zeitenentsprechend begangen haben. Es ist bedauerlich, daß ich nicht dabei sein konnte. Zu Elfies Geburtstag bin ich aber da. Da werden dann alle Geburtstage nachgefeiert. Wir haben gestern bei der Theater- und Kinogruppe gearbeitet. Habe hierbei Herbert G.s Arbeitsbereich besichtigt u. für den Besuch noch 3 frisch geröstete Stalinkuchen dazu erhalten. Dieser Kuchen schmeckt doch zu gut, frisch oder geröstet, ganz gleich und zu jeder Zeit und Stunde. Wie sehen denn eigentlich Schrippen oder Weißbrote aus? Gab es nicht mal Pflaumen-Apfel-Kuchen? Ich erinnere mich, auch schon sowas gegessen zu haben. Es kommt alles wieder. Das Gegenteil von dem gestrigen Einsatz, der ruhig und harmonisch teilweise mit Musik und Künstler-Artisten-Proben verlief, war der Sonntag-Außeneinsatz. Ja, den Wahlsonntag werden wir nicht vergessen. Von früh um 8 Uhr bis abends 18 Uhr (osteuropäischer Zeit) haben wir auf dem Güterbahnhof Sachshs. Kohlen ausgeladen u. im Auto und ohne Mittagessen im Magen, nur die Morgensuppe. Man konnte wieder mal feststellen, was für Energien man aufbringen kann trotz Entkräftung, Müdigkeit und Hunger. Antreiber, russ. Offiziere und Mannschaften, waren in Massen zugegen, u. das übliche „Dawei, dawei – schnell, schnell" ertönte immerzu. Bedauerlich ist es, daß ich meine Botschaft nicht losgeworden bin. Abwarten, es wird schon wieder mal klappen.

Wir stehen nach Eurer Uhrzeit aber bereits um 1/2 4 auf. Um 6 (bzw. 4 Uhr) gibt es den Morgentrunk, 7.15 (5 1/2) wird zum Appell und um 8 (6 Uhr) zur Arbeit angetreten. 13–14.30 (11–12.30) Mittagspause, 19 Uhr Arbeitsschluß, 19.15. (17.15) Abendappell, 22 (20) Uhr Zapfenstreich.[34] Nach so einem Einsatz – aber auch sonst – schläft man in seiner Koje wunderbar. Das Strohlager ist angenehmer als nur die reinen Bretter, wie es noch im Vorjahr der Fall war. Heute habe ich meine Bettaußenwand mit Papier und Brettern verkleidet, um den Windzug abzudämmen. Morgen ist wieder Badetag. Meine nächste Zivilarbeit ist die Anfertigung von Handschuhen aus einer <unleserlich> Pelzmütze (Wattierung). Ich beuge vor und verlasse mich nicht auf Parolen, die bisher nie in Erfüllung gegangen sind. Meine Sorge ist nur die, ob Ihr alle gesund und munter seid und ob Grete und Reinhard schon da sind. Mit der Esserei wird es bei Euch schon klappen. Die große Oma wird schon für Euch sorgen oder organisieren. Die Mittagsschlafstunde ist vorbei, und ich werde an meinem Bett weiterzimmern.

24. X. 46

O! wie ist es kalt geworden. Traurig und öd war es ja schon immer. So schlimm ist es ja noch nicht. Man ist ja nur empfindlicher u. muß sich vorsehen. Lungenentzündung darf man nicht

Selbstgefertigt mit primitivsten Mitteln:
farbige Stickerei: Gulliver – mit Symbolcharakter

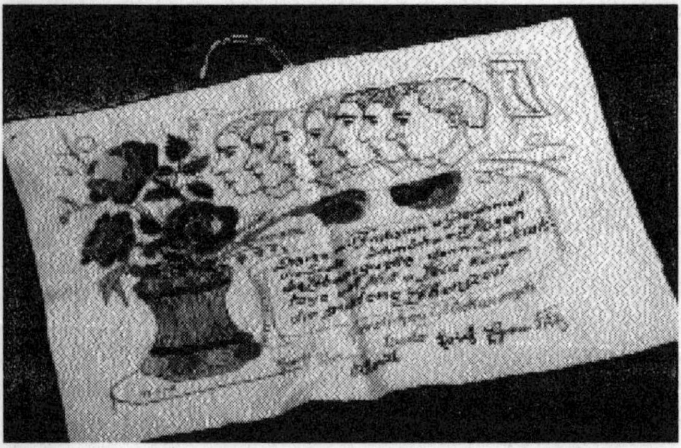

farbige Stickerei: Glückwunsch zu einem Geburtstag – mit den „aktuellen“ Frisuren der Mithäftling-Gratulanten

holzgeschnitztes Schachspiel – Schach war das einzige erlaubte Spiel.

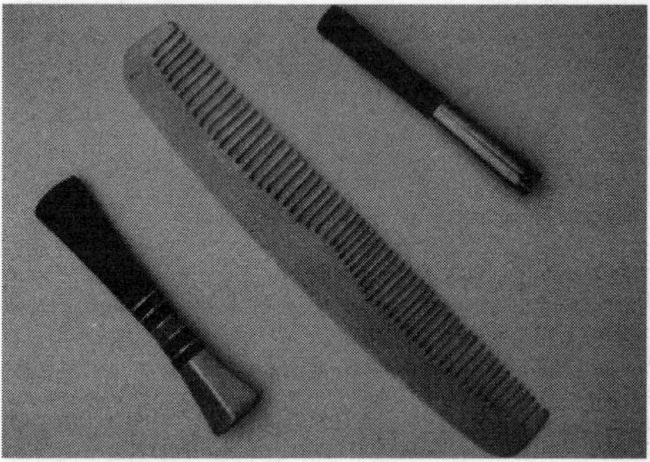

Zigarettenspitzen und Kamm aus Metall

bekommen, dann ists aus, da kommt selten einer durch. Nun, meine Lungen sind geschützt. Die wattierte Weste bewährt sich gut. Dieter, was macht mein wilder Tabak? Echter wäre mir ja lieber. Ja, von echten Tabakpflanzen sind auch die Strünke u. Wurzeln verwendbar. Erzähle das der großen Oma, die soll es dem Onkel Joseph in Waßmannsdorf sagen. Die Bauern verwenden die Strünke meistens nicht. Vielleicht ist da was zu Erben. Bist Du sonst artig, Du Lausbub? Warst Du mal Pilze suchen? Oder ißt Du nur und schaffst nichts ran? Nach den neuesten Gerüchten sollen wir ja noch in diesem Monat, spätestens aber bis Ende November, zur Entlassung kommen. Hoffentlich erfüllt sich diese Voraussagung. Liebe Elfie, dann wird aber Dein Geburtstag gefeiert. Vetter Fritz wollte und sollte der ersten Feier beiwohnen, nun ruht er schon 1/4 Jahr im Sachsenhs. Walde in kühler Erde. Auch Heinrich George ist verstorben, auch andere Bekannte u. noch viele andere. In den letzten Tagen ist fast der Rest aus Hohenschönhausen eingetroffen. Ob Fritz P<....> bei ist, weiß ich nicht. Heinz K<....> habe ich gesehen und gesprochen. Er sieht sehr wohl aus, hat ja auch in H. gut gelebt. Das wäre so alles, was ich zu berichten weiß. Ich hoffe, daß Euch diese Botschaften sehr beruhigen u. sorgenfreier machen. Den Brief an Frau G<....> besorge selbst. Es grüßt Euch recht herzlichst
Euer
Hans

25. X. Außenkommando.
AK läßt seine Frau herzlich grüßen.

30. X. 46

Liebe Eva!

Wir waren wohl im Arbeitseinsatz (am 26. X.) und zwar am Lehnitz-See bei der Marine[35], aber es hat bezügl. der Botschaft nicht geklappt. Es war keine Gelegenheit geboten, das Päckchen loszuwerden. Ich muß halt auf den nächsten Einsatz war-

ten. Am Lehnitz-See haben wir aus einem Kahn Bohlen, Balken und Bretter einer abmontierten Brücke ans Land getragen. Es war eine schwere Arbeit, aber das schöne Wetter und ein Sonder-Essen (1 Teller Brühe u. 1 Teller Bratkartoffeln u. 1 Stückchen Brot) entschädigten uns. Gestern waren wir wieder mal in der Küche Kartoffeln schälen. Auch rohe Kartoffeln schmekken, und man kann sich den Magen vollplumpen. Die kalten Tage scheinen vorüber zu sein. Wir können sie auch nicht gebrauchen. Am schlimmsten ist immer das Stehen beim Appell u. anschließendem Arbeitsantritt. Das dauert mindestens 1 Stunde, manchmal auch 1 1/2 – 2 1/2. Fritz P<....> soll auch hier sein, ich habe ihn noch nicht getroffen. Wenn wir alle beisammen sind, dann werden sie uns wohl entlassen. Wann wird das sein? Der Optimismus ist ja augenblicklich sehr groß, und alles rechnet damit, daß wir bis Weihnachten bestimmt zu Hause sind, ja, man spricht sogar vom 20. XI. Aber es sind schon so viele Daten genannt worden, haben sich aber nicht bewahrheitet. Mag es kommen, wie es will. Ich halte durch. Ich will und muß Euch wiedersehen. Ich will alsdann versuchen, Euch ein angenehmes Leben zu bieten und Euch für Eure Sorgen, die Ihr <Euch um mich gemacht> habt, entschädigen. Wir werden ja wieder mal besseren Zeiten entgegengehen. Mit dieser Hoffnung u. der Hoffnung auf ein baldiges Wiedersehen
grüßt und küßt Dich
Dein
Hans

1. XI. 46

Ab morgen haben wir 8 Tage Schnellkommando Nassenheide[36], d. h. ev. Außeneinsätze. Ich hoffe hierbei, die Botschaft V loszuwerden.
Recht herzl. Grüße an alle.

Hans

4. XI. 46

Mein liebes Kind!

Am 13. XII. hast Du Deinen Fest- und Freudentag. Die herzlichsten Glück- und Segenswünsche übermittle ich schon jetzt. Meine Hoffnung, in Eurer Mitte zu weilen, gebe ich trotzdem nicht auf. Aber es kann auch nicht der Fall sein und eine Nachrichtenvermittlung sich nicht mehr bieten. Verlebe den Tag froh und heiter und sei weiter brav und tüchtig. Leider mußt Du vieles entbehren, was sonst Kindern in Deinem Alter gegeben werden konnte. Es werden ja wieder bessere Zeiten kommen, und das Versäumte wird nachgeholt. Sei nochmals recht herzlich gegrüßt und geküßt
von Deinem

Vater

4. XI. 46

Liebe Eva!

Wir stehen täglich einsatzbereit, und ich hoffe, mein Päckchen noch los zu werden. Gestern war Sonntag u. annehmbares Wetter, aber sonst für uns ein schwarzer Tag. Morgens gab es nur 1/2 L(iter) Suppe u. mittags eine dünne Brühe und schließlich erst am späten Abend 300 g Brot, die Hälfte von dem, was wir sonst bekamen. Heute gab es morgens sogar nur Tee. Es soll nur eine vorübergehende Einschränkung sein.[37] Hoffentlich. Fritz P<....> habe ich gesprochen. Er ist gesund und fühlt sich einigermaßen auf dem Posten. Richte Grüße an seine Frau aus. Ebenso übermittle Grüße an Frau S<....>, Eichwalde, Waldstr. 229 von ihrem Mann, der gesund ist und wohl aussieht. Auch er ist aus Hohenschönhausen hier herübergekommen. Er ist ein Arbeitskamerad aus dem V-Büro u. weiß Rat und Tat für spätere Zeiten. Wir haben hier Tag für Tag Lichtsperren und müssen lange Zeiten im Dunkeln sitzen. Es ist allgemein ungemüt-

lich und die Sehnsucht nach Hause überaus groß. Starke Anzeichen für Entlassung liegen vor. Aber auch die Enttäuschungen waren schon zu groß. Gegen Kälte bin ich gesichert. Bin vollständig als Soldat gekleidet, und mein Nachtlager ist gut eingerichtet und ausgebaut. Ist der Rest der russ. Besatzung schon weg? Die N<....>schen Häuser sind ja wohl wieder frei – seid Ihr umgezogen? Es ist dunkel geworden, und außerdem müssen wir zum Appell antreten. Sei herzlichst gegrüßt und geküßt
von Deinem

Hans

5. XI. 46

Waren die Nacht von 18–3 Uhr Kartoffelnschälen. Ich kann nur sagen, daß rohe K. herrlich schmecken.
9 Uhr, gehe schlafen.
S., 27. 11. 46

Liebe Eva!

Ich hoffe, daß der morgige Einsatz die erwünschte Verbindung bringt. Zunächst hoffen wir alle, Weihnachten zu Hause zu sein. Radio- und Zeitungsnachrichten sollen vorliegen. Es wird auch Zeit. In der Verpflegung hat sich lediglich das Literessen in $1^1/_2$ verwandelt. Wir erhalten morgens $^3/_4$ u. mittags $^3/_4$ L(iter) und 300 gr. Brot. Keine zusätzlichen Gaben mehr. Hunger, Hunger. Wir halten aber durch. Erich S<....> (Sparkasse) ist nach hier umgesiedelt u. bekleidet hier den gleichen Posten wie in Hohenschönhausen. Frau benachrichtigen. Der Wettergott ist uns ja wieder sehr hold. Vielleicht wird es ein leichter Winter wie im Vorjahr. Die Kinder sollen Eicheln sammeln, die schmecken braun geröstet wie Nüsse u. sind nahrhaft. Z<....> D<....> und Sohn vom Kanal sind auch hier und wohlauf. Einsatz ist wenig, dafür wird umso mehr geschlafen. Wir stehen wohl um $^3/_4 6$ auf, aber von $^1/_2 8$–10 od. 11 wird wieder geschlafen. So gut würden wir es zu Hause nicht haben. Nach einer Zeitungsnotiz sollen sich alle Eisenbahner melden, also werden wir wohl gebraucht. Rudi ist ja von einem Sekr. abgelöst, das ist wohl W. S<....>. Dem Anti-F. fallen die reifen Früchte leichter in den Schoß. Das macht nichts. Wir werden schon auskommen u. unser Leben auch unter anderen Verhältnissen zu gestalten wissen. In der Hoffnung auf ein recht baldiges Wiedersehen grüße und küsse ich Euch (in Gedanken) recht recht inniglich. Dein

Hans

Elfie u. Dieter, seid brav. Bald bin ich bei Euch u. drücke Euch an mein Herz.
Euer

Vati
oder der kleine Opa

8. 12. 46

Liebe Eva!

Die letzten Einsätze brachten nicht die erhoffte Verbindung. Vielleicht klappt es morgen. Sonst ist noch alles beim Alten. Wir hoffen stark auf Entlassung bis zum Fest. Sollte es nicht sein, so wünsche ich Euch allen ein gesundes Fest. Wir lassen auch hier den Kopf nicht hängen u. auch nicht seelisch unterkriegen. Der Tag der Freiheit muß ja mal kommen. Das Wetter ist ja immer noch günstig, der Hunger wird beim Kartofffelschälen (alle 14 Tage) gründlich gestillt, u. so komme ich schon durch. Der morgige Einsatz wird ein extra Mittagessen einbringen. Noch mal herzl. Grüße u. Küsse, insbesondere dem Geburtstagskind, meinem Liebling.

Hans

In den Anlagen vermerke den verspäteten Ausgang bzw. Übergabe persönlich. Es kann immer mal von Vorteil sein.

Paul Helm an seine Frau und seine Kinder, 1945

1.
Liebes Frauchen!
Schnell ein paar Zeilen. Habe mich sehr gefreut über alles. Ich kann nun leider nicht von jedem einen Brief mitgeben, aber sage allen Frauen, von denen Du was mitgeschickt hast, daß jeder Seins bekommen hat. Liebes Pusselchen, sorge vor allen Dingen dafür, daß keine Briefe dabei sind, wenn ich mal untersucht werde. Nimm auch für keinen mehr was an, nur für die, wo Du jetzt die Verbindung hast. Die Frauen sollen es bei Dir immer abgeben, und Du bringst es mir dann. Die Namen kennst Du ja, Ihr werdet Euch ja schon bekannt gemacht haben. Es wird hier von den Kameraden viel Unrecht gemacht, aber bei mir bekommt jeder Seins. Ich muß aber auch sehr vorsichtig sein, damit sie mich nicht einsperren. Also bestelle den Frauen das.
Recht viele Grüße und Küsse
Euer lieber
Papa

Alle haben sich sehr gefreut. Hätte gern von den Kindern mal ein Briefchen, aber ganz klein kniffen.

Der Rucksack ist meiner, drin ist was für mein liebes Frauchen und meine lieben Kinder.

Wenn Ihr Frauen solltet mal einen kleinen Schnaps haben, kannst Du ja mal mitbringen. Der ist aber für uns. Werden ja mit durchkriegen.

2.
Meine liebe Frau und Kinder!
Ich habe nicht viel Zeit, aber den Brief will ich noch mitnehmen. Ich lege hier noch einen Zettel mit rein, wo Du hinfahren sollst, um Tabak zu holen. Für das Besorgen bekommst Du auch Tabak, da gib doch dann Ernst Sch.... die Hälfte. Er bringt doch immer alles hierher, und für seine Mühe soll er auch was

haben. Liebe Hilde, Du fährst bis Friedrichstraße[38] und dann nach Lichtenberg, da mußt Du dann fragen. Nun, liebe Hilde, sonst habe ich alles bekommen, was Du mitgeschickt hast. Hab mich sehr gefreut darüber, werdet Ihr Euch denken können. Hoffentlich kann ich bald bei Euch sein, worauf ich jede Stunde schon warte. Nun ist schon wieder mal ein Fest vor der Tür[39], und wir sind immer noch hier drin. Aber mal muß ja die Stunde doch kommen. Also, liebes Pusselchen und liebe Kinder, ich wünsche Euch nun ein recht gesundes Fest und hoffe, recht bald bei Euch zu sein. Wenn Du Karten schreibst, dann schreibe mit: Ich wünsche allen ein gesundes Fest. Auch für Mutti, wird ja bei Euch sein. Ich möchte ja so viel fragen. Aber das kann ich gar nicht Das geht sonst zu weit mit dem Schreiben, denn ich muß mich hier sehr vorsehen mit dem Schreiben. Aber man versucht es immer wieder.

Nun, liebes Pusselchen, wenn Du kannst, erledige das mit dem Zettel, denn Du wirst da bestimmt gut bedient. Wenn die Züge einigermaßen fahren, ist es ja nicht so schlimm, bist Du ja bald wieder zurück. Nun, liebe Kinder, Ihr habt doch bestimmt Sehnsucht nach dem Papa. Aber wie lange es dauert, das schadet doch nichts. Hauptsache, ich kehre gesund wieder zurück, und Ihr seid auch alle gesund. Alles andere ist Nebensache.

Nun kommt der Junge noch ran: also, lieber Winfried[40], nun wünscht Dir Dein lieber Papa von ganzem Herzen, daß Du Deinen Geburtstag recht oft und bei bester Gesundheit feiern kannst. Würde mich freuen, wenn ich Dich zu Hause drücken könnte. Aber es geht nun nicht anders. Dann recht viele Grüße und viel Küsse
von Eurem
Papa.

3.
Meine liebe Frau und Kinder!
ich bin eben von meinem Arbeitseinsatz zurückgekommen, habe mir denken können, daß Du nicht kommen konntest. Es war heute nicht so wie sonst, denn die Posten haben keinen rangelassen, na, Frau F.... wird Dir ja erzählt haben.

Mein lieber Junge hat es nach langer Mühe doch geschafft.

Aber mit Tränen. Tat mir so leid. Ich habe ihm was mitgegeben, hoffentlich hat er es gut nach Hause gebracht. Die Taschen hebe auf. Die holt sich jemand ab, wenn wir rauskommen. Liebe Hilde, darin liegt ein Brief und 1 Stück S. für Dich. Ich habe Winfried gesagt, hat er es bestellt? Er soll nicht solche Angst haben, wenn er kommt. Es war heut Streife. Deswegen waren die Posten so strenge. Ich mache es jetzt anders: ich besorge mir noch einen Brotbeutel, und den gebe ich Dir leer mit. Da kannst Du dann zu Hause alles einpacken, wenn einer von denen, die ich Dir angegeben hab, kommt (?) Wir tauschen dann nur den Beutel um. Das geht ja dann schnell. Kann der Junge bringen oder Du morgens. Brauchen hier nicht erst zu packen. Und die Posten sehen nicht die Päckchen.

Liebe Hilde, Du schreibst gar nicht, daß Du die S. bekommen hast oder hast es vergessen? Ich denke doch, Du hast Dich bestimmt gefreut darüber? Wenn Du kannst, komm allein ran. Die Kinder können bei sein. Sage den Frauen, es ist nur gut gemeint von mir. Liebe Hilde, und dann immer vorsichtig sein. Ich bin um Dich besorgt, denn die Kinder sind doch dann allein. Also, Pussel, nun weißt Du Bescheid. Liebe Hilde, wenn Du mal nicht so viel Päckchen hast, dann packe mir doch meine alten hohen Schuhe ein. Die Holzschuhe sind mir zu schwer. Jeden Abend, wenn ich schlafen gehe, denke ich an Euch. Es gibt Nächte, wo ich kein Auge zumachen kann. Aber es hilft nichts. Ich werde alles wieder vergessen, wenn ich bei Euch bin. Am Mittwoch werden wir wohl nicht rauskommen. Ich habe mich sehr gefreut, was Winfried gebracht hat. Die Tasche für meine Gudrun[41] bringe ich am Donnerstag. Wenn Du kommst, brauchst Du nur zu sagen: Briefe gefunden. Dann bin ich zufrieden.

Recht viele Grüße und tausend Küsse
von Eurem lieben
Papa.

4.

Meine liebe Frau!

Schnell noch ein paar Zeilen. Bin heut meine Briefe nicht losgeworden, weil keiner da war. Ich lege diesen Zettel noch mit dazu. Heut war Frau Str.... da, kann aber nicht. Wann war sie bei Dir? Und hat bestellt, daß Du erst Freitag kommen sollst? Wenn Frau F.... kommt, soll ruhig mit dem Jungen kommen. Macht ein paar Pakete. Die kann er mir dann geben. der kommt schon ran.

Was Du da hast, packe zusammen, auch für H...., na, Du weißt ja Bescheid.

Wenn ich gut mit Tabak besattelt bin, lasse ich für Dich auch solche Tasche bauen. Gefallen sie Dir?

Wenn Du Zeit hast, liebe Hilde, dann komm ruhig her und versuche es, ob Du was los wirst. Wenn Du erst den Beutel von mir hast, dann geht es ja schnell.

Grüße und Küsse

Paul.

5.

Meine liebe Frau und Kinder!

Heute komme ich dazu, einen Brief an Dich zu schreiben. Nun, die Jacken habe ich wieder sicher reingebracht. Bedanken und freuen sich alle sehr. Sonst sind alle hier gesund und munter, für die ich das mit reinnehme. Sage doch Frau M...., sie soll zu M.... gehen. Sie weiß Bescheid, sagt Walter. Sonst lassen alle grüßen, kannst Du den Frauen bestellen. Nun, liebes Pusselchen, bringe aber für keine Fremden mehr was mit, nur, mit denen Du die Verbindung jetzt hast. Weißt ja, wer das ist. Brauch die Namen ja nicht aufzuschreiben. Ich brauch jetzt nicht zu hungern, wo ich Tabak hab. Da kriege ich schon. Aber niemandem etwas davon sagen. Ich nehme doch an, die Frauen werden Dich für Deine Mühe auch etwas entschädigen. Ich möchte so gern mal mit Dir richtig sprechen, aber es wird immer nichts.

Liebe Hilde, hast Du den Rucksack richtig untersucht, alles gefunden? Hast gar nichts gesagt. Ich habe schon wieder ein Stck. S. für Dich, gefällt sie Dir? Nun, liebe Hilde, diese Woche arbeitest Du nachmittags, kannst nun sicher nicht kommen, können ja die Kinder kommen. Wenn der Junge kommt, fällt es gar nicht auf. Die kommen schon immer ran. Du mußt dann nicht so viel Päckchen ihm fertig machen, sondern packst mehrere zusammen, wenn Du von den Frauen was da hast. Winfried wird es schon machen, er ist ja nicht so dumm. Ich schicke was mit raus. Hebe es auf. Dafür bekommt meine Gudrun eine Handtasche, wird sie sich bestimmt freuen. Wenn ich ihr das gegeben hab, sollen sie schnell nach Hause laufen. Wenn der Junge dann kommt und er hat nicht so viele Päckchen, geht es ganz schnell. Liebe Hilde, wenn Du nur kommst, dann bitte allein, sonst hast Du auch nicht mehr das Glück, daß Du mir und für andere Kameraden was abgeben kannst. Wenn wir weg sind, dann könnt Ihr Euch ja unterhalten und ich kann Dir auch mal was sagen und auch mal einen richtigen Kuß geben. Wenn Ihr Frauen mal 1/2 Ltr. Schnaps für unseren Feldwebel und für uns übrig habt, wäre schön, denn er ist sehr anständig zu uns, und ich habe es auch leichter mit dem Abnehmen der Sachen. Er nimmt es dann nicht so genau. Was macht Frau H....? Nun, liebes Pusselchen, habe noch eine Bitte: gehe doch mal mit ran, Bismarckstr. 4 bei K.... Sie möchte zu L.... schreiben. Er ist gesund, sie wird schon wissen. Ich schlafe mit ihm zusammen in einer Barck.(Baracke). Hoffentlich kommen wir bald raus. Ich mach mir so oft Sorgen, ob Ihr auch durchkommen werdet. Aber es klappt ja nichts. Ich versuche, hier durchzukommen, und Du, liebe Hilde, mußt das Gleiche tun. Hat ja alles mal ein Ende. Liebe Hilde, rede mit niemandem davon, was ich Dir schreibe, denn ich muß ganz vorsichtig sein und Du auch, nicht wahr?

In meine Schuhe stopfe Papier rein und heb sie schön auf, denn hier wäre ich sie noch losgeworden. Mit H.... ist es so: er und der W.... haben mir Vorwürfe gemacht. Sie soll es allein bei W.... abgeben. Er ist im Wald. Aber nichts zu ihr sagen, was ich hier schreibe. Ich hatte doch mal Pech im Wald. Da haben mir die Posten nachher alles abgenommen. Und sie denken, ich habe es aufgegessen. Aber es haben alle gesehen. Hoffentlich bin ich bald bei Euch, wo ich jede Stunde darauf warte. Hole dann alles nach. Also, liebe Hilde, versuchen wir, ob es diese Woche klappen wird. Ich drücke den Daumen.

Nun, mein liebes Pusselchen und meine lieben Kinder, seid alle recht herzlich gegrüßt und oft geküßt
von Eurem lieben
Papa.

Am Rand geschrieben: J.... läßt schön grüßen und vielen Dank.

6.
Mein lieber Junge!
Wenn es auch schwer ist, einen Brief hier rauszubekommen, mache ich es doch. Nun, mein lieber Junge, wünscht Dir Dein lieber Papa zum Geburtstag gute Gesundheit und daß Du diesen Tag recht oft feiern kannst, natürlich mit deinen lieben Papa, Mama und Gudrun. Sage Mutti, daß sich Papa sehr gefreut hat, was Ihr mitgebracht habt. Ich freue mich sehr darüber, daß mein lieber Junge an Papas Raucherei denkt. Ich habe nun noch einen Wunsch, Dich zu Deinem Geburtstag noch mal drücken zu können, hoffentlich habe ich Glück. Heute sind wir nicht rausgekommen. Ihr werdet schön gewartet haben.

Papa wird wieder alles gut machen, wenn ich wieder bei Euch bin. Nun, liebe Hilde, ich lege hier einen Zettel mit rein. Das mußt Du selbst erledigen, ist am Stettiner Bahnhof.[42] Du mußt Dich mit der Frau in Verbindung setzen. Er sagt, daß seine Frau schon öfter hier gewesen ist.

Sie soll aber nicht solche großen Päckchen machen. H.... hat sich gefreut. Wenn Du für D.... noch Tabak da hast, bringe ihn mit. Bringe für keine Fremden was mit, nur für die ich Zettel abgeben hab.
Viele Grüße und tausend Küsse
Euer
Papa.

7.
Liebe Hilde!
Habe alles erhalten, vielen Dank. Ich kann Dir nun die freudige Mitteilung machen, daß ich ab Dienstag wieder jeden Tag rauskomme. Wenn Du mir was abgeben willst, dann komme bitte früh – da klappt es am besten, und ich habe dann Zeit, die Sachen zu verstauen. Du kannst von den Frauen, die ich Dir angegeben habe, wieder annehmen. Weißt ja, wer es ist. Für W.... habe ich noch eine Tasche mit rausgebracht. Die mußt Du sofort wieder besorgen, gehören einem anderen. Schön aufheben. Mach keine Geschichten damit. Deine bringe ich noch. Hof-

fentlich bekommst Du den Zettel, damit Du Bescheid weißt. Der gute Mann wird ja so anständig sein.
Viele Grüße
Paul.

Liebe Frau H....!
Vielen Dank für Ihre Bemühungen an Frau u. Kinder. Was macht meine Frau? Wie geht es Brigitte? Haben Sie eine Ahnung, ob meine Frau Geld von der Bahn bekommt? Ich arbeite mit W.... in den Garagen, neuer Eingang vor der ehemaligen KZ-Kommandanturseite am großen Platz, wo Pförtnerhaus steht.

Bin gesund, mir geht es gut. Viele Grüße an meine Frau, brauche Tabak. Die herl. Grüße für H.... und Kinder. Klaus-Ulrich H....

Liebe Hilde, wir sind bis jetzt noch nicht rausgekommen. Wenn Du mich nicht draußen triffst, dann gib durch den Mann, wo J.... arbeitet, der wird es schon mitbringen. Ich hoffe, daß ich heute Donnerstag rauskomme. Werde ja sehen, ob es was wird.

H...., Heinkelstr. 5
Wenn keiner da ist, durch den Kasten stecken.

8.
Meine liebe Frau u. Kinder!
Schnell ein paar Zeilen, daß ich alles erhalten habe, was Du mitgeschickt hast. Ich habe mich sehr gefreut, denn für Tabak u. Zigaretten bekomme ich hier alles. Es darf ja nicht sein, aber ich mache es schon so, daß keiner was merkt.Wenn Du, liebe, liebe Frau, oder der Junge etwas zum Rauchen besorgen könnt, dann macht es – und ich kann mich dann richtig satt essen. Für den Sch... aus Löwenberg, wenn die Frau kommt, kannst Du mitschicken. Aber nur zum Rauchen. Das andere wird mir sonst zu viel. Wenn Du Ernst Sch.... was mitgibst und Du hast paar Zigaretten übrig, dann gib ihm doch ein paar, denn er ist doch so gut und bringt mir alles mit. Alles andere kann ich Dir erzählen, wenn ich gesund bei Euch lande, was ich doch stark hoffe. Nun,

liebe Frau, schreibe doch bitte an Frau S...., Berlin Köpenick, Parisiusstr. 33. Sie möchte sich bei Dir sehen lassen und dann mit Dir mitkommen und zum Rauchen besorgen. Wir sind beide von Anfang an im Einsatz, kennen uns gut. Günter H.... auch gesund. Auch.... Nun, liebe Frau, spart Euch aber vom Essen nichts ab, nur, wenn es geht – zum Rauchen, denn dann bekomme ich schon.
Viele Grüße und Küsse
Euer
lieber Papa.

9.
Liebe Hilde!
Ich habe den Brief nochmal aufgemacht. Habe Freitag keinen getroffen. Ich lege noch für B.... einen kleinen Brief mit rein. Mußt sehen, wie Du es machst. Kannst ruhig aufmachen, wirst dann sehen, was drin steht. Ich glaube, ich soll da auch was zum Rauchen bekommen. Auf der anderen Seite hat der aufgemalt, wie Du fahren kannst. Ich habe heute schön gewartet, waren gute Posten u. Ernst S....war auch nicht da. Ich möchte ja noch so viel wissen, aber mit dem Schreiben muß ich wieder aufhören, denn es wird schwer bestraft.

Nun, liebes Frauchen, halte Dich mit den Kindern tapfer. Wenn ich draußen bin, mache ich alles wieder gut. Winfried u. Gudrun sollen auch brav sein. Papa kann nichts ändern. Aber es wird auch wieder werden.
Nun recht viele Ostergrüße u. tausend Küsse für Euch drei.

10.
Liebe Hilde!
Wenn ich noch ein buntes Sporthemd habe, bringe mir doch eins mit. Den Zettel gib Frau H...., wenn sie kommt. Du kannst ruhig alles lesen, zugeklebt habe ich das. H.... hat alles bekommen, freut sich. Schönen Gruß.
Ich habe alles abgeliefert, alle lassen grüßen u. bedanken sich.
Gruß
Paul

Für meine liebe Gudrun u. für Mutti ist auch schon eine angefangen. Liebe Hilde, ich bringe noch welche raus. Die hebe dann schön auf. Nun mit Kartoffeln u. Mohrrüben mit solchen Sachen brauchst Du Frau S.... nicht zu kommen. Der gibt sowieso nichts ab u. falle damit bloß auf, denn der frißt alles allein. Von dem habe ich nichts. Der Bäcker P.... von Gut Paaren ist auch hier drin, sage mal Muttern. Ich habe noch nicht selbst mit ihm gesprochen. Viele Grüße für Oma – Opa – Emmi u. Horst.

Gustav Münchmeyer an seine Frau, seine Tochter und seine Mutter, 1945

O., 2. 12. 1945

Liebe Lotti, Ingi u. Oma,

ob Euch von hier schon mal eine Nachricht erreicht hat, weiß ich leider nicht. Zunächst wiederhole ich für Dich, liebe Frau, nochmals die herzlichsten Glückwünsche zum 43. Geburtstag. Mögest Du den Tag das erste Mal ohne mich einigermaßen angenehm verbracht haben. Meine Gedanken waren zu Haus bei Dir. Daß wir Haldenslebener von damals alle im Lager Sachsenhausen bei Oranienburg untergebracht sind, dürftest Du inzwischen erfahren haben. Auf Entlassung hoffen wir von Tag zu Tag. Hoffentlich bin ich Weihnachten bei Euch.

Lotti, richte bitte Grüße an die Frauen der Kameraden J<....>, F<....>, S<....>(b. U<....>), B<....>, Bülstringen[43], B<....> (Strohhandlung Süplingerstr.), B<....> (P<....>), S<....>, F<....> (NSV)[44]. Vor allem vergiß B<....> Bülstringen nicht. Im übrigen fahr ruhig nach Hörsingen[45] (B<....>), Altenhausen[46] (S<....>) und auch nach Bülstringen.

In allem denke ich andauernd nach Hause. Hoffentlich seid Ihr lebensmäßig einigermaßen zurechtgekommen. Hat K<....> für das Bett die Matratze gefertigt? Frau L<....> hatte mir Obst versprochen. Bei W<....> liegen für mich noch nachgeschärfte

Rasierklingen. Im Leben ist alles Schicksal. Auch für mich bzw. uns sollte es so sein. Vergeßt bitte Euren Vati nicht. Einmal muß ja die Freiheit für mich kommen.

Lotti, wenn Du diese Zeilen bekommst, schreib bitte sofort an Frau Emma M<....>, Erxleben[47] (mein Bettnachbar, mit dem ich Freud und Leid teile, Landwirt und Maler), daß er gesund ist und bestens grüßen läßt *(bitte, nicht vergessen)*. Ich rechne damit, daß Oma[48] ganz zu uns gezogen ist und für die Zwischenzeit mithilft. Ich werde es nicht vergessen. Inge[49] bitte ich, artig und folgsam zu sein und im Haushalt mitzuhelfen. Auch zu Frau S<....> (Rathaus) geh bitte und richte Grüße aus. Alle genannten Kameraden liegen in meiner unmittelbaren Nähe. Ich komme fast täglich mit denselben zusammen. Günstig für uns ist bis jetzt auch das Wetter gewesen, schon in Anbetracht unserer Bekleidung.[50] Hoffentlich habt Ihr von Frau B<....> genügend Kartoffeln bekommen. Sonst läßt Herr B<....> nochmals darum bitten. Ich mache mir ja solche große Sorge um Euch. Besonders nachts bin ich immer mit meinen Gedanken zu Hause bei Euch. Lebt Struppi[51] noch?

Heute fangen wir die 21. Woche an. Eine lange, lange Zeit ist schon vergangen, wo Euer Vati abwesend ist.

Lotti, tausche mit Entsprechendem eine guten warmen Wintermantel ein. Du wirst schon etwas – auch meine Sachen stelle ich zur Verfügung – finden.

Ich schreibe unter einem Adventskranz, den ein Kamerad (ehemaliger Kammerdiener), welcher auf Holzkommando im Wald war, gefertigt hat. Ja, ja, Ihr Lieben, manchmal ist es wirklich nicht so einfach. Wie oft frage ich mich: womit habe ich das verdient? Na, nur die Hoffnung festgehalten. Einmal muß ja der Tag der Freiheit kommen.

Wartet auf Euren Vati, und seid inzwischen bestens gegrüßt und geküßt, Du, liebe Lotti, besonders, von deinem

Gusti

Entschuldige bitte das schlechte Papier und Schrift. Es geht nicht besser.

Walter Gorgas an seine Eltern, 1949

9. Mai 49
Liebste Eltern!

Nach langer Zeit freue ich mich sehr, Euch endlich ein Lebenszeichen zukommen lassen zu können. Ich bin jedoch in banger Sorge um Euch: hoffentlich seid Ihr gesund und munter. Bist Du, lieber Vati[52], noch im Werk, und Du, liebste Mutti[53], noch immer allein in Nebra? Was macht das Häuschen, der Garten und Tell[54]? – Sind alle Verwandten aus dem Krieg wieder daheim? Was machen die Osnabrücker[55]? Ist Onkel W<...> wieder in Magdeburg? Grüßt sie alle recht herzlich von mir! Sie sollen mal mit ein paar Zeilen mir eine Freude bereiten.

Auch Ihr, liebste Eltern, schreibt mir, so oft Ihr Lust habt, und berichtet mir, was sich in meiner Abwesenheit alles ereignet hat und was Ihr treibt. Ich jedoch kann Euch nur einmal vierteljährlich einen Gruß senden. Aber um mich braucht Ihr Euch keine Sorgen zu machen. Ich bin wohlauf! Eine ganz besondere Freude würdet Ihr mir mit ein paar Fotos von Euch und auch von der Verwandschaft bereiten. Ihr müßt Euch ja allesamt sehr verändert haben.
Nun will ich schließen. Seid vielmals gegrüßt und geküßt
von Eurem Sohn

Walter.

Richtet bitte auch Grüße aus an die Nachbarn und Bekannten. Grüßt auch O<....> N<...>[56] von mir und teilt ihm mit, daß ich mich über einen Gruß von ihm sehr freuen würde. – Mich beseelt nur ein Gedanke: Die Freude auf das Wiedersehen mit Euch. Bis dahin jedoch: bleibt mir gesund!

Der Brief ist mit 07. 7. 49 gestempelt.

Heinz Jakubik an seine Familie und Freunde, 1949

d. 6.5.1949

Liebe Mutter, Geschwister, Verwandte u. Bekannte!
Ihr werdet erstaunt sein, nach so langer Zeit vergeblichen Wartens und Hoffens ein Lebenszeichen zu erhalten. Über Rundfunk und Zeitungen bin ich über weltbewegende Dinge gut unterrichtet, so daß ich nur über Euer Schicksal im Unklaren bin. Mir geht es gesundheitlich noch gut, was ich auch von Euch hoffe. Macht Euch nur keine Sorgen und Gedanken um mich. Da ich furchtbar neugierig bin, wird der Inhalt nur mit Fragen, die mich bewegen, ausgefüllt sein. Wie geht es Euch denn, seid Ihr noch alle am Leben und gesund? Was macht denn Max, jetzt, nachdem er die Schule verlassen hat?[57] Wer ist gestorben, wer hat geheiratet, sich verlobt, verzogen, aus Gefangenschaft zurück usw.? Alles Dinge, die mich interessieren. Lernt Helmut[58] auch fleißig in der Schule und ist Siegfried[59] recht artig? Was machen meine gleichaltrigen Kameraden, sind wohl schon verheiratet, was? Haben Jochmanns schon wieder aufgemacht?[60] Grüßt auch sie von mir. Was machen Grundstück, Wirtschaft und Radio, ist noch alles vorhanden? So, und vieles andere bewegt mich, schreibt bitte recht ausführlich. Legt auch einige Photographien (von Braut und so, die ich Gott sei Dank nicht habe) von Euch bei, damit ich alle in recht guter Erinnerung behalte. Mama[61] und Else[62] wünsche ich zu ihren Geburtstagen alles Gute, Gesundheit sowie ein baldiges Wiedersehen. Grüßt alle Verwandten, Bekannten und Freunde von mir. Gleichzeitig wünsche ich Euch ein recht frohes und gesundes Pfingstfest. Zum Schluß, liebe Geschwister, möchte ich Euch besonders darum bitten: helft und unterstützt die Mutter und macht ihr keine Sorgen, seid mutig und werdet anständige Kerle. Denn ich will Euch zum Schluß nicht vorenthalten, daß ich zu einer längeren Strafe verurteilt bin.
Mit den besten Grüßen verbleibe ich
Euer Sohn und Bruder

Faksimile eines Briefumschlags: der einheitliche Sammel-Absender – ein anonymes Postfach in Berlin. Die Schreiberlaubnis vom Sommer 1949 galt nur für Verurteilte der Sowjetischen Militärtribunale. Auch die Antworten wurden zensiert.

Heinz

Ich möchte noch hinzufügen, daß ich vierteljährlich schreiben darf und mit Sehnsucht Eure Briefe erwarte. Bitte, seid nicht sparsam damit. Legt auch ein oder zwei Zigaretten hinein. Vergeßt vor allem nicht die Bilder!

Gruß
Heinz
Heinz Jakubik
Berlin N 4
Postfach 18 / 25 B

Erwin Tränkmann an seine Eltern, 1949

Sachsenhausen, den 20. 8. 49

Liebe Eltern!

Endlich ist der Tag gekommen, an welchem ich Euch diesen Brief schreiben darf. Oft habe ich während dieser Zeit über all die Sorgen und den Ärger, die ich Euch bereitete, nachgedacht, und ich bitte Euch: verzeiht mir bitte alles! Ich bin während dieser Zeit älter und reifer geworden, und oft denke ich an Eure Worte zurück, die ich oft nicht so würdigte, wie ich es hätte tun müssen. Hart ist das Schicksal, welches ich trage! Ich wurde damals zu acht Jahren verurteilt. Glaube und Hoffnung haben mich bis jetzt hochgehalten und werden mich auch weiter begleiten, bis das Schicksal mich zu Euch zurückführt. Nur eines quält mich Tag und Nacht, das ist Ungewißheit, die vielen Fragen, die ich nun bald von Euch beantwortet zu haben hoffe. Wie geht es Euch? Lebt Opa noch? Was ist damals mit Vati geworden? Was ist mit meinen Sachen? Haben wir noch Wohnung und Möbel? Und so sind es noch unzählige familiäre Fragen mehr! Aber auch Verwandte und Bekannte gehen mir durch den Kopf. Was machen Günter[63] und Mutter? Seid Ihr noch mit ihnen zusammen? Was macht Familie W<....>? Oft habe ich an Hanne und Mia[64] gedacht, und manche Stunde habe ich mir mit diesen Gedanken an gemeinsam verlebte Stunden die Zeit totgeschlagen. Grüßt sie bitte von mir. Vielleicht haben sie mich noch in Erinnerung und lassen mir auch mal paar Zeilen zukommen. Was machen Onkel Alfred D<....> und Tante Marie? Wohnen denn diese noch Margarethenstr. 25? Grüßt sie bitte recht herzlichst.[65] Auch sie mögen öfters von sich hören lassen. Was machen Tante Hilde und Mutter? Und was macht Fritz? Hat er alles gut überstanden?[66] Haben von meinen Freunden, -innen mal welche nach mir gefragt? Was machen Hardy und Liese[67] und andere?

Liebe Mutter! Zu Deinem Geburtstag nachträglich alles Gute und Gesundheit!

Liebe Mutti! Lieber Vati! Schreibt mir recht bald, viel und oft! Wollen wir hoffen, daß bald auf aller Welt Frieden eintritt und daß das Schicksal uns recht bald gesund und munter zusammensieht!

Seid recht herzlichst gegrüßt
von Eurem großen Sohn

Erwin!

Legt bitte den Antworten Bilder bei. Ich möchte Euch wenigstens auf diese Art bei mir haben.
Zum Schluß noch mal alles Gute. Hoffentlich erreicht Euch dieser Brief bei guter Gesundheit.

Abs.: Tränkmann, Erwin
Berlin N 4
Briefkasten 18 / 25[68]

Anmerkungen

1 Geschrieben im Keller eines Hauses in der Regattastraße Berlin-Grünau, in dem Hans Scholz nach seiner Verhaftung vom NKWD gefangengehalten wurde. Von hier wurde er in das Lager Berlin-Hohenschönhausen und dann in das Internierungslager Sachsenhausen transportiert.

2 Dieser Brief stammt von einem Kameraden von Hans Scholz, vermutlich von Vetter Fritz

3 Sohn von Eva und Hans Scholz, geb. 1931

4 Elfriede, Tochter von Eva und Hans Scholz, geb. 1938

5 S-Bahn- und Eisenbahn-Station an der Strecke Berlin-Hamburg, ca. 12 km Luftlinie von Sachsenhausen entfernt

6 Die Toten des Internierungslagers wurden in Massengräbern in der Umgebung des Lagers vergraben, darunter in Fichtenschonungen. Auf anderen Gräbern wurden Fichten angepflanzt.

7 In diesen Wochen wurde in der Sowjetischen Besatzungszone ausführlich und öffentlich über eine Neuverteilung des Bodens diskutiert, was dann zur Bodenreform und zur Aufteilung aller Güter über 100 ha an Landarbeiter und arme Bauern führte.

8 Laut Anordnung der alliierten Besatzungsbehörden waren alle Sparkonten in Deutschland ab Kriegsende gesperrt. Erst allmählich konnten einige Konten auf besondere Anträge und nach einzelner Dringlichkeit stufenweise in Anspruch genommen werden.

9 Strafen wurden vom NKWD – Wachpersonal nach eigenem Ermessen verhängt. Ein Straf-Reglement der Speziallager ist bisher in Dokumenten nicht überliefert. Für Strafen im Karzer wurde der sogen. Zellenbau, für Strafen im Bunker der Erdbunker des NS-Konzentrationslagers Sachsenhausen genutzt.

10 Die Aufteilung des von der Roten Armee besetzten Berlins in Sektoren der vier Besatzungsmächte wurde von den Alliierten ab 1. Juli 1945 realisiert.

11 Ursprünglicher Wohnsitz der Familie Scholz. Von dort wurde sie von der Roten Armee zwangsevakuiert und mußte mehrfach innerhalb Grünaus umziehen.

12 Alle Außenkommandos, d.h. Arbeitseinsätze außerhalb des Lagers, wurden von bewaffneten Offizieren und Soldaten des NKWD bewacht.

13 Pfingsten 1946

14 gemeint ist das Krankenrevier, das in den gleichen Baracken untergebracht war wie das Krankenrevier im NS-KZ

15 Offenbar versuchte Hans Scholz, das eisenbahninterne Telefon-Netz zu benutzen

16 vgl. „Vorläufige Instruktion, Anlage Nr. 2 zum Befehl des NKWD der UdSSR Nr. 00461 – 1945“, S. 51 ff. dieses Bandes

17 Arbeitskommandos wurden zu Aufräumungsarbeiten auf dem Gelände und vor allem für die Erhaltung der Lebens- und Versorgungsfunktionen des Lagers, aber auch für das Anlegen von Massengräbern eingesetzt.

18 Vgl. Anordnung vom 27. Juli 1945, Abschnitt „Regime“, Punkte 5 und 6, S. 60 ff. dieses Bandes

19 Diese und die anderen, später noch erwähnten Anlagen zu den Briefen von Hans Scholz sind nicht erhalten.

20 Die Internierten und Strafgefangenen der NKWD – Speziallager wurden entsprechend den Belegungen der Baracken in Kompanien und Bataillone mit jeweiligen Kompanie- und Bataillonsführern gegliedert (Blockältester = Kompanieführer).

21 familiäre Bezeichnung für die Mutter von Hans Scholz, 1882–1969

22 gemeint ist die sogen. Zone 2, in der vor allem Offiziere der ehemaligen deutschen Wehrmacht und SMT-Strafgefangene interniert waren, vgl. Schema des Internierungslagers Sachsenhausen, S. 73 des vorliegenden Bandes

23 Gerichtet an die Mutter von Hans Scholz

24 Der Vater von Hans Scholz verstarb 1942.

25 gemeint ist das Krankenrevier, das streng isoliert war, im Vorderteil des Lagers, vgl. Schema des Internierungslagers Sachsenhausen, S. 173 des vorliegenden Bandes

26 Industriehof: Teil des Lagers, in dem Einrichtungen zur Versorgung des Lagers (z. B. Werkstätten) untergebracht waren

27 lagerinterner Ausdruck für eine Kuhle (= Scheibe) Brot, die auf dem Kanonenofen der Baracke frisch geröstet wurde

28 Die Entfernung zwischen Sachsenhausen und Berlin-Grünau beträgt in Luftlinie 42 Kilometer.

29 Die Angehörigen von im Lager Verstorbenen wurden nicht benachrichtigt.

30 Schwiegermutter von Hans Scholz, 1879–1956

31 umgangssprachliche Abkürzung für: Parteigenosse = Mitglied der NSDAP

32 Kleinstadt am Wutz- und Gudelacksee, ca. 40 km Luftlinie nordwestlich von Sachsenhausen

33 Am 19. X. 1946 wurden in Berlin die Stadtverordnetenversammlung und in der SBZ die Landtage gewählt.

34 Die Einführung der Moskauer Ortszeit im Lager, d. h. eine Zeitverschiebung um 2 Stunden, ist nicht nachgewiesen.

35 Am Lehnitz-See, zwischen Oranienburg und Lehnitz, befand sich bis Kriegsende ein kleiner, ausgebauter Binnen-Stützpunkt der Reichsmarine.

36 Landgemeinde mit Eisenbahnstation, ca. 6 km Luftlinie nördlich von Sachsenhausen

37 Gegen Ende des Jahres 1947 wurden die Verpflegungssätze in allen Internierungslagern der SBZ drastisch reduziert, im Durchschnitt um die Hälfte gekürzt. Eine Begründung des NKWD für

diese Maßnahme konnte bisher dokumentarisch nicht nachgewiesen werden. Da die Zahl der Erkrankungen und Todesfälle drastisch anstieg, wurden bald die alten Normen wieder eingeführt.

38 Gemeint ist die S-, U- und Eisenbahnstation Berlin Friedrichstraße

39 Weihnachten 1945

40 Sohn von Paul Helm, geb. 1937

41 Tochter von Paul Helm. geb. 1939

42 Verkehrsknotenpunkt in Berlin

43 Landgemeinde in der Umgebung von Haldensleben

44 Nationalsozialistische Volkswohlfahrt

45 vgl. Anm. 43

46 vgl. Anm. 43

47 vgl. Anm. 43

48 Schwiegermutter von Gustav Münchemeyer (1879–1952)

49 Tochter von Gustav Münchemeyer, geb. 1932

50 Die Internierten bekamen keine Lagerkleidung. Sie mußten die Kleidung tragen, mit der sie verhaftet und ins Lager eingeliefert wurden.

51 Der Hund der Familie

52 Robert Gorgas (1899 – 1966)

53 Henriette Gorgas (1899 – 1977)

54 der Hund der Familie

55 mehrere Geschwister der Mutter von Walter Gorgas und ihre Familien

56 Schulfreund, geb. 1930

57 Bruder Heinz Jakubiks, geb. 1934

58 Bruder Heinz Jakubiks, geb. 1939

59 Bruder Heinz Jakubiks, geb. 1942

60 Kaufhaus in Weißwasser, in dem Heinz Jakubik eine kaufmännische Lehre absolviert hatte

61 Mutter Heinz Jakubiks, geb. 1905

62 Tante Heinz Jakubiks, geb. 1927

63 Jugendfreund Erwin Tränkmanns, geb. 1925; die Mutter Hilma geb. 1907

64 Töchter einer benachbarten Familie und mit Erwin Tränkmann befreundet, geb. 1927 und 1931

65 Erwin Tränkmann teilte dem Hrsg. dazu mit: „Onkel Alfred und Tante Marie" waren die Eltern des in Sachsenhausen gefangenen Dieter D<....>, den Erwin Tränkmann erst dort kennengelernt hat. Da Dieter D<....> in Tränkmanns Heimatort wohnte, aber nicht schreiben durfte, bat er Erwin Tränkmann um eine versteckte Nachricht an seine Eltern, die Erwin Tränkmann in diesem Gruß formulierte. Auch beider Eltern kannten einander bis dahin nicht.

Erst nach seiner Heimkehr erfuhr Erwin Tränkmann, daß seine Eltern diese Nachricht richtig entschlüsselt und an die Eltern von Dieter D<....> und an dessen Frau weitergegeben und diese damit das erste Lebenszeichen von ihm erhalten hatten.

66 Onkel von Erwin Tränkmann, 1898–1977, lag nach einem Verkehrsunfall mit einem russischen LKW im Krankenhaus

67 Nachbarskinder und Schulfreunde Erwin Tränkmanns, geb. 1929 und 1930

68 Nach Aufhebung des Schreibverbots in Sachsenhausen durften die Gefangenen auch Post empfangen, mußten jedoch einheitlich diesen anonymen Berliner Sammelabsender angeben.

IV. Episoden

Das Greußen – Urteil

Das folgende Dokument, ein Gerichtsurteil, macht Erstaunen und ist wohl im historischen Zusammenhang der Internierungslager-Problematik singulär.

Entkleidet man den Text aller personellen und Verfahrens-Fragen, so beschreibt er nichts Geringeres als eine Denunziation sui generis: aus niederen Beweggründen bedient sich ein Mensch politischer Motive von äußerster Brisanz und einer fremden Macht und bringt unschuldige Menschen in existentielle Not: infolge der Denunziation, der faschistischen Werwolf-Organisation anzugehören, wurden 38 Jungen in der thüringischen Kleinstadt Greußen – zwischen 18 und 24 Jahren alt – verhaftet, viele von ihnen kamen in das Speziallager Nr. 7 Sachsenhausen.

Und: Ein ordentliches deutsches Gericht verurteilte die Tat und bestrafte den Täter.

Der Fall ist insofern exemplarisch, als gewiß viele „Arten" von Denunziationen und ihre Folgen in ihren Grundstrukturen damals so abgelaufen sind. Erstaunlich ist, daß der Vorgang gerichtlich geahndet wurde. Man weiß aus anderen Zusammenhängen, daß gemeinhin Denunziationen damals für ihre Urheber folgenlos blieben.

Und der Fall ist singulär insofern, als er mit dem Instrumentarium geltenden deutschen Rechts in Gestalt eines Gerichtsurteils dargestellt, insofern dokumentarisch und also authentisch ist. Eine Gerichtsurkunde als nachträgliches Szenarium.

Das Urteil wurde 1948 kassiert, 1949 ein neues gefällt, schließlich 1949 der Angeklagte freigesprochen und das Verfahren auf Grund des Straffreiheitsgesetzes der DDR vom 11. November 1949 eingestellt. Der Vorgang rief seinerzeit große Aufmerksamkeit hervor, weil sich die Eltern der verhafteten Greußener Jungen über lange Zeit und immer wieder an Behörden und Parteien wandten, um die Jugendlichen freizubekommen.

In den Säuberungs- und Internierungspraktiken der Alliierten nach 1945 in Deutschland spielten Denunziationen eine große Rolle. Jemand zeigte einen anderen (oder mehrere) unter einem Verdacht bei den Machthabern an. Breitgefächert können die Beweggründe dafür gewesen sein: Neid, Habgier, das Begleichen „alter Rechnungen", persönliche Rankünen, aber auch „Wachsamkeit" oder die nicht unberechtigte Furcht vor den Repressalien der neuen Macht mögen oft genug Hauptmotive gewesen sein. Nicht unerwähnt soll hier auch bleiben, daß drakonische Strafen angekündigt waren, wenn Befehle des Kontrollrats nicht befolgt wurden. In keinem der einschlägigen Texte fehlt der imperative Hinweis.

Die Denunziation als individuell-moralisches, soziales und politisches Phänomen gerade für diese Zeit bedarf noch einer hinreichenden Erklärung und Definition. Man wird dem Vorgang nicht beikommen, wenn man nicht die Umstände und das Klima mitdenkt, in dem Denunziationen möglich werden. Und gewiß wird ebenso mitzudenken sein, daß in dem Mikrokosmos einer ländlichen Kleinstadt, wie es Greußen 1945 war, die relative Überschaubarkeit der kommunalen Strukturen, der Biographien, der sozialen und politischen, ja partei-politischen Hintergründe anderes Gewicht erlangen als in einer weithin anonymisierenden Großstadt.

Den Hinweis auf den Vorgang verdankt der Herausgeber Kurt Weiß, 1929 geboren, 1945 in Greußen verhaftet, in Sachsenhausen interniert von November 1946 bis Februar 1950, wohnhaft in Düsseldorf.

Ausfertigung.

Im Namen des deutschen Volks!

Strafsache
gegen

den Wassermeister Willi K<....>/Greußen, Kreis Sondershausen, Kirchplatz 5, geb. am 1.8.1904 in Grüningen, Kreis Weissensee

wegen falscher Anschuldigung und Körperverletzung im Amt.

Das Schöffengericht in Weimar hat in der Sitzung am 23. Juli 1947, an der teilgenommen haben
Amtsgerichtsrat Dr. Rossmann als Vorsitzender,
Margarete Hellmich,
Carl Hecker als Schöffen,
Oberstaatsanwalt Berger als Beamter der Staatsanwaltschaft,
Justizschülerin Geist als Urkundenbeamter der Geschäftsstelle,
für Recht erkannt:

Der Angeklagte wird wegen wissentlich falscher Anschuldigung und ferner wegen Körperverletzung im Amt in zwei Fällen zu insgesamt zwei Jahren Gefängnis und zu den Kosten des Verfahrens verurteilt. Von der erkannten Strafe gelten dreizehn Monate durch die erlittene Untersuchungshaft als verbüßt.

Gründe:

In der Hauptverhandlung ist auf Grund der eigenen Angaben des Angeklagten mit den zwar uneidlichen, aber glaubhaften Bekundungen der Zeugen Otto N<....>, Arthur A<....> und Karl K<....> folgender Sachverhalt festgestellt worden:

Der Angeklagte, der von Beruf Wassermeister ist, war seit 1930 Mitglied der KPD und hat auch nach 1933 illegal für sie gearbeitet. Er befand sich deswegen eine Zeit lang in einem Konzentrationslager. Nach dem Zusammenbruch am 8. Mai 1945 hat sich der Angeklagte beim Wiederaufbau beteiligt. Die Parteikreise der KPD betrachteten den Angeklagten aber mit einem gewissen Mißtrauen, weil er in der Zeit des Nationalsozialismus Dienste bei führenden Nazikreisen in Greußen angenommen hatte. Besonders in den Monaten Oktober und November 1945 fühlte sich der Angeklagte in politischer Hinsicht zurückgesetzt und trachtete danach, wieder mehr in den politischen Vordergrund zu treten.

Im Oktober 1945 wurden in Greußen mit Maschinenschrift geschriebene Zettel an verschiedenen Stellen der Stadt angeklebt, welche die Überschrift trugen: „Hier spricht der Werwolf“. Der Inhalt dieser Zettel enthielt faschistische Gedankengänge. Es wurden Ermittlungen nach den Herstellern der Zettel angestellt, und im Verlaufe dieser eine Anzahl ehemaliger Mitglieder der NSDAP und der früheren Hitlerjugend verhaftet. Die Verhaftungen wurden am 18. und 19. Oktober 1945 durchgeführt, wobei auch der Angeklagte als Hilfspolizist beteiligt war. In dieser Eigenschaft hat er auch bei den Vernehmungen der Verhafteten mitgewirkt. Die Verhafteten Hans-Joachim P<....> und Karl-Heinz A<....> hat der Angeklagte ohne jeden Grund in roher Weise mißhandelt, sodaß sie Verletzungen davongetragen haben.

Im November 1945 hat der Angeklagte auf einen Zettel die Worte geschrieben: „Achtung, Achtung! Der Werwolf! K<....> und F<....> morgen abend 7 Uhr". Diesen Zettel hat der Angeklagte auf das Ausgabebrett der Kinokasse des Kinos in Greußen, bei dem er als Filmvorführer tätig war, gelegt, wo ihn seine Ehefrau gefunden und kurze Zeit später an ihn ausgehändigt hat. Er hat diesen Zettel bald darauf im Stadthaus bei Herrn F<....> abgegeben und dabei darauf hingewiesen, daß in Greußen eine Werwolf-Organisation am Werke sei. Einige Zeit später wurde im Zusammenhang mit der Auffindung dieses von dem Angeklagten selbst geschriebenen Zettels wiederum eine Anzahl von Jugendlichen und Minderjährigen aus Greußen verhaftet, die Mitglieder der früheren HJ gewesen sind. Die Verhafteten wurden schließlich ebenso wie im Oktober 1945 der russischen politischen Polizei übergeben.

Obwohl der Angeklagte als politischer Funktionär der KPD sehr wohl wußte, daß die Ermittlungen nach den Herstellern der im Oktober vorgefundenen Zettel und nach dem Bestehen einer Werwolf-Organisation in Greußen erfolglos verlaufen waren, und man annahm, daß die Zettel lediglich in provokatorischer Absicht geschrieben und angeklebt worden waren, hat sich der Angeklagte aus Ehrgeiz und Geltungsbedürfnis dazu hinreißen lassen, selbst mit eigener Hand einen Zettel des vorher wiedergegebenen Inhalts zu schreiben und diesen anschließend der Stadtverwaltung in der Absicht und zu dem Zweck ausgehändigt, ein neues Verfahren gegen die angeblichen Mitglieder der Werwolf-Organisation in die Wege zu leiten. Er war sich auch darüber bewußt, welche unheilvolle Folgen seine Tat nach sich ziehen mußte.

Der Angeklagte gibt die ihm zur Last gelegte wissentlich falsche Anschuldigung zu, bestreitet jedoch, die Jugendlichen Hans-Joachim P<....>, Karl-Heinz A<....> und Norbert M<....> anläßlich ihrer Vernehmung mißhandelt zu haben.

Er hat zu seiner Verteidigung angeführt, daß er sich im Oktober und November 1945 in politischer Hinsicht stark zurückgesetzt gefühlt habe, und durch das Schreiben des Zettels habe er erreichen wollen, daß er politisch wieder mehr Beachtung finde und mehr in den Vordergrund trete. Ihm habe es jedoch ferngelegen, durch das Schreiben des Zettels politische Unruhe zu stiften oder eine Polizeiaktion herbeizuführen. Auch habe er sich die unheilvollen Folgen seines Tun nicht überlegt. Er habe ledigich eine bessere Zusammenarbeit der Genossen der KPD erreichen wollen. Bezüglich der ihm vorgeworfenen Körperverletzung hat er zu seiner Verteidigung angeführt, daß er zwar bei der Verhaftung der Jugendlichen und Minderjährigen als politischer Leiter der KPD mitgewirkt habe, hingegen sei er bei den Vernehmungen lediglich als Zuhörer zugegen gewesen.

Diese Verteidigung kann den Angeklagten nicht entlasten. Wie durch Beweisaufnahme eindeutig festgestellt worden ist, hat der Angeklagte bei den Verhaftungen am 18. und 19. Oktober 1945 in Greußen als Hilfspolizeibeamter mitgewirkt und war als solcher auch bei den Vernehmungen beteiligt. In dieser seiner Eigenschaft hat er im Verlaufe der Vernehmungen die Minderjährigen Hans-Joachim P<....> und Karl-Heinz A<....> in roher Weise mißhandelt. Dies hat das Schöffengericht auf Grund der glaubhaften Bekundungen der Zeugen Karl K<....> und Arthur A<....> festgestellt. Die beiden Zeugen machten in der Hauptverhandlung einen günstigen und glaubwürdigen Eindruck, und das Gericht hatte keine Bedenken, ihren überzeugenden Bekundungen Glauben zu schenken. Hingegen konnte nicht festgestellt werden, daß der Angeklagte auch am 18. oder 19. Oktober 1945 den Norbert M<....> mißhandelt hat. Er bestreitet dies, und die stattgefundene Beweisaufnahme reichte zu seiner Überführung nicht aus.

Der Angeklagte war somit wegen wissentlich falscher Anschuldigung und ferner wegen Körperverletzung im Amt in zwei Fällen gemäß der §§ 164, 340 und 74 StGB zu bestrafen.

Bei der Strafzumessung wurde zu Gunsten des Angeklagten seine bisherige Unbestraftheit sowie sein offenes und reumütiges Geständnis hinsichtlich der wissentlich falschen Anschuldigung berücksichtigt. Strafschärfend mußte andererseits aber berücksichtigt werden, daß es sich bei der Körperverletzung der beiden Jugendlichen um eine verdammenswerte Ausschreitung handelt, die eine empfindliche Bestrafung verdient. Auch waren die Verletzungen, die der Angeklagte den beiden Minderjährigen zugefügt hat, erheblich. Es sind je drei Monate Gefängnis eingesetzt worden.

Bei der wissentlich falschen Anschuldigung handelt es sich um eine Provokation übelster Art, die von einer verwerflichen Gesinnung des Angeklagten zeugt. Die Beweggründe dieses Verhaltens, das so unheilvolle Folgen nach sich zog, sind Ehrgeiz und politisches Geltungsbedürfnis des Angeklagten. Obwohl ihm als politischen Leiter nach der Überzeugung des Schöffengerichts bekannt war, daß nach den bisherigen Ermittlungen eine Werwolf-Organisation in Greußen nicht bestehen konnte, hat er sich dazu hergegeben, durch seine Provokation eine neue Verhaftungswelle heraufzubeschwören. Dieses gewissen- und skrupellose Verhalten des Angeklagten verdient schärfste Bestrafung. Das Schöffengericht hält eine Gefängnisstrafe von einem Jahr und neun Monaten für eine angemessene und ausreichende Sühne.

Die Kostenentscheidung beruht auf §§ 465 StPO, die Anrechnung der Untersuchungshaft auf §§ 60 StGB.
Aus den verwirkten Einzelstrafen ist gemäß §§ 74 StGB eine Gesamtstrafe von zwei Jahren gebildet worden.

gez. Dr. Rossmann

ausgefertigt: Weimar, den 8. August 1947

Stempel
Unterschrift gez.
Justizangestellte als Urkundenbeamter der Geschäftsstelle des Amtsgerichts Abtg. 5

(Thüringisches Hauptstaatsarchiv Weimar, Bestand 616)

Ein Foto und seine Hintergründe

Die exakte und detaillierte Zusammensetzung der Lager-Belegungen nach Gründen, die das NKWD zur Verhaftung von Personen veranlaßte, ist bislang nicht darstellbar. Darüber wird erst eine wissenschaftliche Analyse aller Archiv-Dokumente genaue Auskünfte geben können. Bis dahin werden demzufolge wohl die Debatten um Grad und Ausmaß von Schuld oder Nicht-Schuld der Internierten – im Sinne und nach den Maßgaben durch die Kontrollratsdirektiven der Alliierten – anhalten.

Im folgenden wird nun ein Fall dokumentiert, der eindeutig ist und zudem durch ein Foto belegt wird.

Der Abgebildete, Paul Popp, war Mitangeklagter und Mitverurteilter im sogen. Berliner Kriegsverbrecherprozeß gegen Angehörige des ehemaligen 9. Polizei-Bataillons, der im August 1947 stattfand.

Das Foto ist äußerst signifikant und entwickelt nahezu Symbolwirkung, weil es einen exemplarischen Vorgang in einer treffenden Momentaufnahme festhält: ein Gefangener wird von seinem Bewacher mit vorgehaltener Waffe abgeführt.

Wegen seiner Ausdruckskraft ist dies Foto oft in den letzten Jahren abgedruckt worden, insbesondere dann, wenn über die Internierungslager des NKWD in der SBZ, insbesondere Sachsenhausen, berichtet wurde. Und genau so oft legten jeweilige Bildunterschriften nahe, daß es sich um einen Unschuldigen handele. So der „Spiegel" in Nr. 14/1990, S.131 mit der Bildunterschrift „Häftling, sowjetischer Posten" (Lager Sachsenhausen): `Massenterror in der Ostzone`" und in Nr. 40/1992 mit der Bildunterschrift „Häftling, Rotarmist im Lager Sachsenhausen: Willkürlich eingesperrt". Bei der Verwendung des Fotos als Umschlag-Illustration des Buches „Unschuldig in Stalins Hand" von Hans und Rosemarie Voelkner (Brandenburgisches Verlagshaus Berlin 1990) wurde sogar der Bildausschnitt auf die beiden Personen verengt. Damit wurde die Bildwirkung erhöht. Der Szenerie-Hintergrund, der für das Foto von Bedeutung ist, wurde reduziert. Das Foto wurde auch in der Broschüre „Speziallager Nr. 7 Sachsenhausen 1945–1950" von Barbara Kühle und Wolfgang Titz (Brandenburgisches Verlags-

Popp – Originalfoto

haus Berlin 1990) veröffentlicht. Die Autoren formulierten dort als Bildunterschrift: „Der Verurteilte des ehemaligen 9. Polizei-Bataillons Paul Popp am 8.8.1947 auf dem Wege zum Verhör" (S. 8).

Über den Prozeß gegen Paul Popp und andere 1947 berichteten u.a. die Zeitung „Neues Deutschland", die einen Bericht des Allgemeinen Deutschen Nachrichtendienstes veröffentlichte und die Zeitung „Der Tagesspiegel", die einen eigenen Bericht druckte. Beide Texte betrachtet der Hrsg. – ebenso wie das Foto – als zeitgenössische Dokumente und als notwendige Ergänzungen zu dem Foto und seinen Hintergründen.

(Angeregt durch den Artikel „Wer war der Mann auf dem Schutzumschlag wirklich?" von Peter Erler und Dr. Wilfriede Otto, Berliner Zeitung vom 1. Februar 1991)

Kriegsverbrecherprozeß in Berlin
97000 Sowjetbürger ermordet
Furchbare Greueltaten eines Spandauer Polizeibataillons

Berlin, 8. August (ADN). Ungeheure Verbrechen von Angehörigen des früheren 9. Polizei- Reserve- Bataillons teilte auf einer Pressekonferenz Oberst Nikolai Kotjlar, Untersuchungsrichter der Staatsanwaltschaft der Sowjetischen Militäradministration, im „Hause der Sowjetjournalisten" am Freitag der Öffentlichkeit mit. Durch Angehörige dieses im September 1939 in Berlin-Spandau aufgestellten Bataillons wurden an der Ostfront insgesamt mehr als 97.000 Sowjetbürger ermordet, darunter Frauen, Jugendliche, Greise, Kinder, Säuglinge, Invaliden und Kranke.

Wie Oberst Kotjlar mitteilte, waren die bisher abgeurteilten Angeklagten bis auf den Polizisten Buchwald voll geständig: sie gaben die von ihnen begangenen Greueltaten im großem Umfange selbst zu. Es war ihnen jede Gelegenheit geboten, sich zu verteidigen. Ein Angeklagter, Buchwald, dem keine Schuld nachgewiesen werden konnte, wurde freigespochen und auf freien Fuß gesetzt. Die übrigen Angeklagten wurden, da die Todesstrafe in der Sowjetunion abgeschafft ist, zu Arbeitslager verurteilt. Von den insgesamt 240 Angeklagten wurden bisher 170 Personen der gerechten Strafe zugeführt. Zu den folgenden öffentlichen Prozessen ist nunmehr auch die Presse zugelassen, was bisher nicht möglich war, um eine Verdunkelung zu vermeiden.

Ende Dezember 1941 und Januar 1942 wurden von den Angehörigen des 9. Polizei-Reserve-Bataillons in Charkow 16.500 Personen umgebracht oder erschossen. In Shitomir wurden im August 1941 1250 Personen, zuvor in Rowno 400 und in Nowogradswolinsk 200 Personen ermordet. In besonderem Umfange war an den Massenerschießungen der 3. Zug der 3. Kompanie beteiligt. Wie aus den Ermittlungen und Aussagen hervorgeht, wurden die Erschießungen zum größten Teil an verborgenen Stellen außerhalb der Ortschaften und häufig in Wäldern durchgeführt. Größere Massenhinrichtungen wurden in Panzerabwehrgräben, so bei Lubly, oder in Bodensenkungen, wie zum Beispiel bei Kiew und Charkow, vorgenommen. Die festgenommenen Sowjetbürger mußten sich auskleiden und in die Gruben legen und wurden dann durch Genickschuß getötet.

In einem Ort wurden Frauen und Kinder an einen unbenutzten Brunnen gebracht und in Gruppen von sieben und acht Personen gezwungen, sich auf die Einfassung zu setzen, um sie dann aus nächster Nähe zu töten. Die Opfer stürzten in den 60 Meter tiefen Schacht. Frauen, die ihre Säuglinge bei sich hatten, stürzten mit den lebenden Kindern in die Tiefe.

Die Angeklagten des 9. Polizei-Bataillons gaben zu, daß sie völlig unschuldige Menschen umbrachten, denen keinerlei Handlungen gegen die „Wehrmacht“ vorgeworfen werden konnten. So sagten Angehörige des 1. und 3. Zuges der 2. Kompamie aus, daß sie im August 1941 aus Witebsk ausrückten, um eine Razzia gegen Partisanen durchzuführen. Da sie solche nicht entdeckten, sammelten sie 200 Einwohner der nächstgelegenen Ortschaft, die sämtlich erschossen wurden.

Wie die Untersuchung weiter ergab, war das 9. Polizei-Reserve-Bataillon nur eines von den vielen Polizei-Bataillonen, die im Osten Massenerschießungen und Verhaftungen durchführten.

Die angeklagten Polizisten haben auch zahlreiche Verbrechen in der Tschechoslowakei und in Norwegen begangen.

Als einzige Verteidigungsargumente führten die Angeklagten

die Befehle an, die ihnen vom Sicherheitsienst und von der SS gegeben wurden. In den Polizei-Reserve-Bataillonen waren alle Berufsgruppen vertreten, darunter auch Juristen. Niemand protestierte gegen die Befehle der Massenerschießungen.

Im Oranienburger Militärgefängnis

Im Anschluß an die Pressekonferenz, an der sich die in- und ausländische Presse zahlreich beteiligte, fuhren die Journalisten und Fotografen in zwei zur Verfügung gestellten Omnibussen nach Oranienburg. Im dortigen Militärgefängnis befinden sich rund 300 Kriegsverbrecher, die unter das Kontrollratsgesetz fallen, darunter auch die Anfang August Abgeurteilten des 9. Polizei-Reserve-Bataillons.

Im Kreuzfeuer der Presse

Drei der zu 25 Jahren Arbeitslager Verurteilten, Herbert Menzel, Bruno Fuchs und Paul Popp, wurden hintereinander in den Saal geführt. Man machte sie darauf aufmerksam, daß sie vor in- und ausländischen Journalisten ständen, nicht vor einem Gericht, und daß sie frei auf alle Fragen antworten sollen. Ihr Schuldkonto wurde eingangs verlesen. Es war grauenvoll anzuhören. Fuchs, ein alter Polizeiwachtmeister, Bataillonsspieß, wie er sich selbst bezeichnete, hat allein über 1.000 unschuldige Zivilisten, Sowjetbürger, getötet. Auf Befragen meinte er, es könnten auch „nur“ 800 gewesen sein. Der Kriegsverbrecher Popp, Oberwachtmeister, wird der Ermordung von 38 Zivilisten beschuldigt, meinte aber, daß er diese Zahl den Aussagen von Kameraden zu verdanken habe. Er schätze „seine“ Zahl auf 13. Es können aber auch 25 gewesen sein. Er ließ mit sich handeln.

Die Pressevertreter schenkten den Verbrechern nichts. Im Kreuzfeuer der Journalisten entrollte sich ein furchtbares Bild menschlicher Verkommenheit, aber auch von den Leiden des Sowjetvolkes unter der hitlerdeutschen Besatzung in Teilen Rußlands. Keiner leugnete seine grausigen Verbrechen. Alle hatten dieselbe „Verteidigung“: sie standen „unter Fahneneid“, mußten „Befehlen“ gehorchen, da sie sonst selbst erschossen worden wären. Doch keiner konnte einen Fall anführen, wonach *ein* Angehöriger des Bataillons wegen Befehlsverweigerung erschossen wurde, denn *niemand meuterte gegen die Zumutung, unschuldige Menschen, Männer und Frauen, weil sie Juden, Kommunisten oder einfach Russen waren, kaltblütig zu töten.*

Ein ausländischer Pressevertreter fragte den Verbrecher Popp, wann sie ihre Verbrechen eingestanden hätten. Er antwortete, daß sie im englischen Lager die von ihnen persönlich begangenen Verbrechen verschwiegen haben. „Warum", so fragte der Pressevertreter weiter, „haben sie das nicht *auch hier* getan?" Er bekam darauf die bezeichnende Antwort:" Weil wir an die Russen ausgeliefert wurden, *wußten wir, daß jetzt doch alles herauskommen würde.* Ich habe am ersten Vernehmungstag alles gesagt. Es hat keinen Zweck, sagte ich mir, es kommt ja doch alles heraus, was soll ich mich weiter damit herumquälen. Man hat ja sowieso keine Ruhe mehr."

„Die böse Arbeit"

Alle Verurteilten erklärten unabhängig voneinander, daß die Untersuchung durch die Sowjetbehörden, das Gerichtsverfahren und ihre Behandlung korrekt verliefen.

Befragt, ob er die gegen ihn verhängte Höchsttrafe von 25 Jahren Arbeitslager als gerecht empfindet, antwortete Menzel:" Nachdem Mitglieder unserer Regierung in Nürnberg *nur zu 10 und 15 Jahren Zuchthaus verurteilt wurden*, empfinde ich die gegen uns verhängten Strafen als zu hoch."

Der aus Berlin-Spandau, Michelstadter Weg stammende frühere Hauptfeldwebel Bruno Fuchs, ebenfalls zur Höchststrafe von 25 Jahren verurteilt, sagte, daß bei den Massenhinrichtungen sich die Opfer in Panzergräben oder Löcher legen mußten und nur „sichere Schützen" zu den Erschießungen abkommandiert wurden. „Ich habe sicher geschossen", fügte er hinzu.

Auf die Frage, ob er seiner Frau einmal von seinen Taten erzählt habe, antwortete Popp: „Ich habe ihr die böse Arbeit eingestanden". Übereinstimmend bekunden alle, daß Himmler im Jahre 1941 das Bataillon in Minsk aufsuchte und sich aus diesem Anlaß die Erschießung von 400 unschuldigen sowjetischen Bürgern vorführen ließ.

Wie Oberst Kotjlar abschließend mitteilte, werden die Verurteilten, bisher etwa 170 von 240 Angehörigen des 9. Polizei-Reserve-Bataillons, ihre Strafen in Arbeitslagern in Deutschland verbüßen.

Englische Militärregierung übergab die Verbrecher
Ergänzend ist noch zu berichten: Bei Kriegsende befand sich das hier in Frage stehende Polizeibataillon in Norwegen und kam dort zuerst in ein Reservat, später nach Deutschland in ein norddeutsches Internierungslager der englischen Militärregierung. Diese veranlaßte Anfang dieses Jahres die Auslieferung der heute noch in Untersuchung befindlichen oder jetzt abgeurteilten Kriegsverbrecher. Es handelt sich um Gemeine, Polizeimeister, Wachtmeister, bis herauf zum Feldwebel. Die als besonders verbrecherisch geschilderten Offiziere des Mörderbataillons wurden bisher nicht zur Aburteilung übergeben. Ein Auslieferungsantrag ist seit geraumer Zeit gestellt worden. Man hofft, daß diesem bald stattgegeben wird. Nach anderen Angehörigen des Bataillons wird noch gefahndet, da sie möglicherweise Gelegenheit fanden, aus der Haft zu entweichen.
(„Neues Deutschland" vom 9. August 1947)

Massenmord auf Befehl
Vom russischen Militärgericht verurteilt – Besichtigung des Lagers Oranienburg

Insgesamt 97 000 russische Staatsangehörige seien von dem ehemaligen deutschen 9. Polizei-Reserve-Bataillon in Rußland erschossen worden, teilte Oberst Nikolai Kotjlar von der russischen Militärverwaltung, der die Untersuchungen gegen die Angehörigen des Bataillons geleitet hatte, in einer Pressekonferenz im Klub der russischen Presse mit. Der größte Teil der 240 Polizisten des Bataillons, die den russischen Behörden von der britischen Militärregierung ausgeliefert worden seien, habe sich in nicht öffentlichen Prozessen in Oranienburg vor russischen Militärgerichten zu verantworten gehabt und sei in der Mehrzahl zu fünfundzwanzig Jahren Arbeitslager verurteilt worden, da russische Gerichte die Todesstrafe nicht mehr verhängen dürfen. Keiner der Angeklagten habe Anspruch auf einen Verteidiger erhoben, so daß die Prozesse ohne Verteidigung stattgefunden hätten.

Das 9. Bataillon, eines von vielen seiner Art, kam 1941 in das russische Hinterland und nahm gemeinsam mit SS und SD Massenexekutionen an Parteifunktionären, Gewerkschaftlern, Juden und anderen Geiseln vor. So wurden allein in Charkow innerhalb von zwei Monaten 16 500 Russen ermordet. Ein Zug des Bataillons erschoß von Juli 1941 bis Januar 1942 29 000 Menschen, darunter Frauen, Greise und Kinder. Gegen viele der Ermordeten war nie eine Anklage erhoben worden. Tausende wurden allein deshalb erschosssen, weil sie Juden waren oder wegen Krankheit nicht arbeiten konnten.

„Ich mußte den Befehl ausführen, den ich erhielt", war die stereotype Antwort, welche die Verurteilten Pressevertretern bei einem Besuch im Internierungslager Oranienburg auf die Frage gaben, ob sie die Massenmorde mit ihrem Gewissen vereinen könnten. Alle machten den Eindruck von harmlosen Kleinbürgern. Ihre Antworten waren sachlich und militärisch präzise, man hatte nicht den Eindruck, daß sie eingeschüchtert waren. Aber 1207 Russen waren, wie die Mitangeklagten behaupteten, allein von dem ehemaligen Hauptfeldwebel Bruno Fuchs erschossen worden (nach seinen eigenen Angaben sollen es „nur" 800 gewesen sein!) Auf die Frage, ob er Pg gewesen sei, antwortete er: „Ich hatte kein Interesse, mich politisch zu betätigen." Ein ehemaliger Polizist, der zweihundert Menschen erschossen hatte, hielt die Strafe von fünfundzwanzig Jahren Arbeitslager für zu hoch, da einige Mitglieder der ehemaligen deutschen Regierung in Nürnberg nur zu fünfzehn Jahren Gefängnis verurteilt worden seien. Die Verurteilten erklärten übereinstimmend, der Wunsch nach einem Verteidiger sei ihnen nicht erfüllt worden. Zur Verpflegung der Inhaftierten erklärte Oberst Kotjlar: „Sterben werden Sie nicht, aber das Leben fällt auch nicht leicht." Das Lager für Untersuchungsgefangene, das sich in den ehemaligen SS-Unterkünften des Konzentrationslagers Sachsenhausen neben dem mit Maschinengewehrtürmen bewachten allgemeinen Internierungslager befindet, machte einen sauberen Eindruck.

h.c.

(„Der Tagesspiegel" vom 9. August 1947)

V. Weihnachtsgottesdienst 1949

Deutsche Kirchenbehörden bemühten sich lange Jahre intensiv darum, die Internierten und Verurteilten in den Speziallagern seelsorglich zu betreuen. Auf dem Gebiet der SBZ gelang es ihnen erst Ende 1949, zu erreichen, daß in den Speziallagern Sachsenhausen, Buchenwald und Bautzen hohe kirchliche Würdenträger Weihnachtsgottesdienste durchführen konnten. In Sachsenhausen predigten Bischof Otto Dibelius und Propst Heinrich Grüber.

Die Anzahl der Teilnehmer an diesen Gottesdiensten mußte aus räumlichen Gründen begrenzt bleiben. Gesicherte Kriterien für die Auswahl der Gefangenen zur Teilnahme sind nicht überliefert. Und die Erinnerungen Ehemaliger gehen in diesem Fall besonders weit auseinander, weil nahezu alle Reaktionen auf die Gottesdienste und die Erinnerungen daran noch im Nachhinein durch eine heftige, kontroverse Presse-Auseinandersetzung in der ersten Januar-Hälfte 1950 (also unmittelbar vor der Entlassung) überlagert werden, die durch den öffentlichen Bericht Grübers „Sachsenhausen 1940–1949" ausgelöst worden waren. In seinen „Erinnerungen aus sieben Jahrzehnten" (Köln, 1968) beschreibt Grüber ausführlich seine Sicht auf die Ereignisse; in seiner umfangreichen Biographie Dibelius' (Göttingen, 1989) erwähnt Robert Stupperich den Gottesdienst.

Die folgende Dokumentation rekonstruiert den Vorgang und legt die Intentionen der evangelischen Geistlichen dar.

Heinrich Grüber. Dank zum 4. Advent an die Glocken von Oranienburg Weihnachtspredigt 1949

Am Sonnabend vor dem 4. Advent sind es 9 Jahre her, daß ich als Neueingelieferter mit vielen anderen hinter dem innersten Tor des Konzentrationslagers Sachsenhausen stand und uns allen mit erschreckender Klarheit zum Bewußtsein kam:" Nun hat sich das letzte Tor zur Welt hinter uns geschlossen. Ob es sich jemals wieder öffnen wird?" Wir ahnten es nicht. Zu dieser Not gesellte sich die Sorge um unsere verlassenen Familien, die in Angst und Ungewißheit einem dunklen und traurigen Weihnachtsfest entgegengingen, nichts ahnend von unserem Schicksal. Dabei waren es fast nur Minuten her, daß wir auf der Fahrt im Gefängniswagen frohe, geschäftige Menschen gesehen hatten, die ihre letzten Weihnachtseinkäufe machten oder gar Weihnachtsbäume heimtrugen. Für uns war das alles zuende. Wir hatten die ersten Schläge und Demütigungen erfahren, und um uns lag eine Welt voll Not, Bitterkeit, Haß und Lieblosigkeit. Da klangen von ferne die Abendglocken Oranienburgs herüber, die den Sonntag einleiteten, und sie brachten uns die Botschaft des 4. Advent: „ Freuet euch in dem Herrn allewege, und abermals sage ich euch: Freuet euch! Eure Lindigkeit lasset kund sein allen Menschen. Der Herr ist nahe!"

Nun standen sie einander gegenüber: die ewige Wahrheit des barmherzigen Gottes und die rauhe Wirklichkeit liebloser Menschen. War es nicht ein Hohn, wenn in dieser Not und Nacht Töne von ewiger Freude, die uns auf allen Wegen begleiten soll, laut wurden? Da fiel mir die Mahnung ein, daß man Gottes Wort, wenn man es nicht verstehen kann, von rückwärts lesen solle wie ein hebräisches Buch. Mit einem Mal verstand ich das Wort des Apostels Paulus aus dem Philipperbrief, und so wurde es mir zum Weihnachtsgeschenk nicht nur für dieses Jahr, sondern für all die Jahre der Schutzhaft. „Der Herr ist nahe." „Darum lasset eure Lindigkeit kund sein allen Menschen!" „Und freuet euch in dem Herrn allewege!" Die Glocken der Oranienburger Kirche klangen wie eine sanfte Mahnung bis in unser Lager, die Adventsverheißung verkündigend: „Der Herr ist nahe!" Da wußten wir wieder, daß allen Menschen, die aus der Vergebung Gottes leben, die sich ganz seinem Willen anheim gegeben haben, der Himmel offen steht. Wir wußten, daß wir nicht nur Schutzhäftlinge eines brutalen, rechtlosen Staates waren, sondern Schutzhäftlinge Gottes, unseres allmächtigen und allgütigen Vaters, der in der Stunde unserer Ohmacht seine Kraft offenbart.

Heute stehen mehr denn je Menschen in der tiefsten bittersten Not des Leibes und der Seele. Millionen Menschen gehen in diesem Jahr in das Weihnachtsfest mit wunden und wehen Herzen. Menschen, die unserem Herzen nahestanden, sind nicht aus dem Krieg heimgekehrt. Nicht nur das Heim ist für viele verloren, sie mußten auch die Heimat verlassen. Hunger und Kälte, ja der Tod sind ihre ständigen Begleiter, Krankheit und Seuchen die täglich schwerer lastende Sorge. Ausweglosigkeit und Hilflosigkeit, ja verzweifelte Hoffnungslosigkeit sind die Zeichen der Stunde, in der die Menschen fast zusammenzubrechen drohen. Sie wollen nichts hören und nichts sehen. Sie möchten das Weihnachtsfest mit geschlosenen Augen vorübergehen lassen, weil ihnen alles auf die Nerven fällt. Wenn aber die Menschen nur um ihre Nerven wissen, da ahnen sie nichts von Gottes Nähe. Wer jedoch um Gottes Liebe weiß, der weiß auch um seine Lindigkeit, die uns Kraft und Freude gibt, alles, aber auch alles zu überwinden.

So wie sich Paulus vielleicht nur unter Tränen und schweren Kämpfen dazu durchgerungen hat, sich diese göttliche Freude schenken zu lassen, wie wir als Häftlinge nur unter demütigster Hingabe unseres eigenen Wollens und Willens die Lindigkeit Gottes fühlen lernten, so werden auch heute Tausende von Menschen das „Freue dich!“ nur unter Tränen stammeln. Aber die Tränen, die zur Weihnachtszeit in der Einsamkeit und Verlassenheit geweint werden, auch die sind gezählt und sind die Saat zu einer ewigen Freudenernte: „Die mit Tränen säen, werden mit Freuden ernten.“

Wo du dich in der Welt verlassen fühlst, da darfst du Gottes Hand fassen. Er ist da, und er ist nah. Wo die Welt ihre Lieblosigkeit auf die Spitze treibt, da kannst du der Welt um seinetwillen deine Lindigkeit entgegenstellen. Und wo man dir immer wieder sagt, es ist alles umsonst und alles vergebens, es hat keinen Zweck zu leben, da trägst du mit dir das schönste und seligste Weihnachtsgeschenk: „Freuet euch in dem Herrn allewege, und abermals sage ich: Freuet euch. Eure Lindigkeit lasset kund sein allen Menschen. Der Herr ist nahe.“

Mein Dank für die Adventsglocken der Oranienburger Kirche verbindet sich mit der Bitte, daß sie allen, die in Not und Anfechtung sind, in dieser heiligen Zeit die Botschaft ins Herz hineinläuten möchten: „Der Herr ist nahe."

(Heinrich-Grüber-Nachlaß in: Geheimes Staatsarchiv Preußischer Kulturbesitz Berlin. Die Predigt, die Bischof Dibelius in Sachsenhausen hielt, ist nicht erhalten.)

Ernst Detert. Weihnachtsgottesdienst im Konzentrationslager Sachsenhausen am 25. Dezember 1949. Ein Bericht

Im Auftrage der Berlin-Brandenburgischen Kirchenleitung und ihres Vorsitzenden, des damaligen Bischofs D. Dr. Dibelius, hatte Propst D. Dr. Heinrich Grüber die Erlaubnis zur Haltung eines Gottesdienstes und einer Abendmahlsfeier im Konzentrationslager Sachsenhausen am 25. 12. 1949 erhalten. Als der für Oranienburg zuständige Superintendent wurde ich vom Bischof beauftragt, durch Besuch des Lagerkommandanten alle für diese Feier notwendigen Fragen zu klären. Nach vorheriger telefonischer Anmeldung beim Lagerkommandanten ging ich mit dem schriftlichen kirchlichen Ausweis zum Kommandanten, der mich mit ruhiger Sachlichkeit und Entgegenkommen empfing. Das Gespräch fand in einem Zimmer statt, in dem der Kommandant am Tisch saß und mein Anliegen zur Kenntnis nahm.

Es war in Aussicht genommen als Stätte des Gottesdienstes der Saal des von Häftlingen gebauten Theaters, der ca. 1000 Menschen faßte, eine Zahl, die durch Männer allein erfüllt wurde. Für die Frauen, zu denen Propst Grüber ging, war ein kleinerer Saal für etwa 350 Besucher angeboten. Es wurde für den Gottesdienst und für die Abendmahlsfeier die Zeit um 10.00 Uhr bestimmt. Die Möglichkeit, kirchliche Gesangbücher mitzubringen, hatten wir aus leicht einzusehenden Gründen nicht. Eine Auflage, etwa den Wortlaut der Predigt einzureichen, bekam ich jedenfalls nicht für die beiden Prediger Bischof Dibelius und Propst Grüber. Auch für mich, der ich noch keine

Ahnung hatte, daß ich würde reden müssen – ich hielt vor den Männern die Beichtrede –, gab es keine Auflage, die Rede vorher einzureichen.

So kam der Weihnachtsfeiertag heran. Die Erwartung war groß! Es hatte sich bald herumgesprochen, in Oranienburg und in den umliegenden Orten, daß die evangelische Kirche einen Gottesdienst im KZ halten werde. Da ich am Orte der einzige war – die beiden anderen Herren wohnten in Berlin –, so wurde ich bestürmt mit Fotos von Angehörigen der im KZ befindlichen Verhafteten, aus denen ich durch Vergleich den 4 Jahre ohne Nachricht verbliebenen Familienangehörigen Nachricht bringen sollte. Mir schien es ein aussichtsloses Unterfangen zu sein, unter etwa 1 000 Männern nach einem Foto aus der jahrelang vergangenen Zeit einen mir bis dahin unbekannten Mann zu identifizieren – und so war es auch!

Bischof Dibelius, Propst Grüber und ich fuhren durch das große Eingangstor des KZs bis vor das Gebäude, in dem der Gottesdienst gestaltet werden sollte. Der Bischof sagte zu mir, daß ich die Beichtrede halten sollte und er die Predigt halten würde. Die alten Weihnachtslieder „O, Du fröhliche, o Du selige, gnadenbringende Weihnachtszeit...", „Stille Nacht, heilige Nacht..." klangen auf, und es war schon eine bewegte Stimmung, in diesem Raum den Gesang zu hören von 1 000 Männern! Gesangbücher waren nicht erlaubt worden. Aber diese Lieder kannten sie alle auswendig. Dann sprach der Bischof über das Wort aus Lukas 2, 10 – 11: „Fürchtet euch nicht! Siehe, ich verkündige euch große Freude, die allem Volke widerfahren wird, denn euch ist heute der Heiland geboren, welcher ist Christus, der Herr, in der Stadt Davids."

Von Anfang bis zum Schluß seiner Predigt hatte der Bischof die gespannteste Aufmerksamkeit dieser Männergemeinde, wie sie wohl kaum jemals zusammengewesen ist. Er begann damit, daß er sagte, daß die heute zu ihnen Gekommenen alle schon im Gefängnis gewesen seien. Wenn man eingeliefert würde, dann wüßte man nicht, ob man für Tage, Wochen, Monate oder Jahre in Haft käme. In diese Lage hinein wollten wir nun gemeinsam auf die Botschaft hören. „Fürchtet euch nicht! Siehe, ich verkündige euch große Freude, die allem Volke widerfahren wird, denn euch ist heute der Heiland geboren, welcher ist Christus, der Herr, in der Stadt Davids.“ Christus als Quell aller Freude, als „Durchbrecher aller Bande“ wurde den Hörern eindrücklich – mitten in der Bedrängnis und jahrelangen Not der Trennung von Familie und Freunden dargestellt. Niemand von uns ahnte, daß nach wenigen Tagen die Räumung des Lagers und die große Entlassungswelle kommen würde mit dem 1. 1. 1950![1]

Im Anschluß an die Predigt hielt ich die Beichtansprache, und es folgte die Austeilung des Heiligen Abendmahls an alle Besucher des Gottesdienstes.

Da die Feier, wie schon erwähnt, in dem als Theater mit Bühne hergerichteten Raum stattfand, war eine Schwierigkeit zu überwinden, die andernfalls einen großen Mehraufwand an Zeit erfordert hätte. Es hätte zur Füllung des Kelches und zur Auffüllung der Patene[2] der Weg von den im Saal versammelten Abendmahlsgästen viel Zeit gekostet. Diese Schwierigkeit wurde dadurch behoben, daß drei Pfarrersöhne aus Mecklenburg namens T<....> uns halfen. Sie waren seit 1945 im Lager, weil in ihrem Vaterhaus ein Teschinggewehr gefunden worden war. Wir konnten den Eltern die Nachricht vom Leben und Ergehen der Söhne geben, eine sehr willkommene Weihnachtsüberraschung! Alle drei Söhne mußten eine Erklärung unterschreiben, daß sie keine Waffe mehr anfassen würden, was sie auch getan haben.

Propst Grüber hat Predigt und Abendmahlsfeier vor etwa 350 Frauen gehalten.

Wir trafen nach Beendigung dieser denkwürdigen Gottesdienste wieder zusammen. Als wir die Amtskleidung abgelegt und unsere Mäntel angezogen hatten, um zu unseren Autos im Hof des Konzentrationslagers zu gehen, hieß es: „Die Autos sind nicht da!“ Es dauerte eine Weile. Dann wurde mitgeteilt: „Die Autos sind da!“ Wir setzten uns hinein und fuhren durch das weitgeöffnete, zur Straße führende Tor – in die Freiheit.

Bischof Dibelius und Propst Grüber fuhren nach Berlin, ich ins Pfarrhaus in Oranienburg.
Aufgeschrieben Herbst 1982

(Archiv der evangelischen Kirche in Oranienburg)

Heinrich Grüber. Sachsenhausen 1940–1949. Ein Zeitungbericht

Aus Anlaß des Gottesdienstes, den ich in Sachsenhausen zu Weihnachten gehalten habe, sind viele Anfragen an mich ergangen. Ich habe keine Veranlassung, was ich gesehen habe, zu verschweigen, wenn ich auch weiß, daß meine Ausführungen über das Lager und dessen Einrichtungen von beiden Seiten Kritik erfahren werden. Auf der einen Seite wird man mir vorwerfen, daß ich an den bestehenden Einrichtungen einer Besatzungsmacht Kritik übe. Auf der anderen Seite wird man darüber böse sein, daß man kein Material für eine dramatisierte Greuelpropaganda bekommt. Ich kann aber um des Gebotes der Wahrhaftigkeit willen weder etwas verschweigen, was ich gesehen habe, noch etwas bestätigen, was ich nicht gesehen habe.

Es waren gerade neun Jahre her, daß ich als Häftling in dieses Lager eingeliefert wurde. Die Schreckenstage und Grauennächte traten wieder vor meine Seele. Der Stacheldraht und die bekannten Wachtürme ließen die Komplexe, die ich nun einmal gegen diese Einrichtungen habe, wieder wach werden. Vor uns stand das große Torhaus mit den Blockführerstuben, aus denen die Bestien so oft gekommen waren, um uns zu peinigen. Der große Appellplatz war unverändert mit den Baracken, die allerdings die höhnischen Aufschriften von damals nicht mehr tragen.[3]

Natürlich kann man bei einem flüchtigen Durchgehen kein Urteil über die Gesamtsituation eines Lagers abgeben, aber für einen Menschen, der mancherlei Lager aller Art gesehen hat, drängt sich der Unterschied zwischen den KZs der Nazis und diesem Lager unmittelbar auf. Schon rein äußerlich fiel es auf, daß die Menschen nicht Nummern waren, sondern Individuen. Damals lief eine verschüchterte grau-blaue Masse durcheinander – es durfte ja keiner im Lager Schritt gehen oder gar herumstehen –, alle trugen damals die grau-blau gestreifte Sträflingskleidung, kurzgeschnittenes Haar und Holzpantinen. Das einzige Unterscheidungsmerkmal war der Winkel und die Nummer. Die Nummer und nicht der Name war das Wesentliche. Jetzt standen hier Menschen in zwangloser Unterhaltung umher, gut angezogen – jeder trug seine eigenen Sachen -, gut gepflegt und normal ernährt. Die Frauen hatten allerhand Verschönerungskünste angewendet. Es fehlte sogar bei den jüngeren nicht die rote Farbe auf den Lippen. Die ganze Haltung war, soweit das in einem Lager möglich ist, ungezwungen, auch das Gespräch, das ich nach dem Gottesdienst mit den Frauen hatte. Es stellte sich heraus, daß die Gottesdienstbesucherinnen auch regelmäßige Hörerinnen meiner Morgenfeiern im Berliner Rundfunk waren, und manche konnten noch ganze Sätze wiederholen, die mir selbst längst entschwunden waren. Auch das Verhältnis zu den Wachmannschaften war, soweit ich feststellen konnte, kein verängstigtes. Das haben mir auch die früher entlassenen Häftlinge immer bestätigt, daß mehr Schwierigkeiten durch die Mitgefangenen als die russischen Wachmannschaften entstanden.

Ich darf wiederholen: Es liegt mir nichts ferner, als das Lager und sein Leben zu beschönigen oder die Einrichtung von Lagern als einen Idealzustand hinzustellen. Ich habe als Erster öffentlich zu den Lagern der vier Besatzungsmächte Stellung genommen in einem ökumenischen Gottesdienst im Oktober 1946. Ich habe weiterhin den sowjetischen Behörden immer wieder auch die Wünsche der evangelischen Kirche vorgetragen. Aber es ist ein unverzeihliches Unrecht, dieses Lager von heute mit den KZs Hitlers in einem Atemzug zu nennen oder gar zu sagen „genau wie bei den Nazis, vielleicht noch schlimmer“. Lagerleben bleibt Freiheitsentzug, aber bei Hitler war es eine planmäßig und systematisch durchgeführte Grausamkeit. Hier handelt es sich um eingesperrte Menschen, bei Hitler um ständig mißhandelte und gequälte Menschen. Hier hält man Menschen vom Leben fern, aber man macht ihnen das Leben nicht unnötig schwer. Weder durch Arbeitsüberlastung noch durch ausgesuchte Torturen wurden die Menschen hier systematisch „liquidiert“. Wir denken noch mit Grausen daran, wenn die Arbeitskommandos abends einrückten, vor allen Dingen von den berüchtigten Klinkerwerken[4], und die Toten mit hereinschleppten, oder wenn gerade auch während der Feiertage die angetrunkenen Wachmannschaften zu ungeahnten Grausamkeiten gegenüber den hilflosen Häftlingen sich hinreißen ließen. Jeder, der Sachsenhausen bei Hitler kennengelernt hat, weiß, daß es ein Unding gewesen wäre, daß ein Geistlicher im Ornat durch das Lager gegangen wäre und mit den Häftlingen gesprochen hätte. Aber die Massierung von Menschen, das Abgeschlossensein vom Leben ist ja nicht nur eine körperliche Qual, sondern auch eine seelische Pein, und es entwickelt sich immer eine Art Lagerpsychose. Ich habe sämtliche Flüchtlingslager in Dänemark gesehen, die wirklich Musterlager waren mit einer Verpflegung, wie sie in Deutschland nicht geboten werden konnte, ich kenne die englischen „Musterlager", vor allem das Northern camp. Überall war die Lagerpsychose gleich groß. Dagegen weiß ich nur ein Mittel, das ist das Wort, das der Apostel Paulus als Gefangener schrieb und das mir in der langen KZ-Zeit geholfen hat und das ich in jedem Lager anbringen lasse: „Freuet euch in dem Herrn allewege, und abermals sage ich euch: freuet euch! Eure Lindigkeit lasset kundsein allen Menschen. Der Herr ist nahe."

Aber das ändert nichts daran, daß Lagerbrot bitter schmeckt und daß Stacheldraht eines der unwürdigsten Mittel ist. Ein Lager in dieser Form ist eine ungeeignete Form des Strafvollzuges. Kein Lager bietet eine Möglichkeit der erzieherischen Einwirkung, vor allen Dingen nicht für Jugendliche. Wir haben gerade von der Kirche aus mehrfach den Besatzungsbehörden klargemacht, daß für die Jugendlichen, die straffällig geworden sind, andere Formen der Sühne gefunden werden müssen. Junge Menschen massiert einzusperren, führt zu großen Schädigungen der körperlichen und seelischen Entwicklung.

Wir wissen auf der anderen Seite, daß wir als Deutsche den Besatzungsmächten, vor allem auch der russischen gegenüber, keine Forderungen aufzustellen haben. Wir sind ja alle mitschuldig geworden an dem großen Leiden, das über diese Völker gekommen ist. Gerade als ich in Sachsenhausen an den Baracken 9 und 10 vorbeiging, wurde in mir die Erinnerung an die Augusttage 1941 wieder wach, wo in diesen Baracken Tausende von russischen Kriegsgefangenenen eingepfercht waren, die dann nachts auf dem Industriehof[5] auf die grausamste Weise „umgelegt" wurden. Es bleibt dies für mich die dunkelste Stunde und die Sünde meines Lebens, mit der ich bisher noch nicht fertig geworden bin. Wir standen damals alle ohnmächtig und sahen dem Geschehen zu, wir ballten unsere Faust hinter dem Rücken, manche haben abends die Hände gefaltet für diese armen Menschen, aber keiner von uns Häftlingen hatte den Mut aufzuschreien, so wie Pfarrer Schneider es in Buchenwald bei ähnlicher Gelegenheit getan hat: „Das ist Mord, und wir klagen an." Wir wußten, daß ein solcher Aufschrei und ein solches Bekenntnis uns das Leben gekostet hätten und vielleicht auch noch die Wut der Wachmannschaften gesteigert hätte. Aus diesem Grund unterblieb das Zeugnis der Wahrheit, zu dem wir verpflichtet waren. Wir denken auch weiter an die mehr als grausame Behandlung der Juden und Polen, die oft willkürlich aufgegriffen und erschossen wurden. Wir können als Christen nur das sagen, was uns nach Gottes Willen geboten erscheint, aber als Volk und Glieder des Volks müssen wir uns bescheiden. Erst recht können keine Menschen in diesen Fragen mitsprechen, die während der Nazizeit geschwiegen haben. Wir lehnen es daher auch ab, über diese Fragen mit solchen Deutschen in eine Diskussion einzutreten, die glauben, jetzt mit demselbem Eifer reden zu müssen, wie sie früher geschwiegen haben. Auch ich selbst bin nicht gewillt, Belehrungen in diesem Punkt anzunehmen von Menschen, die nicht den Beweis erbringen, daß sie durch persönliche Einsatzbereitschaft sowohl bei den Nazis als auch seit 1945 mehr Menschen Leben und Freiheit gerettet haben als ich.

Wenn ich gefragt würde, was ich an den Lagern geändert sehen möchte, wenn sie, etwa unter deutscher Leitung, weiter bestehen bleiben, dann würde ich vor allen Dingen ersuchen, daß alle Insassen einem öffentlichen Gerichtsverfahren unterzogen würden, sowie eine regelmäßige Durchführung der Korrespondenz mit den Angehörigen und eine regelmäßige seelsorgerliche Betreuung fordern. Vor allen Dingen würde ich für die Jugendlichen eine besondere Durchführung der Haft wünschen. Was die Unterbringung, Verpflegung und sanitären Einrichtungen des Lagers angeht, so übertrifft dieses viele der Flüchtlingslager in der Westzone, die ich gesehen habe.

Neben der Sorge um die Beseitigung der Lager in der Ostzone überhaupt muß die größere Sorge uns bewegen, daß nicht durch ein Wiederaufleben der Ideologie, aus der die Konzentrationslager Hitlers erwachsen sind, dieser Zustand verewigt wird. Wir wollen als Deutsche nicht wieder mitschuldig werden an der grausamen Vernichtung von Menschen und ganzen Völkern.

(Kirchliches Jahrbuch für die Evangelischen Kirchen in Deutschland 1949, Gütersloh 1950, S. 235 ff.

Im Heinrich-Grüber-Nachlaß des Geheimen Staatsarchivs Berlin wird ein Pressetext mit einer Zusammenfassung dieses Berichts (1 Manuskript-Seite) aufbewahrt, der vom Evangelischen Pressedienst, Berliner Schriftleitung, herausgegeben wurde und mit 28. Dezember 1949 datiert ist. Er trägt die Überschrift „Konzentrationslager 1940 – 1949". Das Wort „Konzentrationslager" ist durchgestrichen und handschriftlich durch das Wort „Sachsenhausen" ersetzt.)

Dibelius in der Marienkirche. Ein Zeitungsbericht

In der überfüllten Marienkirche sagte Bischof D. Dr. Dibelius am Neujahrsmorgen, trotz der großzügigen Hilfe, die Berlin in den letzten Wochen des alten Jahres aus dem Westen erhalten habe, bestehe kein Grund zu Optimismus. Obwohl sich auch die Verhältnisse im Osten „konsolidiert" hätten, sei man von einer Befriedung der Welt weiter entfernt als vor einem Jahre. Die evangelische Kirche schaue nur mit ernsten Gedanken in die Zukunft. Dibelius erklärte, bei seinem Weihnachtsbesuch in Konzentrationslagern der Ostzone habe er feststellen können, daß die Verhältnisse dort besser seien, als sie es in den Konzentrationslagern der Hitler-Zeit gewesen seien. „Wir waren uns aber darüber klar, daß hinter den Hunderten, denen wir in die Augen sehen konnten, Tausende stehen, die wir nicht zu Gesicht bekommen konnten und die seit Jahren für ihre Angehörigen verschollen sind." Dies empfinde er als eine große Last, die es schwer mache, am Jahresbeginn freudig zu sein. Schade.

(„Der Tagesspiegel" vom 3. Januar 1950)

KZ-Lager-Schwindel geplatzt. Interview des „Neuen Deutschland“ mit Bischof Dibelius und Propst Grüber zu den Lügen der Westpresse

Berlin (A.I./Eig.Bericht) Ein Großteil der Westberliner und der westdeutschen Presse nimmt die von ihr verbreiteten Lügen über die Internierungslager der sowjetischen Besatzungsmacht zum Vorwand einer zügellosen Hetze gegen die Deutsche Demokratische Republik und als Begründung für die Spaltung Deutschlands. Bekanntlich befinden sich in diesen Lagern Personen, die wegen kriegsverbrecherischer oder naziaktivistischer Vergehen verhaftet wurden, sowie solche, die sich als Agenten und Saboteure betätigt haben. Die vieltausendfach ausgestreuten Verleumdungen der Westpresse und Westsender erfahren jetzt eine entscheidende Widerlegung durch den Berliner Propst Grüber, der Weihnachten im Lager Sachsenhausen zusammen mit Bischof Dibelius Gottesdienst hielt und nach der Rückkehr einen Bericht geschrieben hat (siehe Seite 4)[6]. Die westliche Presse, der er zuerst zuging, hat sich wohlweislich gehütet, ihn zu veröffentlichen. Statt dessen greift sie zu dem bei ihr üblich gewordenen Mittel der Diffamierung. Der „Telegraf“ behauptete gestern, daß Bischof D. Dr. Dibelius und Propst Grüber die Erlaubnis zum Gottesdienst in den Lagern von der sowjetischen Kontrollkommission „nur unter der Bedingung erteilt worden sei, daß sie anschließend dem In- und Ausland gegenüber die dortigen Zustände in rosigen Farben schildern“. Der „Telegraf“ behauptete, dieser Bericht sei bestellte Arbeit und der Preis, den die Kirche für die Gottesdienste in Sachsenhausen, Bautzen und Buchenwald bezahlt habe. Ein Berichterstatter des „Neuen Deutschland“ besuchte auf Grund dieser Anschuldigungen Bischof D. Dr. Dibelius und Propst Grüber und erhielt von ihnen nachfolgende Stellungnahmen.

Propst Grüber erklärte:

„Wir waren uns vollkommen darüber im klaren, daß der Bericht, den Bischof D. Dr. Dibelius und ich über die tatsächlichen Verhältnisse in den sowjetischen Lagern in Deutschland veröffentlicht haben, alle die Menschen enttäuschen würde, denen es nicht darum geht, sich für eine Beseitigung von KZ-Lagern überhaupt einzusetzen, sondern die das allergrößte Interesse haben, den augenblicklichen Zustand zu verewigen, um dadurch fortlaufend billiges Material für eine dramatisierte Greuelpropaganda, für eine hemmungslose Antisowjethetze zu haben.

Ich hielt gemeinsam mit Bischof D. Dr. Dibelius und dem Superintendenten Detert die Weihnachtsgottesdienste in Sachsenhausen ab. Wir brauchten dafür keine Manuskripte einzureichen oder sonstige Angaben zu machen über die Art der Durchführung. Die Genehmigung, das Lager betreten zu dürfen, die uns durch Vermittlung der Regierung von den sowjetischen Militärbehörden erteilt wurde, war gleichbedeutend mit einer völligen Bewegungsfreiheit im Lager. Von keiner Seite wurde uns irgendein auch sonstwie geartetes Verlangen oder Ansinnen gestellt. Wir hätten, wäre das der Fall gewesen," betont Propst Grüber, „auch sonst auf die Durchführung der Gottesdienste verzichtet. Die Bischöfe von Sachsen und Thüringen, die zu gleicher Zeit in den Lagern Bautzen und Buchenwald predigten, genossen dieselben Freiheiten wie wir."

„Ich persönlich", so berichtet Propst Grüber, „führte die Gottesdienste bei den Frauen durch. Es waren hierbei keine Wachmannschaften anwesend, und nach dem Abendmahl reichte ich, wie ich es gewohnt bin, einer jeden die Hand und wechselte vollkommen ungehindert mit ihnen Worte. Man muß überhaupt wissen, daß sich alle Häftlinge vollkommen ungezwungen im Lager bewegen durften."

Ursprünglich hatten die beiden Geistlichen, wie Propst Grüber sagte, die Absicht, über die Eindrücke, die sie bei ihrem Aufenthalt in Sachsenhausen empfingen, der Öffentlichkeit keinen Bericht zu erstatten. Doch als besonders vom Ausland her sich die Anfragen mehrten, entschloß man sich zur Herausgabe eines Kommuniqués.

„Hätten wir geschwiegen", so erklärt Propst Grüber, „oder hätten wir es abgelehnt, Auskünfte zu erteilen, dann hätten die an einer Antisowjethetze interessierten Kreise behauptet, wir Geistlichen seien von den sowjetischen Militärbehörden verpflichtet worden zu schweigen. Und deshalb haben wir in aller

Öffentlichkeit bekundet, was wahr und unwiderlegbar ist: *das Leben in den sowjetischen Lagern ist bei weitem besser und angenehmer, menschenwürdiger als das Leben in den sogenannten Flüchtlingslagern Westdeutschlands. Ich habe mich selbst davon überzeugen können.* Die sanitären Einrichtungen im Westen liegen besonders stark im argen. Diese Feststellung ist – dessen sind wir uns vollkommen klar – gewissen Journalisten Westberlins nicht angenehm, doch wer uns, d. h. Bischof D. Dr. Dibelius und mich noch von vor 1933 kennt und auch während der Nazizeit, der weiß, daß wir, ganz gleich unter welchem Regime, stets den Mut zur Wahrheit besessen haben."

D. Dr. Dibelius erklärte abschließend unserem Vertreter: *„Die vorstehenden Äußerungen von Propst Grüber entsprechen meinen eigenen Wahrnehmungen,* obwohl ich einen Vergleich mit den nationalsozialistischen Konzentrationslagern aus eigener Kenntnis nicht anstellen kann und infolgedessen auch in der Öffentlichkeit einen solchen Vergleich nicht angestellt habe. Die Unterstellung, daß die evangelischen Bischöfe und ihre Begleiter für die Erlaubnis zu den Gottesdiensten irgendwelche Bedingungen eingegangen sind und daß ihre Berichte bestellte Arbeit seien, ist so ungeheuerlich böswillig, daß ich mit keinem Wort darauf einzugehen vermag."

(„Neues Deutschland" vom 5. Januar 1950)

„Normal ernährt" und doch verhungert

Kampfgruppe gegen Unmenschlichkeit:
Grüber soll Totenkartei der KZs einsehen

Berlin (dpa). Die Kampfgruppe gegen Unmenschlichkeit forderte am Donnerstag Propst Grüber öffentlich auf, die Kartei der in den Konzentrationslagern der Sowjetzone Verhungerten und Dahingesiechten einzusehen. Grüber, der zusammen mit dem evangelischen Bischof D. Dr. Dibelius den Weihnachtsgottesdienst in Sachsenhausen abhielt, hatte erklärt, die KZs der Sowjetzone könnten nicht mit denen der Nazizeit verglichen werden. Das Dasein in den sowjetischen Lagern sei bei weitem menschenwürdiger als das Leben in den Flüchtlingslagern der Bundesrepublik.

Von der Kampfgruppe gegen Unmenschlichkeit wurde betont, daß zahlreiche ehemalige Insassen der Konzentrationslager sich bereit erklärt hätten, Propst Grüber über ihr „zwangloses Leben hinter Stacheldraht“ zu berichten. „Wenn Propst Grüber behauptet, er habe in den Konzentrationslagern der Sowjetzone nur Menschen in zwangloser Haltung, gut angezogen, gut verpflegt und normal ernährt, angetroffen, so hat er entweder ein Potemkinsches Dorf für die Wirklichkeit genommen oder er hat gelogen.“ Insbesondere lasse Grüber eine Antwort auf die Frage vermissen, warum fünfzehn- und sechzehnjährige Jugendliche seit vier oder fünf Jahren in den KZs festgehalten würden und warum die Insassen der Lager nicht einmal mit ihren Angehörigen in Verbindung treten dürften. Die Kampfgruppe stellt fest, daß in dem Konzentrationslager Sachsenhausen gegenwärtig 14 000 Häftlinge sitzen, darunter 1 500 Frauen. Seit dem Herbst 1948 seien über 4 000 Häftlinge in die Sowjetunion abgeschoben worden, mit ihnen 54 Kinder, die im KZ Sachsenhausen geboren seien.

(„Der Tagesspiegel“ vom 6. Januar 1950)

Neunzigtausend systematisch liquidiert. Offener Brief der „Kampfgruppe gegen Unmenschlichkeit“ an Propst Grüber

DT. Berlin. Die Kampfgruppe gegen Unmenschlichkeit wirft in einem offenen Brief Propst Grüber vor, er habe die Hoffnung vieler KZ-Häftlinge, daß er der Öffentlichkeit die Wahrheit über die Konzentrationslager berichten würde, mit seinem im „Neuen Deutschland“ veröffentlichten Artikel „Sachsenhausen 1940 und 1949“ zunichte gemacht. „Wollen Sie“, so wird Grüber in dem Brief gefragt, „das Grauen zu Tode Gehungerter hinter Stacheldraht, das Gefangenendasein von Jugendlichen und Kindern, jahrelanges und immer noch vergebliches Warten auf

Freiheit und Gerechtigkeit wirklich als Leben bezeichnen? Ist es kein systematisches Liquidieren, wenn in den Jahren der sowjetischen Besatzung fast neunzigtausend Menschen in Konzentrationslagern zugrunde gehen mußten? Wenn Tausende mit fadenscheinigen und haltlosen Beschuldigungen zu Zwangsarbeitsstrafen verurteilt wurden, die einem langsamen Dahinsterbenmüssen gleichkommen? Wir klagen Sie an, Propst Grüber, nicht den Mut aufgebracht zu haben, die Wahrhheit zu sagen. Sie berichteten lediglich das, was man Ihnen zeigte, nicht wie es ist, sondern so, wie es die Sowjets gern von der Weltöffentlichkeit gesehen haben wollen."

(„Der Tagesspiegel" vom 7. Januar 1950)

Ferdinand Friedensburg.
Weihnachten in Sachsenhausen

Viele Tausende von Deutschen haben soeben ihr fünftes Weihnachten im Konzentrationslager erlebt, in denselben Baracken und hinter demselben Stacheldraht, die als fürchterliches Erbe des Nationalsozialismus in unsere sonst von faschistischen Überbleibseln so energisch gereinigte Gegenwart hineinragen. Viele, nicht alle, unter diesen Tausenden haben an dem fünften Weihnachten die Freude gehabt, zum ersten Male wieder einem Gottesdienst nach der Weise der Väter, ja sogar einem regelrechten Weihnachtsgottesdienst beiwohnen zu dürfen. Eine Reihe hervorragender Geistlicher beider Konfessionen hatte die Erlaubnis erhalten, die Lager zu diesem Zweck zu besuchen, durch die Barackengassen im Ornat zu gehen und, was als besondere Gunst gerühmt wird, unzensierte Predigten zu halten und während des Abendmahls einige Worte mit den Mitgliedern ihrer leidbedrängten Gemeinde zu wechseln. Jeder Verständige freute sich dieses Fortschritts, und der eine oder andere mag darin auch ein hoffnungsvolles Anzeichen erblickt haben.

Leider hat der Vorgang ein entmutigendes Nachspiel gehabt. Einer der beteiligten Geistlichen, Propst Grüber aus Berlin, hat nachträglich der Presse Berichte gegeben, die ihrerseits scharfe Angriffe der Westzeitungen veranlaßt, den sowjetisch lizensierten Zeitungen aber die Möglichkeit gegeben haben, in jubelnden Überschriften zu behaupten, nunmehr sei „der KZ-Lager-Schwindel geplatzt“ und die „vieltausendfachen Verleumdungen“ hätten jetzt „eine entscheidende Widerlegung“ erfahren. Grüber, der sich, was man nicht übersehen soll, in seinem Interview allerdings auch gegen das ganze System der Konzentrationslager wendet, behauptet mit großer Eindringlichkeit, das Leben in den sowjetischen Lagern sei „bei weitem besser, angenehmer und menschenwürdiger als das Leben in den sogenannten Flüchtlingslagern Westdeutschlands“ und vor allem unvergleichlich besser als in den Konzentrationslagern Hitlers. Es sei „ein unverzeihliches Unrecht, diese Lager von heute mit den KZs Hitlers in einem Atemzuge zu nennen“. Grüber beruft sich auf die Pflicht zur Wahrhaftigkeit, die ihn zwinge, Dinge auch auszusprechen, wenn sie einem Teil der Öffentlichkeit unbequem seien.

Niemand, der Propst Grüber kennt, wird auch nur einen Augenblick die subjektive Aufrichtigkeit seiner Absichten bezweifeln. Wer, wie Grüber, mit solchem Mut dem Hitlerterror entgegengetreten ist und ihm zahlreiche Opfer entrissen hat und dann selbst das Martyrium erlitt, verdient Respekt, auch wenn man nicht mit ihm einverstanden ist. Es läßt sich auch gerade für einen Geistlichen denken, daß ihn der Wunsch, die Angehörigen der Gefangenen zu beruhigen und zu trösten, bewogen hat, seine unerwartet günstigen Beobachtungen der Öffentlichkeit mit einer gewissen Betonung mitzuteilen. Endlich mag der leidenschaftliche Deutsche, der die Wiedervereinigung unseres zerrissenen Vaterlands fördern will, geglaubt haben, durch Bekämpfung gewisser Übertreibungen im Kampfe des Westens gegen den Osten die notwendige Verständigung zu erleichtern.

Und doch – gerade dieser Sache hat Grüber keinen guten Dienst erwiesen, und diejenigen, die mit ihm für den gleichen Gedanken zu kämpfen entschlossen sind, müssen eine solche Erkenntnis aussprechen. Grüber will der Wahrheit dienen; er sagt aber nur eine Teilwahrheit aus, und eine Teilwahrheit ist oft nicht besser als eine Unwahrheit, sie kann sogar – und das ist hier der Fall – schlimmer sein als eine regelrechte Unwahrheit. Der Abscheu, den die große Mehrheit unseres Volkes gegen die Konzentrationslager hegt, richtet sich viel weniger gegen die mehr oder minder humane – oder inhumane – Form des Lagerlebens als gegen die Konzentrationslager überhaupt. Daß ein Teil der Lagerinsassen in gutem Zustande angetroffen worden ist, ist kein Trost dafür, daß die Gefangenen in der Mehrheit fast fünf Jahre lang ohne Richterspruch, ohne jegliche Prüfung, nicht selten zweifellos ohne jedes objektive Verschulden der Freiheit beraubt sind, daß kaum einer von ihnen mit seinen Angehörigen in Verbindung steht, daß niemand weiß, wann er wieder zu den Seinen zurückkehren darf, ja, ob er jemals zurückkehren wird; es ist auch kein Trost dafür, daß unzählige inzwischen, bei zweifellos viel ungünstigeren Lagerverhältnissen, hinter dem Stacheldraht verdorben und gestorben sind; es ist endlich kein Trost dafür, daß niemand, auch Propst Grüber nicht, die Gewißheit hat, ob nicht neben den verhältnismäßig günstig Gestellten in den Weihnachtsgemeinden, viele, viele andere Deutsche in demselben Lager, vielleicht anderswo in der Ostzone, vielleicht in Sibirien und Kirgisien gerade zu derselben Stunde Not und Verlassenheit, Schmutz und Entbehrung, Verzweiflung und Todesqual durchmachen; ja nicht einmal dafür besteht Gewißheit, ob nicht die jetzt zu den Weihnachtsgottesdiensten Zugelassenen inzwischen in die gleiche Not transportiert werden.

Je nach Auffassung mag man das für nicht wahrscheinlich halten. Die unheimliche Willkür der unbeschränkten Macht, die völlige Rechtlosigkeit der Opfer läßt sich nicht bestreiten, und sie ist es – nicht so sehr die Form, in der sich die Willkür an irgendeinem Ort zu irgendeiner Zeit äußert – , gegen die sich das Empfinden des deutschen Volkes empört. Wenn die mehr oder weniger gute Regelung der sanitären Verhältnisse so bedeutsam wäre, wie Grüber meint, wie wäre es dann zu verstehen, daß täglich Hunderte nach den „schlechten Zuständen“ in den westdeutschen Flüchtlingslagern drängen, um der bloßen Gefahr der Konzentrationslager mit ihren angeblich günstigeren Zuständen zu entfliehen? Wollte jemand eine etwaige Fortsetzung der Massenmorde an den Juden damit beschönigen, daß die Vergasung jetzt viel humaner sei, so würde sich auch Propst Grüber sicherlich entrüsten. Das ist aber, er möge es verzeihen, der gleiche Vergleich, den er unternimmt.

Damit leistet Propst Grüber aber auch der Sache der Verständigung mit der Sowjetunion einen erschreckend schlechten Dienst. Es gibt viele gute Deutsche, die mit aufrichtigem Herzen einen Weg zu dieser Verständigung suchen, von der ihrer Ansicht nach nicht nur die Möglichkeit zur Wiederherstellung eines einigen Deutschland, sondern auch die sonstige Möglichkeit für einen friedlichen Wiederaufstieg unseres Volkes, ja womöglich gar der Weltfrieden abhängt. Das entscheidende Hindernis für eine solche Verständigung ist aber der Versuch der Sowjetregierung, in dem ihr zu treuen Händen überantworteten Teil Deutschlands unter Mithilfe einer winzigen Minderheit unseres Volkes die politische, kulturelle, gesellschaftliche und wirtschaftliche Struktur gewaltsam im Sinne der in Rußland bestehenden Verhältnisse umzuformen, und eines der entscheidenden Mittel der Gewaltpoltik sind wie unter Hitler die Konzentrationslager, deren eines Propst Grüber für einige Stunden hat besuchen dürfen.

Ein anderer hoher evangelischer Geistlicher, Bischof Niemöller, hat kürzlich – in einer freilich etwas umstrittenen Äußerung – gemeint, die Mehrheit des deutschen Volkes sei bereit, für die Einheit unseres Vaterlandes auch den Preis der Unterwerfung unter den Bolschewismus zu bezahlen. Nichts wäre objektiv unrichtiger als diese Annahme, falls sie wirklich vertreten worden ist. Die große Mehrheit unseres Volkes ist unzweideutig entschlossen, lieber die Teilung zu erdulden, als sich dem Bolschewismus zu beugen. Der eine oder andere mag diese Auffassung nicht teilen oder aus nationalen Erwägungen sogar tadeln; wer realpolitisch denkt, muß sich mit ihr abfinden. Er muß sich auch damit abfinden, daß die leidenschaftliche Ablehnung der Sowjetpolitik durch das deutsche Volk vor allem auf die von der Besatzungsmacht fortgesetzten Hitlermethoden, und zwar gerade auch auf die Tatsache der Konzentrationslager, zurückgeht. Wer also ein gutnachbarlicheas Verhältnis zwischen beiden Völkern anbahnen will, muß in erster Linie die Sowjetregierung davon überzeugen, daß ihre bisherige Politik in Deutschland verhängnisvoll gewesen ist, und daß man dem deutschen Volke die Möglichkeit einer freien Gestaltung seines Lebens auch in der sowjetischen Besatzungszone geben muß. Es bedarf nicht der kommunistischen Pressestimmen, um nachzuweisen, daß die Äußerungen Grübers und Niemöllers das Gegenteil bewirken. Denn wenn die westlichen Auffassungen von den Konzentrationslagern als Greuelmärchen entlarvt worden sind, wenn die Deutschen bereit sind, den Bolschewismus hinzunehmen, um zur Einigung zu gelangen, so besteht für die Machthaber im Osten noch weniger Anlaß als bisher, nachzudenken und neue Wege einzuschlagen.

In seiner Veröffentlichung bestreitet Propst Grüber den Deutschen das Recht zu solchen Erwägungen: wegen ihrer Gesamtschuld an den Hitlerverbrechen hätten sie den Besatzungsmächten, „vor allem“ den Russen, keine Forderungen zu stellen. Auch darin kann man ihm nicht folgen. Bewährte Widerstandskämpfer wie er haben wohl eine bessere moralische Vollmacht, ihre Stimme zu erheben, als etwa diejenigen, die durch ihre Zustimmung zur Teilung der Tschechoslowakei den zweiten Weltkrieg vorbereitet, und vor allem als diejenigen, die durch den Moskauer Pakt seine Entfesselung ermöglicht haben. Gerade umgekehrt sollte man sagen, daß diejenigen Deutschen, die jetzt zu dem Unrecht der Konzentrationslager schweigen oder es beschönigen, sich in eine neue moralische Schuld verstricken, vielleicht in eine weit schlimmere als vor einem Jahrzehnt, weil wir ja nun eigentlich gewarnt und belehrt sein sollten.

Zu solchen Feststellungen fühlt sich gerade derjenige gedrungen, der sonst der Sache der Verständigung mit dem Osten, der auch der Sache der evangelischen Kirche mit besonderem Verantwortungsgefühl dienen will. Die evangelische Kirche Deutschlands hat durch viele ihrer hervorragendsten Vertreter, nicht zuletzt der hier genannten, Großes im Kampf gegen Not und Unrecht geleistet. Auch das Verdienst der evangelischen Kirche um die Aufrechterhaltung der letzten gesamtdeutschen Verbindungen und ihre Bemühungen um die Wiederherstellung der deutschen Einheit sollen nicht vergessen werden. In der evangelischen Kirche weiß man aber auch, daß die Einheit unseres Landes, so hoch wir sie stellen müssen, nicht das einzige

Anliegen des evangelischen Deutschen in der Gegenwart ist. Als vor siebzehn Jahren eine äußerliche Einheitsparole der unsittlichen Staatsgewalt den Weg auch im Bereich der Kirche ebnen sollte, waren es die besten Männer des Protestantismus, die durch die Gründung der Bekennenden Kirche dem politischen Anliegen der Einheit das geistige Anliegen der Wahrhaftigkeit entgegenstellten.

Wir haben durch diese Gründung viel dazu beigetragen, einen Rest innerer Freiheit und Anständigkeit in unserem Volk zu retten; in dem schimpflichen Bild der Hitlerzeit bildete unsere Gemeinschaft einen der hellen Punkte, die uns heute das Recht geben, die Behauptung von der gleichmäßigen Gesamtschuld des deutschen Volkes abzulehnen. Umso mehr besteht die Verpflichtung, der früheren Haltung treu zu bleiben, wenn sich die damalige Situation nicht nur mit den Konzentrationslagern, sondern auch mit dem Rausch der Fahnen und Fanfaren und der nationalen Einheitsreden wiederholt. Wahrhaftigkeit gebietet zu bekennen, daß die notwendige Verständigung mit dem Osten, von der die Wiedervereinigung Deutschlands abhängt, eine *beiderseitige* Verpflichtung ist, ein *beiderseitges* Bekenntnis zum Recht und zur Humanität, und daß ohne ein solches Bekenntnis und ohne seine praktische Anwendung auch bei der östlichen Besatzungsmacht alle gutgemeinten Bemühungen eines Grüber und eines Niemöller gegenstandslos, vielleicht sogar schädlich sind.

(„Der Tagesspiegel“ vom 7. Januar 1950.
Die Redaktion stellte dem Text folgende Bemerkung voran: „Wir veröffentlichen diese Ausführungen umso lieber, als der Verfasser wegen seiner besonderen Meinung über die Möglichkeit einer Verständigung mit Rußland und wegen seiner Stellung innerhalb der evangelischen Kirche gerade in dieser Sache das Maß an Entgegenkommen aufbringt, das seiner Kritik jegliche Schärfe nimmt.“

Der Wirtschaftswissenschaftler Prof. Dr. Ferdinand Friedensburg war damals Stadtverordneter und Bürgermeister von Berlin und Domherr von Brandenburg.)

„Die Kirche hat niemals geschwiegen“. Eine Entgegnung Propst Grübers

Berlin (dpa). Zu den Zeitungskommentaren zu seinem Bericht über das Konzentrationslager Sachsenhausen sagte Propst Grüber, die Kirche habe zu der Einrichtung der Konzentrationslager niemals geschwiegen. Sie habe ihre Klage nicht nur den deutschen politischen Stellen, sondern auch den russischen Vertretern vorgetragen. Sie werde auch in Zukunft ihre Wünsche und Forderungen vorbringen. „Das setzt aber voraus, daß wir die Dinge so sagen, wie wir sie sehen, und nicht in dramatisierten entstellten Schilderungen, die weder den Internierten noch der Wahrheit dienen“.

Wie sie es sehen durften. Notiz nach einem RIAS-Bericht

DT. Berlin.
Nach einem Bericht des RIAS hat Propst Grüber bei seinem Weihnachtsgottesdienst in Sachsenhausen in einer Frauenbaracke gepredigt. Er habe daher nur die Zone I betreten dürfen. Die Zone II, in der die Masse der Lagerinsassen eingesperrt ist, habe Grüber nicht gesehen, sondern lediglich die Lagerstraße mit den Küchengebäuden und den Frauenbaracken. Bischof Dibelius habe vor etwa 1.500 männlichen Häftlingen im Theatersaal den Gottesdienst gehalten. Dieser befinde sich nicht im eigentlichen KZ, sondern in der Vorzone, in der auch die übrigen Nebengebäude lägen. Die Häftlinge seien sofort nach dem Gottesdienst in den inneren Teil des Lagers zurückgeführt worden. Auch Bischof Dibelius habe das Lager sofort verlassen müssen. Die Gefangenen, die am Gottesdienst nicht teilnahmen, hätten während des Besuchs der Geistlichen ihre Baracken nicht verlassen dürfen. Die Zahl der Insassen, die den Geistlichen verborgen blieben und in der Zone II des Lagers lebten, sei den Geistlichen nicht bekannt geworden. Noch im September seien dort 6.200 Gefangene untergebracht gewesen. 2.600 von ihnen hätten of-

fene Tbc gehabt. Das Durchschnittsgewicht aller habe 90 Pfund betragen.

(„Der Tagesspiegel" vom 8. Januar 1950)

Heinrich Grüber. Brief an Dr. R <....>

Propst D. Heinrich Grüber
Berlin-Dahlem, den 10. Januar 1950
Im Winkel 5

Verehrter Herr Dr. R<....>!

Ich hatte nicht die Absicht, die Unruhe, die durch meinen Bericht über Sachsenhausen entstanden ist, in die Evangelische Hilfsstelle hineinzutragen. Aber die Zeitungsnotiz, nach der Herr Z<....>, der Vorsitzende des OdN[7]-Verbandes, aus der Kirche ausgetreten ist, veranlaßt mich doch, Ihnen eine Stellungnahme zu übersenden, da ich weiß, daß viele unserer Betreuten auch der Organisation der OdN angehören und infolgedessen vielleicht in eine gewisse schwankende Haltung hineinkommen.

Ich weiß nicht, ob Herr Z<....> zu den vielen Menschen gehört, die über meinen Bericht reden, ohne ihn gelesen zu haben. Ich habe tatsächlich festgestellt, daß der größte Teil der Menschen, die davon reden, sich nicht der Mühe unterzogen haben, den Bericht einmal ganz zu lesen, wie ja auch keine der Westzeitungen den Mut gehabt hat, den Bericht ganz abzudrucken. Ich lege zu Ihrer Information und der der Mitglieder des Vorstandes der Hilfsstelle noch einmal einen Abzug meines Communiqués bei. Der Bericht trägt die Überschrift „Sachsenhausen 1940–1949"[8], und nur dazu wollte ich sprechen für die Menschen, die es interessiert, also in erster Linie für die Angehörigen der Internierten.

Daß ich mir bei einem Besuch nichts vormachen lasse, davon können Sie ja überzeugt sein, zumal ich ja auch vielleicht gerade in Bezug auf Lagerleben einige Sachkunde habe. Daß ich auch weiter mit einem großen Teil der Menschen, die mich jetzt angreifen, nicht in eine Diskussion einzutreten gewillt bin, habe ich ja auch schon in meinem Bericht mitgeteilt; denn ich bin ja nur bereit, mit solchen über diese Frage zu sprechen, die in der Nazizeit in Deutschland genau so laut geredet haben, wie sie es jetzt tun. Wenn ich mir nachträglich überlege, warum jetzt von einigen Seiten künstlich soviel Unruhe geschaffen wird, dann glaube ich, daß es zum Teil mit darin begründet ist, daß ich es gewagt habe, die jetzigen Verhältnisse mit denen der Nazizeit zu vergleichen. Die Vielen, die um ihr Versäumen und ihr Verschulden in der Vergangenheit wissen, möchten nach der Methode „Haltet den Dieb!" die Aufmerksamkeit von dem Geschehen der Vergangenheit weglenken. Ich glaube, daß Sie mich so weit kennen, daß mich das Unrecht der Vergangenheit ebenso bewegt wie das Unrecht der Gegenwart.

Ich habe es bei den Nazis abgelehnt, zu emigrieren und vom Ausland aus den Kampf und meine Arbeit weiterzuführen. Dieses Angebot trat zuletzt im August 1939 an mich heran, als ich in England war und als man mir mit Rücksicht auf den kommenden Krieg riet, nicht nach Deutschland zurückzukehren, weil eine Wirkungsmöglichkeit für mich nicht mehr gegeben sei. Ich habe es nie geschätzt, aus gesicherter Position papierne Proteste loszulassen, sondern ich bin immer selbst dahin gegangen, wo die Not aufbrach. So habe ich auch, wie Sie wissen, die Frage der Lager der Besatzungsmächte seit Oktober 1946 mit den Menschen besprochen, die letztenendes dafür verantwortlich sind. Wir haben ja auch von der Kirche insbesondere mit den Vertretern der sowjetischen Besatzungsmacht nicht nur die Frage einzelner Internierter, sondern die Frage der Gesamtlage überhaupt immer wieder zum Gegenstand von Besprechungen gemacht. Ich brauche Einzelheiten nicht aufzuzählen, aber es ist ja bekannt, daß die Entlassungsaktion im Sommer 1948 mit auf die Intervention der evangelischen Kirche zurückzuführen war, die auch jetzt wieder unablässig ihre Anliegen vorträgt.

Alle, die meine eigene Arbeit kennen, wissen, daß meine Haltung seit 1933 unverändert dieselbe ist, wobei für mich doch ein Unterschied darin besteht, ob man zu seinem eigenen Volk spricht, in dessen Namen die Greuel geschehen, oder ob man vor Vertretern eines Volkes spricht, an dem man mitschuldig geworden ist. Gerade weil ich meine Mitschuld an den Dingen der Vergangenheit nicht bagatellisiere, habe ich den Mut, auch jetzt das zu sagen, was ich sehe, ungeachtet aller Konsequenzen, die sich daraus ergeben. Ich schrieb darum am Schluß meines Berichts, daß mich auch weiterhin die Sorge um die Internierten zutiefst bewegt, daß ich aber daneben die andere große Sorge habe, daß in Deutschland nicht wieder eine Ideologie aufkommt, die uns wieder einmal an der Welt mitschuldig werden läßt.

Ich darf bitten, daß Sie den Herren des Vorstandes diese meine Äußerungen mitteilen. Ich selbst möchte den Vorsitz vorläufig in Ihre Hände legen, da ich nicht möchte, daß unsere Betreuten, die sowohl unserer Hilfsstelle wie dem von Herrn Z<....> geleiteten OdN-Verband angehören, in einen Konflikt kommen.

Mit freundlicher Begrüßung

gez. D. H. Grüber
Propst zu Berlin

i.A.

(Kopie im Heinrich-Grüber-Nachlaß, Geheimes Staatsarchiv Berlin)

Bischof Dibelius
Brief an die Superintendenten Berlin – Brandenburg

Der Evangelische Bischof von Berlin
Berlin-Dahlem, den 14. Januar 1950
Faradayweg 10
K.I Nr. 207/50

An die
Herren Superintendenten
der evangelischen Kirche
Berlin-Brandenburg

Die Öffentlichkeit hat sich in einer gewissen Erregung mit den Berichten befaßt, die Herr Propst D. Grüber über seine Eindrücke bei dem Weihnachtsgottesdienst im Internierungslager Sachsenhausen gegeben hat. Da ich annehme, daß auch die Pfarrer unserer Kirchenprovinz von ihren Gemeinden in dieser Angelegenheit angesprochen werden, gebe ich den Herren Ephoren[9] *vertraulich* von folgendem Kenntnis, wobei ich bedaure, daß durch meine Abwesenheit von Berlin eine unliebsame Verzögerung eingetreten ist:

1. Die Leitung unserer Kirche hat nie einen Zweifel daran gelassen, daß sie das Bestehen von Internierungslagern als unvereinbar mit der Würde des Menschen und mit den Grundsätzen des Rechts ansieht. Sie hat bis in die letzten Tage hinein jede Gelegenheit benutzt, auf die Abschaffung dieser Lager zu dringen, und hat gefordert, daß niemandem die Freiheit entzogen werden dürfe, ohne daß er Gelegenheit gehabt hat, sich in einem geordneten richterlichen Verfahren wirksam zu verteidigen, daß Inhaftierungen auf unbestimmte Zeit ein für allemal ausgeschlossen sein müssen und daß jeder Gefangene Gelegenheit haben müsse, mit seinen Angehörigen soweit in Verbindung zu treten, daß diese wissen, wo er sich befindet und wie es ihm gesundheitlich geht. Es ist das z.B. in meinem Pfingstbrief mit aller Deutlichkeit gesagt worden. Auch in dem vor einigen Monaten ergangenen Wort des Reichsbruderrats ist davon die Rede gewesen. Über dies alles gibt es in der gesamten evangelischen Kirche Deutschlands nur *eine* Meinung.

2. Angesichts der scharfen politischen Spannungen in unserem Vaterland, die die sachliche Berichterstattung in der Presse erschweren, ist es seelsorgerliche Pflicht, der Wahrheit Geltung zu verschaffen. Die Kirche Jesu Christi darf sich diesem seelsorgerlichen Dienst nicht entziehen, am wenigsten dann, wenn sie dadurch sehr bedrückten Herzen Erleichterung bringen

kann. Diesem Ziel sollten die von der Presse stürmisch erbetenen Mitteilungen dienen.

3. Diese Mitteilungen mußten sich, was auch ausdrücklich gesagt worden ist, auf die Eindrücke beschränken, die bei Gelegenheit der Gottesdienste gewonnen werden konnten. Was jenseits dieser Eindrücke etwa vorhanden war, was in der Vergangenheit gewesen ist und wie es in anderen Lagern aussieht, entzog sich selbstverständlich jeder Beurteilung durch die Besucher, konnte infolgedessen auch nicht Gegenstand von Äußerungen sein. Es darf auch nicht vergessen werden, daß es sich nicht um eine Besichtigung von Konzentrationslagern gehandelt hat, sondern lediglich darum, daß Gottesdienste gehalten worden sind. Um eine Besichtigung hatte die Kirche nicht gebeten.

4. Es ist psychologisch verständlich, daß die Öffentlichkeit eine noch größere Betonung dessen erwartet hat, daß die Konzentrationslager eine Unmenschlichkeit darstellen. Sie kann und braucht nicht zu wissen, daß ich mich z. B. selbst unmittelbar nach unserem Gottesdienst abermals an die obersten russischen Stellen mit der dringenden Bitte gewandt habe, dieser Einrichtung ein Ende zu machen, und daß Propst D. Grüber etwas ähnliches zu tun Gelegenheit gehabt hat. Was ich aber bedaure, ist, daß einzelne Zeitungen jedes Verständnis dafür haben vermissen lassen, daß den Internierten durch die Weihnachtsgottesdienste und Abendmahlsfeiern ein großer seelsorgerlicher Dienst erwiesen worden ist, und daß sie sich gegenüber denen, die diesen Dienst geleistet haben, zu persönlichen Angriffen und böswilligen Verleumdungen haben hinreißen lassen. Ich bedaure das nicht zuletzt deshalb, weil dadurch das Bestreben der Kirchenleitung, mit den evangelischen Gemeindemitgliedern in allen Parteien die innere Gemeinschaft aufrecht zu erhalten, von neuem auf das Äußerste erschwert wird.

gez. D. Dr. Dibelius

(Kopie im Evangelischen Zentralarchiv Berlin, Bestand 603/B10))

Evangelische Kirchenleitung Berlin – Brandenburg. Brief an die Gemeindekirchenräte

Die Evangelische Kirchenleitung
Berlin – Brandenburg
K. I Nr. 292/50

Bln. – Charlottenburg, den 19. Januar 1950
Jebensstr. 3

An die
Gemeindekirchenräte
unseres Aufsichtsbereichs
durch die Herren Superintendenten

Der Rat der Evangelischen Kirche in Deutschland hat in seiner Sitzung am 17. und 18. Januar d. Js. den nachfolgenden Beschluß gefaßt. Die Kirchenleitung Berlin-Brandenburg hat sich diesen Beschluß in ihrer Sitzung vom 19. Januar d. Js. zu eigen gemacht und bringt ihn hiermit zur Kenntnis mit der Bitte, ihn auch in den Gemeinden bekannt zu machen. Damit dürften sich auch die mancherlei Fragen erledigen, die seitens einzelner Pastoren und Gemeindekirchenräte in dieser Sache an uns gerichtet worden sind. Der Beschluß hat folgenden Wortlaut:

Die Öffentlichkeit ist in den letzten Wochen durch Äußerungen einzelner kirchlicher Persönlichkeiten beunruhigt worden. Wir stellen fest: diese Äußerungen, wie immer sie auch gelautet haben mögen, sind nicht Kundgebungen der evangelischen Kirche, sondern gehen auf die alleinige Verantwortung derer, die sie getan haben.

Zu den aufgeworfenen Fragen erklärt der Rat der Evangelischen Kirche in Deutschland:

1. Würde und Freiheit des Menschen sind nach christlicher Lehre unantastbar. Auch die Einheit des deutschen Volkes, unter deren Verlust wir heute mit unserem ganzen Volke schwer lei-

den, darf nicht mit der Preisgabe dieser Würde und dieser Freiheit erkauft werden.

2. Die Evangelische Kirche in Deutschland kann den infolge der Politik der Besatzungsmächte entstandenen eisernen Vorhang nicht anerkennen. Er stellt eine ständige Bedrohung des Friedens und damit der Freiheit der Menschen und der Völker dar.

3. Es widerspricht der Würde des Menschen, wenn Angeschuldigte ohne geordnetes Rechtsverfahren ihrer Freiheit beraubt werden. Daher sind Konzentrationslager abzulehnen, und zwar in jeder Form und in jedem Land. Gradunterschiede in der Behandlung von Häftlingen ändern an diesem grundsätzlichen Urteil nichts.

4. Gegenüber dem Angriff antichristlicher Mächte haben beide christlichen Konfessionen gemeinsam im Kampf gestanden. Diese Tatsache muß auch heute für das Verhältnis der beiden Konfessionen zueinander gelten, ohne daß wir dadurch der Pflicht enthoben sind, den konfessionellen Glaubensverschiedenheiten ernste Aufmerksamkeit zuzuwenden.

Die Evangelische Kirchenleitung
Berlin – Brandenburg

gez. Scharf gez. Dr. von Arnim gez. Dr. Böhm

(Kopie im Evangelischen Zentralarchiv Berlin, Bestand 603/B10))

Anmerkungen

1 Die Entlassung begann am 16.Januar 1950. Vgl. S. 178 ff. des vorliegenden Bandes

2 metallene Schale, in der das Brot des Abendmahls gereicht wird

3 An die Giebel der Lager-Baracken, die zum Appellplatz hin gerichtet waren, waren im NS-KZ in großen Buchstaben die Worte aufgeschrieben: „Es gibt einen Weg zur Freiheit. Seine Meilensteine heißen Gehorsam, Fleiß, Ehrlichkeit, Ordnung, Sauberkeit, Nüchternheit, Wahrhaftigkeit, Opfersinn und Liebe zum vaterland", die Heinrich Himmler zugeschrieben werden. Auf einem

Foto vom NS-KZ Sachsenhausen sind sie deutlich zu erkennen. Diese Worte wurden übertüncht, als das Lager vom NKWD zum Internierungslager umfunktioniert wurde. Hingegen blieb die Numerierung der Baracken erhalten.

4 Außenstelle des NS-KZ mit besonders schweren Arbeitsbedingungen

5 seitlicher Teil des Lagers, vgl. Schema, S. 73 des vorliegenden Bandes

6 Die Zeitung druckte den Bericht von Heinrich Grüber, „Sachsenhausen 1940 – 1949", S. 154 des vorliegenden Bandes wörtlich ab und stellte dem Abdruck folgendes voran: „Vom „Evangelischen Pressedienst Ost" wurden der Redaktion des ND folgende Ausführungen übergeben, die wir hiermit veröffentlichen, obwohl wir mit einer Reihe von Bemerkungen von Herrn Propst Grüber nicht ganz einverstanden sind."

7 Vereinigung „Opfer des Nationalsozialismus", der auch Grüber als ehemaliger Häftling des NS-Konzentrationslagers Sachsenhausen angehörte.

8 s. den Text gleichen Titels auf S. 154 des vorliegenden Bandes

9 Leiter der evangelischen Kirchenbezirke

VI. Entlassung und Auflösung

Unmittelbar nach Neujahr 1950, zwei Wochen vor der öffentlichen Bekanntgabe, daß die SMAD die Internierungslager in der kürzlich gegründeten DDR auflösen will, formulierte das NKWD in Moskau intern einen Maßnahmeplan. Sein Beschluß galt als Befehl. Im Wesentlichen wurde dann später dieser Plan realisiert: Ein Teil der Insassen wurde entlassen, der andere Teil in Gefängnisse der DDR überführt.

Die Ausführung dieser auch technisch umfangreichen Aktion überließ die sowjetische Seite deutschen Behörden – Polizei und Reichsbahn der gerade vier Monate alten DDR –, ohne jedoch die Kontrolle aufzugeben.

Der Umgang mit den Insassen der Internierungslager durch diese Behörden nun, wie ihn die folgende Dokumente beschreiben, spiegelt sich als Verwaltungsvorgang, als bürokratischer Ablauf – mit „deutscher Gründlichkeit“ und allen Umständlichkeiten, Abgrenzunge und Unschärfen, die in einem solchen „Apparat“ begründet sind. Zudem wußten die Ausführenden in den seltensten Fällen, wer die Menschen wirklich waren, mit denen sie es zu tun bekamen. Im Prinzip hielten sie sich an die Klassifizierungen und Benennungen der Besatzungsmacht.

Aber: noch in den technischen Einzelheiten der vierwöchigen Aktion kann man mancherlei Rückschlüsse auf das Lagerleben ziehen.

Die DDR-Medien feierten die Entlassung als Beweis des Vertrauens der Besatzungsmacht in die Kraft des neuen Staates. Und gleichzeitig nutzten sie die Aktion propagandistisch zur Auseinandersetzung mit „dem Westen“: kalter Krieg auch hier.

Plan der Maßnahmen zur Entlassung und Übergabe der Häftlinge aus den Sonderlagern des MdI[1] der UdSSR in Deutschland

Streng geheim
Expl. Nr.

A. Zur Entlassung

1. Die Entlassung der Häftlinge – abgeurteilter und nicht verurteilter Deutscher – 15088 Personen aus den Sonderlagern ist vom 16. Januar bis zum 24. Februar 1950 ausgehend von täglich

aus dem Sonderlager Nr. 1 212
aus dem Sonderlager Nr. 2 208 und
aus dem Sonderlager Nr. 3 100 (vom 16. bis 25. Januar 1950
zu entlassenden Personen vorzunehmen.

2. Für die Formalitäten der Entlassung sind zwei Bescheinigungen anzufertigen, eine davon in Russisch, die zweite in Deutsch. Die Bescheinigung in russischer Sprache wird den Untersuchungs- bzw. Gefängnisakten beigefügt, die in deutscher Sprache dem Entlassenen ausgehändigt.

3. Die entlassenen Deutschen erhalten für die Reise zum ständigen Wohnort für 1 – 3 Tage in Abhängigkeit von der Entfernung eine Trockenration entsprechend Norm Nr. 12 und werden mit tragbarer Kleidung und Schuhwerk ausgestattet.

4. Für die Fahrt mit der Eisenbahn bis zum Wohnort werden finanzielle Mittel, jedoch nicht mehr als 40,- Mark, bereitgestellt. Insgesamt sind 617.000,- Mark erforderlich.

5. Die entlassenen Deutschen werden vom Lager bis zur nächsten Bahnstation mit Fahrzeugen befördert.

6. Der Zeitplan der Entlassung unter Berücksichtigung des erforderlichen operativen Personals, der Dolmetscher und Schreibkräfte wird beigefügt[2].

B. Zur Übergabe

1. Die Übergabe der abgeurteilten und nicht verurteilten Deutschen an das Ministerium des Innern der Deutschen Demokratischen Republik – 13. 945 Personen, darunter zur Gefängnishaft

10518 Personen und zur Durchführung der weiteren Untersuchung 3432 Personen – ist vom 1. Februar 1950 bis zum 1. März 1950 bei rechtzeitiger Bereitstellung von Zügen durch die deutschen Organe – ausgehend von
6 Zügen für das Sonderlager Nr. 1 und
3 Zügen für das Sonderlager Nr. 2
bei einer Kapazität von 1. 000 Personen je Zug – durchzuführen.

2. Die Formalitäten zur Übergabe der abgeurteilten und nicht verurteilten Deutschen sind vom 16. bis zum 31. Januar 1950 zu erledigen. Die Ausstellung der Bescheinigungen bei Untersuchungsangelegenheiten und der Auszüge aus den Urteilen bei Gefängnisangelegenheiten ist ausgehend von täglich
für das Sonderlager Nr. 1 400
für das Sonderlager Nr. 2 200 und
für das Sonderlager Nr. 3 450
zu bearbeitenden Personalangelegenheiten vorzunehmen. Bescheinigungen und Auszüge aus den Urteilen werden in zwei Exemplaren angefertigt, eines davon in Russisch, das zweite in Deutsch und werden von einem Vertreter des Lagers unterzeichnet (Leutnant Iwanow)3 .

3. Für die Überführung werden Lebensmittel für drei Tage zur Verfügung gestellt.

4. Der Zeitplan der Vorbereitung der Dokumente zur Übergabe wird beigefügt.4

5. Die Übergabe abgeurteilter und nicht verurteilter Deutscher an die Organe der Inspektion des MGB5 der UdSSR in Deutschland – 648 Personen – ist bis zum 28. Februar 1950 durchzuführen. Für Personen anderer Staatsbürgerschaft – 48 Personen –, die der Überführung in Lager auf dem Territorium der UdSSR unterliegen, ist eine Order der GULAG6 des MdI der UdSSR anzufordern.

Für die Ausstellung der Bescheinigungen, Auszüge aus den Urteilen sind zusätzlich 29 operative Mitarbeiter, 6 Schreibkräfte, 29 Dolmetscher, davon 25 Deutsche, erforderlich. 25 deutsche Dolmetscher und 15 Vertreter der Deutschen Demokratischen Republik sind entsprechend der Norm Nr. 2 aus dem Fond der Häftlinge zu verpflegen.

Das Gefängnis Bautzen ist samt Einrichtung entsprechend

den Inventarverzeichnissen dem Ministerium des Innern der Deutschen Demokratischen Republik in der Zeit vom 10. Februar bis zum 15. März zu übergeben. Das Sonderlager Nr. 1 (Sachsenhausen) und das Sonderlager Nr. 2 (Buchenwald) sind den Vertretern der Gruppe der sowjetischen Besatzungstruppen in Deutschland entsprechend den Inventarverzeichnissen in der Zeit vom 1. bis zum 15. März 1950 zu übergeben.

Von den zu Entlassenden sind 112 Schwerkranke den deutschen Vertretern zur Heilbehandlung in deutschen Krankenhäusern des Gesundheitswesens zu übergeben.

Entkräftete Gefangene, die der Entlassung unterliegen, sind bis zum Moment ihrer Entlassung nach der Krankenhausnorm zu verpflegen.

670 der zu entlassenden Personen, die an offener Tuberkulose erkrankt sind, sind von den Tuberkulosedispensaireeinrichtungen der deutschen Organe des Gesundheitswesens unter Kontrolle zu nehmen.

Auf den Konten der Banken befindliche finanzielle Mittel: 2 570 000,- Mark

Der Kostenanschlag, der noch nicht bestätigt wurde, ist von uns mit der Nr. 0085/1 am 4. Januar 1950 an den Chef der Finanzabteilung des Alliierten Sekretariats des Kontrollrats für Deutschland übermittelt worden.

Anmerkung: Von den zu entlassenden Personen reisen 382 zum ständigen Wohnort in die Westsektoren Berlins und 187 in die westlichen Besatzungszonen Deutschlands.

Stellv. des Leiters der Abteilung Sonderlager des MdI der UdSSR in Deutschland
Major
gez. Kasjulin

9. Januar 1950

(Materialien zur Pressekonferenz des Stellvertreters des Ministerpräsidenten und Ministers des Innern der DDR, Dr. Peter-Michael Diestel, Berlin, 26. September 1990.)

Armeegeneral Tschuikow
Brief an Walter Ulbricht

Berlin, den 14. Januar 1950

Geehrter Herr Ulbricht!

Ich habe die Ehre, Ihnen mitzuteilen, daß laut Beschluß der Regierung der UdSSR alle Internierungslager, die unter Kontrolle der sowjetischen Behörden in Deutschland standen – Buchenwald, Sachsenhausen und Bautzen –, liquidiert werden.

In bezug auf Personen, die laut Direktiven des Kontrollrats in den obengenannten Lagern interniert sind, sowie Personen, die für die von ihnen begangenen Verbrechen verurteilt worden sind, werden folgende Maßnahmen durchgeführt:

Aus den Lagern werden 15038 Personen entlassen, einschließlich der 5504 Personen, die früher von Kriegstribunalen zu verschiedenen Strafen verurteilt wurden.

Dem Ministerium des Innern werden 3432 Internierte übergeben zur Untersuchung ihrer verbrecherischen Tätigkeit und Aburteilung durch das Gericht der Deutschen Demokratischen Republik. Ebenso werden dem Innenministerium der Deutschen Demokratischen Republik 10513 Verhaftete zur Verbüßung ihrer Strafen übergeben, die für die von ihnen begangenen Verbrechen von Kriegstribunalen ausgesprochen worden sind.

In den Händen der sowjetischen Behörden verbleiben 649 Verbrecher, die besonders große, gegen die Sowjetunion gerichtete Verbrechen begangen haben.

Die Gebäude und Einrichtungen des Gefängnisses und Lagers Bautzen werden dem Ministerium des Innern zur Verfügung gestellt. Die Gebäude der Lager Buchenwald und Sachsenhausen werden den Sowjetischen Besatzungstruppen in Deutschland für wirtschaftliche und andere Hilfsdienste zur Verfügung gestellt.

Aufrichtigst Ihr
W. Tschuikow
Armeegeneral

(„Neues Deutschland“ vom 17. Januar 1950)

Walter Ulbricht
Brief an Armeegeneral Tschuikow

An den
Vorsitzenden der Sowjetischen Kontrollkommission
Herrn Armeegeneral Tschuikow
Berlin

Sehr geehrtert Herr Armeegeneral!

Im Namen der Provisorischen Regierung der Deutschen Demokratischen Republik danke ich Ihnen für Ihre Mitteilung vom 14. Januar d.J. über die Auflösung der Internierungslager. Die von Ihnen vorgeschlagenen Maßnahmen finden die volle Zustimmung der Regierung der Deutschen Demokratischen Republik.

Ich habe den Innenminister der Deutschen Demokratischen Republik, Herrn Dr. Steinhoff, ersucht, dafür Sorge zu tragen, daß den aus den Internierungslagern Entlassenen bei der Beschaffung von Arbeit und Unterkunft geholfen wird.

Die von den Kriegstribunalen verurteilten Verbrecher werden vom Ministerium des Innern übernommen zum Zwecke der Verbüßung ihrer gerechten Strafe.

W. Ulbricht
Stellvertreter des Ministerpräsidenten

(„Neues Deutschland" vom 17. Januar 1950)

Hans Marum: Das ist kein Konzentrationslager. Besuch in Sachsenhausen

Berlin (Eig.Ber.). Dem Mitarbeiter des „Neuen Deutschland" war es als einzigem Vertreter einer Zeitung möglich, gestern das Internierungslager Sachsenhausen in einem zweistündigen Rundgang zu besichtigen. Der Eindruck und die Überzeugung, die aus diesem Besuch gewonnen wurden, sind, daß dieses Lager mit dem ehemaligen nazistischen Konzentrationslager Sachsenhausen nur die Gebäude gemeinsam hat. Im übrigen unterscheidet es sich so grundlegend wie Tag und Nacht von der Stätte des Grauens und der Menschenvernichtung, die die Faschisten an dieser Stelle errichtet hatten.

Wir haben nicht nur mit einzelnen Gefangenen gesprochen. Unsere Unterhaltungen wurden mit ganzen Gruppen geführt, die uns umringten und die ohne jede Scheu ihre Auffassungen und Meinungen vertraten. Internierte, die vor der Freilassung stehen, und Strafgefangene leben ohne Trennung zusammen. Das bemerkenswerteste ist ihr Verhältnis zu den sowjetischen Wachmannschaften. Ohne Hemmung, ohne Strammstehen unterhalten sie sich mit ihnen, diskutieren, vertreten mit Vehemenz ihre Auffassungen. Wir haben keinen einzigen Gefangenen oder Internierten gesprochen, der nicht die Tatsache der absolut korrekten Behandlung durch die sowjetischen Soldaten und Offiziere bestätigt hätte. Mag die Hetzpresse noch so schreien: gerade die Internierungslager sind ein nicht wegzuleugnender Beweis der Humanität der Sowjetmenschen.

Dabei darf man nicht vergessen, daß sowohl Internierte als auch Strafgefangene ehemalige Nazis, HJ-Führer, SS-Männer und Werwölfe sind, die gemäß den Kontrollratsbeschlüssen in Sicherheitsverwahrung genommen wurden. Insbesondere unter den Jugendlichen sahen wir zahlreiche, die wegen Waffenbesitz zu mehreren Jahren Straflager verurteilt wurden.

Die Küche des Lagers wurde von einem Internierten geleitet, der früher Ortsgruppenleiter der NSDAP war. Feldscher im Lazarett ist ein ehemaliger SS-Mann. Im weiß überzogenen Krankenbett sahen wir einen Jungen, der einer illegalen Nazi-Organisation angehört hatte. Seine Mittelohrentzündung ist bereits im Abklingen.

Daß sich alle nach der Freiheit sehnen, ist verständlich. Daß den Internierten die Freiheit wiedergegeben wird, ist nicht nur ein Zeichen der Großmut der Sowjetunion, sondern auch ein Beweis für ihr Vertrauen in die sichere Entwicklung der Deutschen Demokratischen Republik.

Wie sieht es in Sachsenhausen aus? Dort, wo unter den Nazis der Appellplatz mit Galgen und Prügelbock stand, ist heute der Fußballplatz. Hinter dem Platz befinden sich die Küchen, in denen weißgekleidete Häftlinge gerade mit der Bereitung der Abendmahlzeit beschäftigt sind. Das gestrige Mittagessen bestand aus 60 Gramm Fleisch, 6,3 Gramm Butter, 4 Gramm Mehl, 550 Gramm Kartoffeln, 200 Gramm Sauerkohl und 50 Gramm Frischgemüse.

Nach der Kühe besuchten wir das Theater. Im Zimmer des Theaterleiters sahen wir selbstgefertigte Plakate, aus denen wir entnehmen konnten, daß „zum Goethe-Jahr" „Faust" aufgeführt wurde, daß eine Operette „Gaudeamus" über die Bühne ging, und daß das Ehrenburgsche Stück „Der Löwe auf dem Marktplatz" auf dem Repertoire stand. Im Ballettzimmer bereitete man sich zum täglichen Auftreten vor. Auch das Orchester, zur Zeit durch die Entlassungen nur noch aus 22 Mitgliedern bestehend, hat seinen eigenen Raum und eine einheitliche Kleidung, in der es auftritt.

Das Krankenhaus ist mit sämtlichen modernen Instrumenten und Apparaten ausgestattet. Laboratorium, Operationssal, Röntgen-Anlage, Apotheke, medizinische Bibliothek, alles steht den internierten Ärzten und Krankenpflegern zur Verfügung. Wöchentlich werden 3 – 4 Operationen durchgeführt. Penicillin gehört zu den gebräuchlichen Medikamenten. Auch die Tbc-Station sahen wir. Sie ist zur Zeit mit 55 Kranken durchaus nicht voll belegt, wie auch in den anderen Stationen die überwiegende Zahl der Betten leer steht. Unterernährte oder Menschen in Lumpen, wie sie vor noch nicht allzu langer Zeit die Straßen Berlins bevölkerten, sahen wir überhaupt nicht.

Jahrelang haben die Kriegshetzer mit diesen Menschen Schindluder getrieben, um ihre schmutzigen politischen Geschäfte zu machen. Opfer dieser Brunnenvergiftung soll das deutsche Volk sein, das man mit allen Mitteln gegen die Sowjetunion hetzen will. Daß man sich bei diesen falschen Mitleidskampagnen gerade der ehemaligen Hitler-Anhänger bedient, zeigt, wes Geistes Kind die Urheber sind. Die Freilassung der Internierten und der Augenschein des Lagers selbst zerschlagen endgültig die Hetze um die Internierungslager. Die

Kriegshetzer in Westberlin und ihre amerikanischen Hintermänner haben eine neue schwere Niederlage einstecken müssen.

Hans Marum

(„Neues Deutschland", 21. Januar 1950)

Der Konzentrationslager-Schwindel ist endgültig geplatzt. Ein Zeitungsbericht

Jahrelang hat die Presse der Kriegshetzer ihre ganze Wut und Verlogenheit auf die Internierungslager der sowjetischen Besatzungsmacht konzentriert, weil sie sich über die Ausschaltung derjenigen Kräfte ärgerte, die die Sache der Kriegshetze und der Refaschisierung hätten mit betreiben können. Jahrelang hat man von dieser Stelle aus „Berichte" über die Internierungslager gebracht, die von Verhältnissen „wie in nazistischen Konzentrationslagern" sprachen, weil man die Auflehnung des Rechtsgefühls der Menschen von den eigenen, tatsächlichen Schandtaten auf die Feindschaft gegen die friedliebende Sowjetunion ablenken wollte. Die Hintermänner dieser Kampagne verrieten sich allerdings durch ihre genaue Kenntnis der Nazimethoden, die sie nicht etwa als Opfer nazistischer KZs erlangt hatten.

Jetzt werden durch die Initiative unserer Partei und die Großzügigkeit der Sowjetunion die Internierten freigelassen und die Verurteilten zur Verbüßung ihrer Strafe den deutschen Behörden übergeben. Und was zeigt sich? Der KZ-Lager-Schwindel ist endgültig geplatzt – widerlegt von der Tatsache der korrekten Entlassung, von dem Aussehen und den Berichten der Internierten, vom ersten Blick durch die sich öffnenden Lagertore.

Welches sind die Tatsachen?

1. Um was für Menschen handelt es sich bei den Internierten? Es handelt sich um solche Menschen, die laut Direktiven des Kontrollrats interniert wurden, die entweder Straftaten gegen die sowjetische Besatzungsmacht verübt haben oder deren Sicherheit gefährdeten. Mit anderen Worten: es sind ehemalige Funktionäre der nazistischen Organisationen, SS-Angehörige,

HJ-Führer, Ortsgruppenleiter der NSDAP, und es sind solche Menschen, die wegen Waffenbesitzes, Anschlägen gegen die Besatzungsmacht, Mitgliedschaft in illegalen Organisationen verurteilt wurden.

Also: An der Berechtigung der Internierung kann kein Zweifel bestehen. Diejenigen, die für den Hitler-Krieg und das Unglück Deutschlands die Hauptverantwortung tragen, wurden bestraft und von der Öffentlichkeit isoliert. Nur dadurch war es möglich, jeden weiteren Versuch eines Anschlags von ihrer Seite unmöglich zu machen, den demokratischen Aufbau auf dem Gebiet der Deutschen Demokratischen Republik zu sichern, so wie es in den Potsdamer Beschlüssen verankert ist.

2. Wie sah es in den Internierungslagern aus, wie wurden die Internierten behandelt? Es sah nicht so aus wie in den Folter- und Todeslagern der Nazis, die als „KZs" grausam bekannt wurden. Es besteht überhaupt keine Verbindung dazu. Die Augenzeugenberichte und Bilddokumente, die wir auf dieser Seite veröffentlichen, geben ein anschauliches Bild davon, daß an den Lügenberichten der Westpresse kein Fünkchen Wahrheit ist.

Also: Die Internierungslager entsprachen nicht nur dem internationalen Recht, sondern waren erneut ein Beispiel sowjetischer Humanität.

Das sind die Tatsachen, die heute jedem sichtbar sind. Die Weltpresse ist so kleinlaut wie nie. Sie wird den 17. Januar nicht vergessen: sie kam an jenem Morgen in den Stall – und ihr bestes Pferd war weg.

Was zeigen diese Tatsachen zusammengenommen? Die Antisowjethetze mit den Interniertenlagern, so laut sie auch war, hat auf die Dauer nichts genützt. Die richtige Politik: sofortige Ausschaltung derjenigen, die der Demokratie und dem Frieden gefährlich werden konnten und schnellstmöglicher Aufbau einer demokratischen Ordnung hat soeben in der Auflösung der Interniertenlager erneut ihren Sieg dokumentiert. Trotz der Hetze der Westpresse sind die Kräfte des Friedens und der deutsch-sowjetischen Freundschaft in der Deutschen Demokratischen Republik so stark geworden, daß sie die Garantie für eine friedliche Entwicklung auch bei Freilassung der Internierten heute übernehmen können.

Heute, da die demokratische Ordnung gesichert ist, stellen diese Menschen keine Gefahr mehr dar. Sie werden als gleichberechtigte Bürger behandelt, sie sind willkommen bei dem Aufbauwerk unserer Republik. Die Wenigen, die aus der Vergangenheit nichts gelernt haben sollten, werden sehr schnell verspüren, daß die Sicherheitsorgane der Republik mit der Unterstützung der gesamten Bevölerung die geeigneten Maßnahmen gegen Störenfriede zu treffen verstehen.

Genau das ist es aber, was die westlichen Kriegshetzer in Wut versetzt. Und in dieser Wut können sie nicht verbergen, daß es ihnen gar nicht um die Entlassung der Internierten ging, über die sie sich doch jetzt mit uns freuen müßten. Sie zeigen, daß es ihnen nicht um „Menschlichkeit“, sondern um Propaganda ging. Propaganda gegen die Menschlichkeit, weil gegen den Frieden. So hat die geplatzte Lüge über die Internierungslager zur weiteren Demaskierung der Kriegshetzer beigetragen. Die Sowjetunion hat sich durch ihre großzügige Geste neue Freunde erworben. Die Friedensfreunde in Deutschland haben neue Kraft gewonnen. Die Wahrheit hat sich auch hier als stärker erwiesen.

anonym

(„Neues Deutschland“, 22. Januar 1950)

Räumung und Auflösung des „Internierungslagers“ Sachsenhausen. Ein Bericht

Ministerium des Innern
Landesbehörde der VP Brandenburg

Tätigkeitsbericht
als Verbindungsoffizier der LBdVP Brandenburg in Sachsenhausen

Beginn der Tätigkeit am 16. Januar 1950. Einführung durch den Chefinspekteur Herrn K<…> und Inspekteur K<…> beim Lagerkomandanten Oberstleutnant Kostjuchin. Anwesend waren von der HVdVP Inspekteur M<....> und VP-Oberrat R<....>, welche die Aufgabe hatten, die Entlassenen zu beobachten und den Entlassenen die näheren Instruktionen zu erteilen über einige praktische Fragen nach ihrer Entlassung. Entgegennahme der Auszüge aus den Strafakten bei Überführung in andere Strafakten. Abschluß und Entgegennahme der Akte bei Überführungen.

Meine Aufgabe bestand in der Außenkontrolle am Bahnhof. Mitteilung an die LBdVP. Kontrolle bei der Verladung von Strafgefangenen in den Transportzug. Organisierung der Verpflegung der Häftlinge, welche in Haftanstalten überführt werden sowie Entgegennahme von Wertsachen. Gleichzeitig als Dolmetscher zwischen den Offizieren des Lagers und Inspekteur M<....>.

Der Bahnhof wurde vom Revier Oranienburg durch 2 Kriminalbeamte und 2 VP-Angestellte in Zivil und einer in Uniform gesichert, um etwaige Provokationen daselbst zu verhindern.

Am 3. und 4. Tag der Entlassungen hatten sich ungefähr auf dem Bahnhof 60 Personen eingefunden, die ihre Angehörigen erwarteten. Nach mehreren Tagen wurden es immer weniger. Besondere Vorfälle waren keine.

Am 20. Januar 1950 war bei der Hauptverwaltung eine Arbeitsbesprechung bei der Hauptverwaltung Deutsche VP, die nicht ganz durchgeführt wurde, da ich den Auftrag erhielt, sofort nach Luckau zu fahren, um den G-W 100003 daselbst abzufangen, damit derselbe sofort mit anderen Zellenwagen von Sachsen und Thüringen bereinigt werden sollte zwecks Durchführung von größeren Gefangenentransporten wegen Räumung der Strafanstalt Torgau.

Beide Gefangenenzellenwagen 10003 und 100038 werden hierfür eingesetzt. Aus den VP-Haftanstalten sind vorläufig keine Häftlinge zu entlassen, nur bei äußerst wichtigen Terminen und dann im Einzeltransport. Strafvollzugsamt wurde benachrichtigt.

Nacht vom 21. zum 22. Januar 1950.

Luckau und Cottbus erhalten den Auftrag, am 23. Januar einen Transport zu sichern, da 120 Häftlinge nach Cottbus überführt werden und 125 Häftlinge nach Görlitz. Anwesend war Kreispolizeiamtsleiter, Leiter der Schupo und 2 Sachbearbeiter.

Am 23. Januar wurde Luckau verständigt, daß am 23. von Luckau ein Transport von 30 Häftlingen nach Görlitz und 220 Häftlinge nach Bautzen durchgeführt werden. Nach Rücksprache mit dem Leiter der Schupo wurde der VP-Kommandant B<....> als Transportoffizier eingesetzt.

Am 18. Januar 1950 Meldung an die HVdVP und LBdVP Brandenburg – Inspekteur K<....>, daß von unseren Freunden ein Gefangenentransportzug von 40 Wagen für uns zur Verfügung steht. Mängel: teilweise keine Öfen, Pritschen, Fenstervergitterung teilweise schadhaft, Abortkübel, Führungskohle[7] und Holz und Lampen müssen besorgt werden, Eßgeschirr für Häftlinge.

2. Transportpersonal, Anzahl des Personals, Hunde, Verteilung der Wagen für Transportmannschaften (3 Wagen), Wintermantel für Posten, Taschenlampen.

3. Verpflegung für Häftlinge und Mannschaft warmen Kaffee, warmes Essen am Bestimmungsort. Wer schafft Verpflegung heran. Intendantur.

18. Januar 1950

Bei den Entlassenen treten folgende Fragen auf: Personen, die 1945 und 1946 verhaftet wurden, lebten damals in den Gebieten der heutigen Volksdemokratischen Republik Polen. Anweisung eines ständigen Wohnsitzes. Unter Berücksichtigung ihres Berufes weisen wir ihnen von uns aus einen ständigen Wohnsitz an.

Der Vertreter des Sekretärs im Innenministerium, Herr G<....>, der um 11.00 Uhr eine Kontrolle vornahm, war mit diesen Maßnahmen einverstanden. Im Zweifelsfalle sollen die Betroffenen an das Ministerium für Arbeit und Sozialwesen in Berlin, Dorotheenstraße, verwiesen werden oder sofortiger Anruf an das Innenministerium der DDR unter Nr. Herrn G<....> und Tel. Herrn Warnke.

Um 13.00 Uhr machte ein Vertreter des Berliner Rundfunks, der eine Bescheinigung des Innenministeriums hatte, verschiedene Gesprächsaufnahmen mit dem Mikrofon von Internierten, die zur Entlassung kamen. Der Journalist Marun vom „Neuen Deutschland“ und von der „Täglichen Rundschau“, die ebenfalls einen gültigen Ausweis des Staatssekretärs der Regierung der DDR vorwiesen, hatten verschiedene Gespräche mit Internierten.

19. Januar 1950

Das Mitglied der Volkskammer, Abgeordneter N<....>, CDU, und der Redakteur Dr. F<....> von „Neue Zeit“ sahen sich die Abwicklung der Entlassung an und interviewten Internierte. Ein Vertreter der „Berliner Illustrierten“ mußte abgewiesen werden, da er keinen Ausweis hatte. Er wurde an den Staatssekretär des Innenministeriums verwiesen.

Am 20. Januar 1950. Vertreter der DEFA-Film und der Berliner Illustrierten machten Aufnahmen über die Abfertigung und Entlassungen der Internierten.

23. und 24. Januar 1950 wurden Reparaturen zur Instandsetzung des Gefangenen-Transportzuges vorgenommen.

Die Anträge auf Ausstellung von Interzonenpässen konnten wieder zurückgegeben werden, da die Internierten davon keinen Gebrauch machen wollen, um einem weiteren Verbleiben im Lager auch nur für etliche Tage zu entgehen.

Der erste Transport geht am 25. Januar 1950. Der Kreispolizeiamtsleiter stellt 50 Mann und 4 Hunde, um die Sicherung des Transportes vom Lager zum Gefangenentransportzug auf der Wegstrecke zu übernehmen. Chefinspekteur M<....> von der HVdVP überzeugte sich persönlich über den Zutand des Transportzuges. Auf seine Anordnung hin sollen die Begleitmannschaften mit warmer Winterbekleidung versorgt werden. Am 25. Januar 1950 Sicherung der Straße zum Transportzug ist gut, sogar übersichtlich, so daß für den nächsten Transport etwas weniger eingesetzt werden kann. Die Häftlinge werden mit 2 Autobussen und einem Lastwagen transportiert. In jedem Wagen haben 2 VP-Angestellte die Sicherung der Türen, desgleichen sind auf dem Lastwagen 2 VP-Angestellte. Die Fahrer sind ebenfalls VP-Angestellte. Während der Fahrt ist im Konvoi von 2 Volkswagen, die den Transport gleichfalls sichern. Die Verladung überwacht ein VP-Hauptwachtmeister aus Bernau, der die Häftlinge abzählt und bei jedem Transport die Zahl im Wachtbuch des Lagers einträgt, gleichzeitig zählt der Dejeuner[8] des Lagers. Nach anfänglicher Überwindung einer Unsicherheit geht die Verladung ohne Reibung vor sich. Herr Chefinspekteur M<....> der HVdVP überzeugte sich persönlich von der Verladung. Kohle und Holz zur Beheizung des Zuges wurden vom Lager zur Verfügung gestellt. Desgleichen war Pelzkleidung für das Zugpersonal angekommen, ebenso ein Feldtelefon, um während der Fahrt eine Verständigung von Mannschaftswagen zu Mannschaftswagen zu ermöglichen.

Die Häftlinge bekommen für einen Tag Verpflegung in die Hand, desgleichen eine Matratze und Decke. Desgleichen wird im Zuge noch für 2 Tage Verpflegung für die Häftlinge mitgegeben.

Während am ersten Tage des Transportes die Akten zum Nachmittag des Tages nicht immer gleich zur Hand waren und sich die Sache in die Länge zog, klappte die Abwicklung der anderen Transporte außerordentlich gut. Beanstandungen gab es nur in der ersten Zeit mit der ungehinderten Überführung des Transportzuges an seinen Bestimmungsort und zurück, welches sich nicht gerade günstig auf die Begleitmannschaften auswirkte. Es trat eine Besserung ein, nachdem sich die HVdVP mit der Reichsbahndirektion auseinandergesetzt hatte. Die Stimmung des Begleitpersonals kann als gut bezeichnet werden. Sie war einsatzfreudig. Die Verpflegung war durch Zusätzliches durch Chefinspekteur E<....> ausreichend und gab zu keiner Klage Anlaß.

Jeder Transport wurde aktenkundig gemacht durch die Lagerleitung und die Vertreter der Hauptverwaltung, Inspekteur M<....> und Oberrat R<....>. Die Strafaktenauszüge in deutscher Sprache wurden im Beisein der Häftlinge durch die Vertreter der Hauptverwaltung überprüft, vorgekommene Fehler berichtigt. Am Schluß der Verladung wurden die Strafauszüge dem Transportleiter VP-Kommissar G<....> übergeben und die Zahl der Häftlinge, die aus dem Lager zum Zuge überführt wurden, mit der der Verladenen überprüft. Erst dann, nachdem die Zahlen übereinstimmten, konnte der Zug abgelassen werden.

Bei 6 Transporten wurden 5.554 Strafgefangene und Internierte und 27 Kinder in andere Strafanstalten überführt. In 22 Tagen wurden 6.702 Internierte freigelassen. Hierzu sind nicht gerechnet die Kranken, die entlassen wurden.

Am 16. Februar 1950 gilt das Internierungslager als vollkommen geräumt.

(folgt Tabelle mit Zuteilungen an Roggenbrot, Wurst, Butter, Zucker, Salz, Kaffee, Machorka, Tabak, Zigaretten für die Transportverpflegung und Tabelle mit zahlenmäßiger Aufgliederung der Transporte und Entlassungen.)

7. Die Zusammenarbeit mit der Lagerleitung, dem Kommandanten und seinen Mitarbeitern war eine sehr gute. Der Wirtschaftsoffizier Kapitän B<....> konnte uns so manchen Tip geben, was für die Strafanstalten im Lager noch faßbar ist, wie 1 000 t Kartoffeln, rote Rüben, Sauerkohl, Mohrrüben, 60 t alte Kleider, Jacken, Hosen, Unterwäsche, teils gut, teils reparaturbedürftig, teils als Flickzeug verwertbar. Desgleichen Medikamente, Traktoren und Anhänger, Lastkraftwagen und Personenwagen sowie Nähmaschinen. Dieses wurde der Hauptverwaltung durch den verantwortlichen VP-Oberrat G<...> mitgeteilt.

An 2 Tagen, wo nichts zu erledigen war, sind Kontrollen der VP-Haftanstalten am 15. Februar 1950 in Eberswalde und am 17. Februar 1950 in Frankfurt/Oder durchgeführt. Berichte sind gesondert gemacht.

Unterschrift
G<....>
VP-Oberrat
ohne Datum

(Brandenburgisches Landeshauptarchiv Potsdam, Bestand 203)

Materialübernahme durch die Volkspolizei. Ein Bericht

Hauptabteilung HS
Berlin, den 27. Februar 1950
Ma./Mi.-

Betr.: Materialübernahmeaktion Sachsenhausen

Auftragsgemäß wurde am 21. Februar 1950 mit dem Oberpolizeirat R<....> und dem Leiter der Wirtschaftsabteilung des Internierungslagers Kapitän Babitzka das zu übernehmende Material besichtigt.

Es handelt sich dabei um alte Sachen, welche als Lumpen bezeichnet werden und bestehen aus alten Zivilkleidungsstücken wie Wäsche. Diese Kategorie wurde nach Gewicht angeboten.

2. Lederlumpen, bestehend aus alten Schuhen, z. T. mit Sohlen, z. T. ohne Sohlen, welche zu Reparaturzwecken für andere Schuhe verwendet werden können.

3. Neue Sachen wie Stoffballen in großer Anzahl, Herren- und Damenstoffe, Futterstoffe, Dekorationsstoffe, Herrenstiefel, Nähgarne, Gummiplatten, welche als Sohlen verwandt werden können. Sohlenleder in größerer Menge. Dazu Teckse, Nägel. 440 000 Stück Schnürsenkel weiß, bestehend aus Gardinenschnüren. Eine Unmasse Riemenzeug von ehemaligen Militärsachen, bestehend aus Leder.

4. Gebrauchte Sachen wie Zivilkleidungsstücke, reparierte Schuhe, Filzstiefel, welche zum Postenstehen verwandt werden können. Gebrauchte Wäsche, Unterkleidung wie Bettbezüge.

Am 24. Februar 1950 wurden geladen 3 Waggons, davon 2 Waggons Lederlumpen (alte Schuhe). Ladegewicht 16.670 Kilo. 1 Waggon Stofflumpen, teilweise alte Kleidungsstücke Ladegewicht 9.120 Kilo.

2 Waggons Lederlumpen Torgau,
1 Waggon Stofflumpen Hoheneck.

Am 25. Februar 1950 = 5 Waggons

1 Waggon Lederlumpen, Gewicht 8.8000 Kilo nach Torgau,

4 Waggons Lumpen, z.T. alte Kleidung, nach Hoheneck

Dazu kommen 10 Nähmaschinen im gebrauchsfähigen Zustand:

5 Phönix
2 Singer
1 Viktoria
1 Pfaff
1 Anker
1 Nähmaschine im schlechten Zustand
110 Schneider-Nähmaschinenköpfe, z.T. defekt
11 Schuhmacher-Nähmaschinenköpfe defekt
9 Unterteile gebrauchsfähig
11 Holzgestelle gebrauchsfähig

26. Februar 1950 = 5 Waggons insgesamt

2 Waggons Torgau
650 Esschüsseln in brauchbarem Zustand
500 Kochgeschirre
500 Feldflaschen
680 Waschschüsseln
285 Essenkübel
180 Portionskellen
40 Wannen (Geschirrspülen)
20 Durchschläge
20 Bratpfannen
3 Mischwannen
1 Dezimalwaage defekt
1 Waggon Untermaßfeld: 245 Matratzen, 35 Keilkissen
2 Waggons Hoheneck: 195 Matratzen, 1.000 Kopfkissen, getragene Oberbekleidung, Decken, Strohsäcke, gebrauchte Bettwäsche (wird als Lumpen verrechnet).

27. Februar 1950: Konnten keine Waggons geladen werden, da die Reichsbahn auf Grund von Witterungsverhältnissen keine Waggons stellen konnte.

Es wurden übernommen:[9]

10 Traktoren, gem. der gegebenen Aufstellung,
10 Anhänger, teils Vollgummi-, teils Luftreifen,

5 LKW, davon 2 Holzgas, 1 Büssing, 1 Mercedes in gutem Zustand,
1 Diesel (Büssing) 5 To ohne Düsen,
1 Diesel MAN,
1 Krupp-Benzin-Opelmotor 3 1/2 To,
3 PKW nicht fahrbereit, davon 1 PKW 5fach bereift, ohne Batterie.

Vermerk: In einer Unterredung mit obigem Datum, anwesend Kap. Babitzka, Oberstleutnant Kostokin, Oberst Sokolow wurde die Frage aufgeworfen, warum nicht alles übernommen wird. Der Unterzeichnete wies darauf hin, daß die angebotenen Stoffballen minderer Qualität sind und für die Volkspolizei nicht zu verwenden. Es wurde darauf hingewiesen, daß nur noch solche Sachen übernommen werden, welche die Volkspolizei in ihrer eigenen Verwaltung verwenden kann.

1. Getragene, aber im gebrauchsfähigen Zustand Schuhe, Stiefel und Materialien wie Gummi und Leder und andere zu Reparaturzwecken verwendbare Materialien.

An neuen Sachen: Stiefel, Bettwäsche, Unterwäsche, 10000 m Futterstoffe und Dekorationsstoffe.

Es wurde darauf VP-Inspekteur G<....> angerufen zwecks Teilnahme an der Besprechung. Da anderweitig beschäftigt, konnte derselbe nicht in Sachsenhausen erscheinen.

Zur Übernahme stehen noch zur Verfügung 17 Milchkühe, 3 Pferde, einige Schweine. Ihre Übernahme soll durch das Kreispolizeiamt Bernau in Verbindung mit einem Bauern geregelt werden. Es muß darauf hingewiesen werden, daß die Übernahmeaktion beschleunigt werden muß, da andere Einheiten einrücken und dieselben gleichfalls laufend Inventar übernehmen. Dadurch gehen wertvolle Materialien verloren. Die Traktoren und die PKW wie Anhänger wurden in der MAS Oranienburg untergestellt. Für ihre Abholung muß unbedingt Sorge getragen werden, da keine unbedingte Sicherheit ist, daß nicht dieses oder jenes Stück entwendet wird.

M<....>
Unterschrift
Volkspolizei-Inspekteur

(Bundesarchiv, Abteilungen Potsdam, Bestand 102)

Anmerkungen

1 Ministerium des Innern
2 Das Dokument lag nicht bei.
3 nicht ermittelt
4 Das Dokument lag nicht bei.
5 Ministerium für Staatssicherheit
6 Hauptverwaltung der Lager
7 offenbar Schreibfehler im Manuskript, muß richtig Feuerungskohle heißen
8 offenbar Hörfehler: russ. djeshurnyi = Diensthabender des NKWD für das Lager
9 handschriftlicher Vermerk am Rande: bei MAS Oranienburg

Im Theatergebäude (Klub) in der Vorzone des Lagers wurden die Entlassungsformalitäten erledigt. Die Entlassenen wurden mit Bussen zum Bahnhof gebracht.

Die Entlassenen wurden neu eingekleidet und erhielten Reisegeld. (Offizielle, seinerzeit veröffentlichte Fotos der DDR-Nachrichtenagentur ADN)

Letzte Essenausgabe: dies Foto wurde seinerzeit nicht veröffentlicht, vermutlich, weil darauf der „umfunktionierte“ Essen-Müll-Kübel zu sehen war.

VII. Studien

Gerhart Hass
Der Werwolf 1944/45 – Propaganda und Realität

Im Herbst 1944 begannen oberste Dienststellen der NSDAP und der SS unter der Führung des Leiters der Parteikanzlei Martin Bormann und des Reichsführers-SS Heinrich Himmler, eine als „Werwolf" bezeichnetet Terrororganisation aufzubauen. Diese sollte in den von amerikanischen, britischen, französischen, sowjetischen und anderen alliierten Truppen besetzten Gebieten Deutschlands mittels schnell aus dem Hinterhalt auftauchender Partisanentrupps operieren.

Die Bezeichnung „Werwolf" hatte mehrere Wurzeln. Dazu gehörten vorzeitliche und abergläubisch-mittelalterliche Vorstellungen von einem Mann, der sich durch Zauberei zeitweise in einen Wolf verwandeln und dessen Stärke und Mordlust erhalten könne. Auch kann davon ausgegangen werden, daß der Roman „Der Werwolf" von Hermann Löns, der 1910 erschienen war und den Kampf von feindlichen Besatzern Unterdrückter schilderte, bei der Begriffsfindung Pate gestanden hat. Schließlich waren Himmler und Bormann, ebenso wie Hitler, der Gedankenwelt mystizistischer germanischer Vorzeitkults verbunden, was auch in ihrer Wahl für Decknamen im Kriege zum Ausdruck kam.[1]

Für die Taten des Werwolfs, der im Vergleich zu anderen Organisationen, wie dem zur gleichen Zeit aufgestellten „Volkssturm", keine große Bedeutung für den Kampf in den letzten Kriegsmonaten hatte, büßten nach dem Kriege viele, vor allem junge Menschen. Zur Bewertung und zum Erkennen der Umstände, die zu der großen Überschätzung des Werwolfs in der ersten Nachkriegszeit führten, bedarf es einer Analyse der Situation, in der der Werwolf entstand.

Am 29. Februar 1945 sprach Joseph Goebbels – der Reichsminister für Volksaufklärung und Propaganda, Reichspropagandaleiter der NSDAP, Gauleiter und Reichsverteidigungskommissar von Berlin und seit dem 25. Juli 1944 auch noch Reichsbevollmächtigter für den totalen Kriegseinsatz – über den Rundfunk zum deutschen Volk. Die Kriegslage habe „eine jähe Veränderung erfahren, und zwar zu unseren Ungunsten", gestand er ein, die Situation sei „ausgesprochen bedrückend". Aus dieser realistisch anmutenden Einschätzung der Lage zog Goebbels jedoch nicht den Schluß, der Krieg müsse schnellstens beendet werden, sondern forderte zum Durchhalten auf. Schließlich verstieg er sich zu der Tirade, daß „unsere Seite am Ende den Sieg davontragen wird".[2] Für eine solche Sicht bot die tatsächliche Lage keine Anhaltspunkte.

Deutschland stand im Frühjahr 1945 kurz vor der Niederlage. Truppen der 1. Weißrussischen Front der Sowjetarmee hatten am 30. Januar zwischen Küstrin und Frankfurt die Oder erreicht. Ende Februar war Schlesien in der Hand der Roten Armee. Von der Oder und von Schlesien aus begann Mitte April der Sturm auf Berlin, das am 1. Februar zum „Verteidigungsbereich" erklärt wurde.

Im Westen Deutschlands drangen im Februar britische, amerikanische, kanadische und andere Truppen über die Reichsgrenze vor, nahmen am 7. März Köln und setzten am gleichen Tage bei Remagen über den Rhein. Unter den Luftangriffen der Bomberverbände versanken in den letzten Kriegsmonaten noch viele deutsche Städte in Schutt und Asche.

In Jalta beschlossen vom 4. bis 12. Februar Churchill, Roosevelt und Stalin, nur eine bedingungslose Kapitulation Deutschlands anzunehmen, den – wie es wörtlich hieß – „deutschen Militarismus und Nazismus zu vernichten", das gesamte Land zu besetzen und von alliierten Militärregierungen zu verwalten.

In Deutschland fehlte es im Frühjahr 1945 an allem. Die Produktion, einschließlich der Rüstungsfertigung sank rapide. Albert Speer, Reichsminister für Rüstung und Kriegsproduktion, erklärte am 22. März, selbst die auf 10 bis 15 Prozent der Produktion von März 1944 gefallenen Rohstahlmengen könnten nicht mehr verarbeitet werden, weil die Transportverhältnisse katastrophal seien. Die Munitions- und Waffenherstellung war im März 1945 im Vergleich zum Vorjahr auf über die Hälfte gesunken. Am 15. Februar erfolgte eine allgemeine Kürzung der Lebensmittelrationen um 25 Prozent und ab 1. April um 35 Prozent.[3]

Die deutsche Führung war jedoch nicht gewillt, die Konsequenzen aus der Kriegslage zu ziehen und zu kapitulieren. Diese Haltung resultierte einerseits aus der Angst, für die vielfältigen Verbrechen – die Völkermorde an Juden, Roma und Sinti, die Massenmorde an Kriegsgefangenen, Zwangsarbeitern und Partisanen, die Geiselerschießungen, die Unrechtsurteile gegen Kriegsgegner und Antifaschisten usw zur Verantwortung gezogen zu werden. Andererseits hoffte sie auf ein „Wunder", ein baldiges Auseinanderbrechen der Koalition der Westmächte und der Sowjetunion, das es ihr ermöglichen würde, der Niederlage zu entgehen. Alle diese, noch für hunderttausende Menschen beiderseits der Fronten tödliche Illusionen veranlaßten die Hitlerführung, immer neue grausame Pläne für das „Durchhalten" zu schmieden.

Nach der Invasion der Westalliierten in Frankreich und dem mißlungenen Attentat auf Hitler am 20. Juli 1944 wurden auf höchster Ebene forcierte Maßnahmen ergriffen, um einem Vormarsch der Alliierten nach Deutschland von Osten und Westen zu begegnen. Führend waren dabei Bormann und Himmler, der auch Reichsinnenminister war und am 20. Juli zusätzlich zum Befehlshaber des Ersatzheeres ernannt wurde, Goebbels und das Oberkommando der Wehrmacht unter Generalfeldmarschall Keitel und Generaloberst Jodl. Im Vordergrund stand das Bemühen, die riesigen Menschenverluste der Wehrmacht zu ersetzen und die kriegswichtige Produktion zu sichern. Dafür mußten Jungen, Mädchen, Frauen und nicht wehrfähige Männer in den Munitionsfabriken schuften oder Schanzarbeiten leisten. Der Jahrgang 1928 wurde ab November 1944 zum Reichsarbeitsdienst einberufen und im Februar 1945 wurden Angehörige des Jahrgangs 1929 Luftwaffen- und Marinehelfer. Am 7. Februar rief Reichsjugendführer Artur Axmann alle Jungen und

Mädchen auf, sich freiwillig zum Kriegsdienst zu melden. Hitlerjungen, zumeist 14 bis 16jährig, wurden in Panzernahkampftrupps an „Panzerfaust“ und „Panzerschreck“ ausgebildet.

Kernstück des totalen Kriegseinsatzes wurde im Herbst 1944 der Volkssturm. Die Federführung bei der Bildung dieses letzten deutschen Aufgebots hatte die Parteikanzlei unter Bormann. Die Gau-, Kreis- und Ortsgruppenleiter der NSDAP waren für die Einberufung, die Aufstellung der Gruppen, Züge, Kompanien und Bataillone und die Einsetzung der Führungskräfte verantwortlich. Himmler oblag in seiner Eigenschaft des Befehlshabers des Ersatzheeres die militärische Organisation, Ausbildung, Bewaffnung und der Kampfeinsatz. Alle wehrfähigen Männer von 16 bis 60 Jahren hatten nach einem Erlaß Hitlers vom 25. September 1944 im Volkssturm zu dienen.

Was von den Volkssturmmännern erwartet wurde, machte Himmler am 18. Oktober klar, als er in Bartenstein (Ostpreußen) vor einer gerade formierten Volkssturmeinheit sprach: „Unsere Gegner müssen begreifen lernen, jeder Kilometer, den sie in unser Land vordringen wollen, wird Ströme ihres Blutes kosten. Jeder Häuserblock einer Stadt, jedes Dorf, jedes Gehöft, jeder Graben, jeder Busch, jeder Wald wird von Männern, Knaben, Greisen und – wenn es sein muß, – von Frauen und Mädchen verteidigt.“[4]

Während der Volkssturm mit der Wehrmacht und der SS an der Front gegen die heranrückenden Truppen der Staaten der Antihitlerkoalition kämpfen sollte, hatte der Werwolf die Aufgabe, dies hinter der Front, in den bereits besetzten Gebieten zu tun.

Entstehung des Werwolfs

Die deutschen Truppen und Besatzungsbehörden hatten in Belorußland, der Ukraine und Rußland, in Jugoslawien, Griechenland, Frankreich und anderen besetzten Staaten seit 1941 bittere Erfahrungen im Kampf gegen Partisanen gemacht. Besonders in den besetzten Gebieten der Sowjetunion und Jugoslawiens nahmen die Kämpfe gegen die oft gut ausgerüsteten, militärisch straff geführten Partisanenarmeen und -verbände das Ausmaß von Schlachten mit strategischer Bedeutung an. Die Notwendigkeit, die Nachschubwege und Nachrichtenverbindungen gegen Anschläge der Partisanen zu sichern, und das – nie gelungene – Bemühen, die Existenz einer Partisanenherrschaft in großen befreiten Gebieten zu unterdrücken, band zehntausende deutscher Soldaten, die an den Fronten fehlten. Zunehmend wurden ab 1943 die besetzten Räume für Deutsche zu unsicheren, lebensgefährlichen Gebieten.

Als sich die alliierten Truppen von Westen und Osten im Herbst 1944 der Reichsgrenze näherten, begann man deutscherseits, sich mit der Schaffung einer Partisanenorganisation zu beschäftigen. General Edmund Glaises von Horstenau, als Deutscher Bevollmächtigter General in Kroatien mit dem Kampf der jugoslawischen Partisanen unter Tito bestens vertraut, sprach im Führerhauptquartier „Wolfsschanze" in Ostpreußen Mitte September mit Himmler, Keitel und Jodl. Er notierte in sein Tagebuch: „Schließlich spukte der Partisanenkrieg, den Deutschland führen soll, irgendwie in den verschiedensten Köpfen. Natürlich ein verbrecherisches Beginnen. Denn ein Partisanenkrieg bedarf starken materiellen und moralischen Rückhalts, wie zum Beispiel der Titos in Kroatien. Ein deutscher Partisanenkrieg würde eines solchen in jeder Hinsicht entbehren."[5]

Solchen realistischen Einsichten waren die Organisatoren des Werwolfs jedoch nicht zugänglich. Die Ämter Bormanns und Himmlers begannen zusammen mit der Wehrmachtsführung ab September 1944, den Werwolf aufzustellen. An die Spitze beorderten Bormann und Himmler den SS-Gruppenführer und General der Polizei Hans-Adolf Prützmann. Der im Jahre 1901 in Tolkemit (Ostpreußen) geborene Landwirt, den Glaises von Horstenau als „alkoholfröhlich" bezeichnet hat,[6] war 1929 der NSDAP und 1930 der SS beigetreten und wirkte als Senator in Hamburg. Im Kriege erwies er sich als Höherer SS- und Polizeiführer Rußland-Nord, ab November 1941 in Rußland-Süd und ab Oktober 1943 als Höchster SS- und Polizeiführer im Reichskommissariat Ukraine beim Kampf gegen russische und ukrainische Partisanen als besonders brutal. Nach der Rückeroberung der Ukraine durch die Sowjettruppen war Prützmann ohne Aufgabe. Am 19. September 1944 berief ihn Himmler mit dem Titel „Generalinspekteur für Spezialabwehr beim Reichsführer-SS“ zum Chef des Werwolfs.[7]

Prützmanns Dienststelle befand sich in einem Sonderzug der Deutschen Reichsbahn, der von November 1944 bis Ende Januar 1945 auf einem Fahrgleis einer stillgelegten Ziegelei südöstlich von Berlin bei Königs Wusterhausen stand. Von dort rollte er zu einer Kiesgrube bei Rheinsberg nördlich von Berlin, von wo er im März 1945 in Richtung „Alpenfestung“ nach Bayern abfuhr. Endstation des Kommandozuges war Germering bei Passing im Südosten Münchens. Der Rest des Werwolf-Stabes gelangte mit Kraftfahrzeugen nach Maishofen bei Zell am See. Prützmann selbst verließ in Rheinsberg den Zug, begab sich zu Himmler und begleitete diesen am 24. April zu Geheimgesprächen mit Folke Graf Bernadotte nach Lübeck. Am 21. Mai 1945 beging er in britischer Gefangenschaft in Lüneberg mit einer Zyankalikapsel Selbstmord.

In Kampfschulen von SS-Jagdverbänden – in Neutstrelitz, Lübecke bei Osnabrück, Eltville und Martinsthal bei Wiesbaden, auf Schloß Hülchrath bei Grevenbroich und in der Werwolf-Schule Gatow im Westen Berlins – wurden im Winter 1944/45 Führer von Werwolftrupps für den Untergrundkampf ausgebildet.

Im Ergebnis der Absprachen zwischen Bormann, Himmler und der Wehrmachtsführung erließ der stellvertretende Chef des Generalstabs des Heeres, General der Panzertruppen Walther Wenck, – als Befehlshaber der 12. Armee trieb Wenck bei dem aussichtslosen Versuch, Berlin Ende April zu entsetzen, noch tausende, vor allem junge Soldaten in den Tod – am 6. Februar einen Befehl über Einsatz, Versorgung und Unterstützung des Werwolfs, chiffriert „W-Organisation“ genannt. Darin hieß es, der Einsatz erfolge „nur auf deutschem Boden“ und im Einvernehmen mit der Wehrmacht und in „Abstimmung mit hinter der feindlichen Front eingesetzten anderen Verbänden (SS-Jagdverbände, Funkaufklärungskommandos und Strafkommandos)“. Die Versorgung der W-Verbände habe durch die Heeresgruppen und Armeen zu erfolgen. Sie hätten auch den erforderlichen

Geheimschutz für die „W-Männer in Zivil und Uniform“ zu geben sowie deren Bewegungsfreiheit „beim Hinüberwechseln durch die eigenen Linien zum Feind und bei der Rückkehr“ zu gewährleisten.[8]

Die innere Funktion des Werwolfs

Die Offensiven der Sowjetarmee und der Westalliierten setzten Deutschland im Frühjahr 1945 unter Zeitdruck, so daß es nicht mehr gelang, den Werwolf dem Volkssturm organisatorisch vergleichbar aufzubauen. Hinzu kamen Momente, die die Naziführung nicht erwartet hatte, und die die Basis des Werwolfs einengten, wenn nicht sogar in Frage stellten: Im Westen leisteten die Truppen der Wehrmacht nur zögerlich Widerstand. Die Volkssturmmänner warfen möglichst bald die Waffen weg. Die Bevölkerung hißte weiße Fahnen. Mit Ausnahme weniger Einzelaktionen fanatischer Nazis und Militärs war nichts vom „Widerstand um jeden Preis“, vom „stoischen Heroismus“ und „eisernem Willen zum Durchhalten“ zu spüren, den Goebbels forderte.[9]

Im Osten gelang es der Naziführung, Millionen zur Flucht zu veranlassen, wobei auch Zwang ausgeübt wurde. Die Angst vor der Roten Armee, deren Taten beim Betreten deutschen Bodens diese noch vermehrten, erstickte jeden Widerstand der Bevölkerung gegen den Weggang aus der Heimat. Mit der Entvölkerung der Ostgebiete von Deutschen verschwand aber auch die Basis für den Werwolf. Das dürfte auch der Grund gewesen sein, weshalb Himmler und Prützmann die am 23. Januar 1945 verfaßten „Vorschläge zum Aufbau einer Widerstandsbewegung in den von den Bolschewisten besetzten deutschen Ostgebieten“ unbeachtet ließen.[10]

Im Westen stießen alle Anordnungen der Nazibehörden zur Evakuierung auf einen solchen Widerstand, daß die Bevölkerung in ihrer Heimat blieb. Bitter beklagte sich Goebbels, die Bevölkerung verhalte sich gegenüber den Truppen der Westmächte „günstig“ und begrüße sie mit Blumen; insgesamt habe sie sich „außerordentlich feige und unterwürfig gezeigt“. Goebbels schlußfolgerte daraus: „Gegen eine solche Entwicklung kann man nur durch Werwolf-Gesinnung ankommen."[11]

Diesem Verhalten der deutschen Bevölkerung, die auch im Osten weiße Fahnen heraushing, begegnete die Naziführung mit verschärftem Terror. Am 15. Februar 1945 wurden Standgerichte eingesetzt, die gegen alle, die sich weigerten, den Krieg fortzusetzen, Todesurteile zu sprechen und sofort zu vollstrekken hatten. In einer parteiinternen Begründung schrieb Bormann: „Wer nicht für sein Volk zu kämpfen bereit ist, sondern ihm in ernstester Stunde in den Rücken fällt, ist nicht wert, weiter zu leben und muß dem Henker verfallen."[12]

In den bereits besetzten Gebieten Deutschlands wurde den Werwolftrupps neben der Aufgabe, Diversionsakte zu verüben, übertragen, Meuchelmorde an Deutschen zu begehen, die nicht gegen die Besatzungsmächte kämpften, sondern mit ihnen zusammenarbeiteten. Dazu bedurfte es nach der Meinung von Bormann und Goebbels sowie der Hitlerjugendführung unter Artur Axmann keiner gezielten Ausbildung, wie sie die von Prützmann organisierten Trupps erhielten. Angesichts der schnellen Besetzung ganz Deutschlands sollte für den „Kampf bis zum Letzten" ebenso schnell eine Werwolf-Bewegung aus Hitlerjungen, BDM-Mädchen, Frauen und Greisen ins Leben gerufen werden. Diese Aufgabe konnte der zentrale Stab unter Prützmann nicht mehr leisten, weshalb nun die Gau-, Kreis- und Ortsgruppenleiter der NSDAP in ihrem Territorium diesen Werwolf – manche Historiker sprechen von einem „zweiten" Werwolf – aufstellten. Er sollte schnellstens Erfolge aufweisen, die eigene Bevölkerung durch Morde und Drohungen von der Aufgabe des Kampfes abhalten, die „Kollaborateure" im besetzten Gebiet richten und die alliierten Truppen verunsichern.

Diese Ziele wollte Goebbels mit Himmler abstimmen, als er ihn am 7. März aufsuchte. Himmler hatte sein Hauptquartier bei Prenzlau verlassen und sich wegen einer Grippe nach Lychen in das Sanatorium Hohenlychen seines Leibarztes Dr. Gebhardt begeben. Goebbels beklagte sich, daß Prützmanns Werwolf bisher erfolglos sei und ließ Himmlers Argument, die Passivität der deutschen Bevölkerung beschränke die Möglichkeiten des Werwolfs nicht gelten. Nach dem ergebnislosen Gespräch mit

Himmler, der insgeheim Friedensgespräche mit den Westmächten suchte, entschied sich Goebbels, notgedrungen zusammen mit seinem Konkurrenten um die Gunst Hitlers, Bormann, die Sache in die Hand zu nehmen.

Am 10. März wies Bormann die Gauleiter an, entschlossene Männer und Frauen jeden Alters für den Werwolf zu verpflichten. Als jeweils Verantwortliche seien von der Partei „zuverlässige Aktivisten der Bewegung" einzusetzen.[13]

Welche Aufgaben dieser Werwolf erfüllen und welche Kampfmethoden er anwenden sollte, geht anschaulich aus einem Flugblatt hervor, das die Hitlerjugend verbreitete:

„Dieser Krieg ist der totale Krieg des ganzen Volkes! ... Nicht nur die älteren Hitlerjungen, nein auch die Mädel und Pimpfe stehen auf ihrem Platz in der Abwehrfront! Wer keine Waffe führt, kämpft auf seine Weise! Es gilt den Feind zu schlagen, wo man ihn auch trifft! Jede Waffe ist dazu recht. Jeder Schaden, der dem Gegner auf deutschem Boden zugefügt wird, hilft dem Sieg! … Mit Hammer, Zange, Messer, Schraubenschlüssel und Geschick kann die feindliche Kriegsmaschine erheblich gestört werden …

Der Verkehr ist eine lebenswichtige Schlagader. Sie zu durchschneiden, ist mitentscheidend für den Kriegsverlauf.

Wie stört man Kraftfahrzeuge?

1. Durch Einfüllen von Zucker in den Benzintank … 2. Indem man beim Montieren von Reifen feine Metallspäne zwischen Decke und Schlauch bringt … Dadurch, daß man Nagelbretter auf die Straßen eingräbt … 4. Drahtseile hinter Kurven spannt… 5. Telefonleitungen kurzschließen … 6. Verbindung der Telefonleitung mit Starkstromleitung durch Überwerfen eines mit einem Stein beschwerten Drahtes.

Wie stört man Bahnen?

Man verklemmt auf Eisenbahnstrecken die Weichen mit Steinen oder hebt das Zugseil der Weichen aus bzw. zerschneidet es… 2. Man legt auf freier Strecke einen Hemmschuh … 2. Man zerschneidet die Zugdrähte für Signaleinrichungen … 4. Man läßt das Schmieröl ab aus dem Schmierbüchsen der Achslager von Eisenbahnwaggons und preßt möglichst Sand ein … 5. Zerschlagen von Kontrolleinrichtungen aller Art …

Das Wichtigste:

Nicht dabei erwischen lassen. Dumm stellen, findig sein, immer neue Schliche und Wege gehen, dann ist der Erfolg sicher. Wo der Feind auch einbrechen mag, überall trifft er auf unsere Front in der Heimat …

Werwölfe packen zu!"[14]

Trotz aller Bemühungen blieben bis Ende März Aktionen des Werwolfs aus. Noch am 29. März hielt Goebbels fest, er sei „mit der Arbeit unserer Werwolf-Organisation nicht zufrieden". Weiter schrieb er: „Sie läuft erst sehr langsam an, und es scheint nicht der richtige Druck dahinter zu stehen. Ich werde beim nächsten Vortrag beim Führer evtl. versuchen, mir selbst diese Organisation anzueignen. Ich würde ihr einen anderen Schwung verleihen, als sie ihn bisher besitzt."[15] Die Einrichtung eines Senders und die Herausgabe einer Zeitung (die nicht zustande kam) sollten diesen Schwung bringen.

Kurzentschlossen ließ Goebbels ab Ende Februar eine Werwolf-Funkzentrale vorbereiten und eine Frequenz des Deutschlandsenders in Königs Wusterhausen bei Berlin zum Werwolf-Sender umfunktionieren. An seine Spitze stellte er Horst Slesina, den Leiter des Reichspropagandaamtes Westmark. Mit einem Aufruf der angeblich spontanen Werwolf-Bewegung begann der Sender am Abend des Ostersonntags, 1. April, sein Programm. Tatsächlich war der Aufruf von Goebbels. In seinem Tagebuch vermerkte er unter dem 2. April, ihm sei das Programm vorher unterbreitet worden und er selbst habe dafür „einen außerordentlich revolutionären Aufruf" geschrieben.[16]

In dem gesendeten Aufruf hieß es: „Unsere durch einen grausamen Luftterror zerstörten Städte im Westen, die hungernden Frauen und Kinder längs des Rheins haben uns den Feind hassen gelehrt." Weiter wurde erklärt: „Das Blut und die Tränen unserer erschlagenen Männer, unserer geschändeten Frauen und gemordeten Kinder in den besetzten Ostgebieten schreien nach Rache." Deshalb hätten die Angehörigen des Werwolfs geschworen, sich „niemals dem Feind zu beugen" und – ohne Rücksicht „auf veraltete Vorstellungen einer sogenannten bürgerlichen Kampfführung" – dem Feind „jede Untat, die er einem Angehörigen unseres Volkes zufügt, mit seinem Tod zu rächen". Der Werwolf, hieß es, „hält selbst Gericht und entscheidet über Leben und Tod unserer Feinde, aber auch von Verrätern unserer Nation, und er besitzt auch die nötige Gewalt, um seine Urteile zu vollstrecken". Der Aufruf endete mit der Parole „Haß ist unser Gebet und Rache unser Feldgeschrei!"[17]

Abend für Abend berichtete der Werwolf-Sender in den wenigen, ihm noch verbliebenen Apriltagen von den „Taten" der Werwölfe, bis die Sowjetarmee Königs Wusterhausen einnahm und dem Spuk ein Ende bereitete. Vermutlich waren viele Beispiele in diesen Sendungen der Phantasie Goebbels' und seiner Mitarbeiter entsprungen, andere maßlos aufgebauscht. Der Schriftsteller Erich Kästner schrieb am 3. April 1945 über den Werwolf-Sender: Im „Guerillakrieg", der im Äther tobe, stemme sich „der Werwolf-Sender gegen den nahenden Untergang", indem er mit Hetzparolen Kinder zu Helden stempele, weil sie Handgranaten aus dem Fenster geworfen haben", und er fordere Frauen und Mädchen auf, „die einmarschierenden Feinde mit kochendem Wasser zu begießen".[18]

Werwolf in Aktion

Angesichts des allgemeinen Wirrwarrs bei Kriegsende und des Fehlens verläßlicher Dokumente, wie Kriegstagebücher usw., ist es der historischen Forschung nicht gelungen, ein auch nur annähernd klares Bild von den tatsächlichen Werwolf-Aktivitäten zu zeichnen. Angaben in Zeitungen, die von den Besatzungsbehörden im Frühjahr und Sommer 1945 herausgegeben wurden, lassen eine gewisse Wirkung der Goebbels-Propaganda erkennen, wobei die Suche nach Sensationen, für die sich Werwolf-Taten sehr zu eignen schienen, unverkennbar ist. Solche Meldungen rechtfertigen zusätzlich das mitunter rigorose Vorgehen der Besatzungsmächte.

Schlagzeilen mit Werwolf-Taten gerieten 1945 schnell in die Auslandspresse, traute man doch der deutschen Führung nach der Befreiung der Konzentrationslager mit gutem Grund zu, einen mörderischen Partisanenkrieg vorbereitet zu haben. Selbst in einem geheimen Bericht des Oberkommandos der Alliierten

Streitkräfte vom 11. März 1945 hieß es: In der „Alpenfestung" könnte eine „besonders ausgesuchte Garde junger Menschen für einen Untergrundkampf ausgebildet worden sein". Auch könnte eine „komplette Partisanenarmee von diesem sicheren Versteckt aus geführt werden, mit dem Ziel, Deutschland von Besatzungsmächten zu befreien".[19]

Tatsächlich hatte es zu Goebbels' Absichten gehört, durch lautstarke Propaganda über den Werwolf „das Feindlager in erheblichen Schrecken zu versetzen und eine ausgesprochene Angst vor einem Partisanen-Deutschland, das ... noch auf Jahre Europa in die größte Unruhe versetzen könne," zu schüren. Noch am 8. April meinte Goebbels, man glaube auf alliierter Seite, „daß aus dem Werwolf ein außerordentlich gefährliches Instrument der deutschen Widerstandskraft um jeden Preis und auf unabsehbare Sicht hinaus entstehen könnte".[20]

Zur Thematik gehört, auch noch darauf zu verweisen, daß es neben dem Werwolf gutgerüstete Truppenteile, besonders der SS, gab, die Tage, nachdem sie von der Front überrollt worden waren oder speziell dazu entsandt wurden, weiter Widerstand leisteten. Schließlich hatte der Sicherheitsdienst der SS (SD) neben dem Werwolf als eigene Organisation den „Bundschuh" gegründet, in dem Angehörige der Gestapo und des SD im besetzten deutschen Gebiet Untergrundarbeit leisen sollten. Ob diese Organisation tatsächlich wirksam wurde, ist nicht bekannt. Das trifft auch für ein „Freikorps Adolf Hitler" zu, das Robert Ley, Reichsorganisationsleiter der NSDAP, Anfang April 1945 aufzustellen versuchte.

Bei der Antwort auf die Frage, welche Aktionen tatsächlich auf das Konto des Werwolfs kamen, stellt sich heraus, daß die Fakten dürftig sind. Die meisten bekanntgewordenen Tatsachen seien summarisch angeführt, um werten zu können, was der Werwolf wirklich angerichtet hat.[21]

Die erste große Aktion des Werwolfs war der Mord an Franz Oppenhoff, dem Oberbürgermeister von Aachen, der ersten, von alliierten Truppen besetzten deutschen Großstadt. Der Meuchelmord wurde von Goebbels als „sichtbarer Akt" gefeiert und diente der Propaganda als Beweis der Existenz des Werwolfs. Dabei hatte es sich um eine geplante Hinrichtung gehandelt, die von Himmler angewiesen und von Prützmann dem Höheren SS- und Polizeiführer West, SS-Obergruppenführer Karl Gutenberger zur Durchführung übertragen worden war. Führer des Werwolf-Hinrichtungstrupps wurde Leutnant Herbert Wenzel. Ein auf Schloß Hülchrath speziell vorbereiteter Trupp, dem auch ein sechzehnjähriger Hitlerjunge und eine dreiundzwanzigjährige BDM-Führerin angehörten, wurde mit einem erbeuteten amerikanischen Flugzeug B-17 am 20. März von Hildesheim in die Nähe von Aachen geflogen und sprang beim belgischen Gemmerich ab. Am Abend des 25. März tötete das Mitglied des Trupps, der SS-Unterscharführer Josef Leitgeb Oberbürgermeister Oppenhoff in seinem Wohnhaus.

In der Nacht vom 17. zum 18. April steckte ein Werwolf-Trupp den Bahnhof Bad Teinach (Baden) in Brand.

Am 27./28. April versuchten verschiedene Kriegs- und Hitlergegner im Raum München, die sich in einer „Freiheitsaktion Bayern“ zusammengeschlossen hatten, Sender, Rathaus und Zeitungsredaktionen zu besetzen sowie die NS-Führer zu verhaften, um einen kampflosen Einzug der amerikanischen Truppen zu sichern. Der Versuch mißlang, und Angehörige der SS, Wehrmacht, des Volkssturms und des Werwolfs richteten in München und Penzberg viele Patrioten hin. Den zumeist an Bäumen und Balkons Erhängten heftete man ein Schild mit der Aufschrift an: „SS-Werwolf Oberbayern“.

In der bereits von der Roten Armee besetzten Stadt Malchin (Mecklenburg) erschossen Werwölfe aus einem Hinterhalt sowjetische Offiziere. Bei einem anschließenden Feuergefecht brannte 70 Prozent der Stadt nieder. Viele Menschen kamen um. Ebenso geschah es am gleichen Tage in Demmin (Mecklenburg), wo das Stadtzentrum abbrannte, nachdem nach der Einnahme der Stadt Werwölfe Panzergranaten auf sowjetische Fahrzeuge abgeschossen hatten.

In Wilhelmshaven erschoß ein Werwolf-Trupp einen Friseur, der auf das „Heil Hitler!“ eines SA-Führers geantwortet hatte: „Im Arsch mit Hitler! Das Aas ist Gottseidank verreckt!“ Ebenso erging es einem Kriminalbeamten, der geäußert hatte, es sei an der Zeit, die Uniform abzulegen und zur anderen Seite überzuwechseln.

Bei vielen Beispielen ist eine genaue Datierung nicht möglich. Dazu gehören: Die Sprengung eines Hauses in Mützenich an der belgischen Grenze, in dem der neue Bürgermeister und ein Stab der US-Streitkräfte ihren Sitz hatten. In Meßstetten in der Schwäbischen Alb wurde der stellvertretende Bürgermeister vom Werwolf ermordet. John Poston, ein Verbindungsoffizier von Feldmarschall Montgomery, geriet in einen Hinterhalt eines Werwolf-Trupps Jugendlicher, die ihn in seinem Jeep erschossen. Seit Mitte April operierte bei Kappelrodeck (Baden) eine Werwolf-Einheit, von der zwei aufgegriffene Mitglieder von französischen Soldaten erschossen wurden.

Typische Beispiele eines Femenmordes ereigneten sich in Braunschweig. Bei mehreren erschossenen Männern, denen man zur Last legte, „den Führer verraten" zu haben, fand man Zettel mit den Worten: „Der Werwolf". Ein aus Angehörigen des Werwolf-Stabes gebildeter Trupp, der den Auftrag hatte, eine V-2 Forschungsstätte in Garmisch-Partenkirchen zu vernichten, wurde von amerikanischen Soldaten aufgespürt, wobei drei Werwölfe erschossen wurden.

In Ostpreußen gab es mehrere von Prützmann organisierte Werwolf-Trupps von insgesamt 200 Mann, die nach längerer Verfolgung von Angehörigen sowjetischer Sicherungsdivisionen vernichtet wurden. Im ostpommerschen Kreis Bütow verübte eine Werwolf-Gruppe noch im Herbst 1945 Sabotageakte. Einigen ihrer Mitglieder soll es gelungen sein, sich zu Fuß in die britische Besatzungszone durchzuschlagen.

Die Bilanz der Aktionen des Werwolfs läßt den Schluß zu, daß nur in wenigen Fällen der von Prützmann organisierte Werwolf in Aktion trat. Zumeist handelte es sich um Einzeltaten kleiner Gruppen fanatischer Nazis und irregeleiteter Jugendlicher.

Das Hitlerregime war 1945 militärisch endgültig geschlagen und hatte auch keinen Rückhalt mehr im Volk, der als Basis einer Partisanenbewegung hätte dienen können. Nach Aktionen, die sich mitunter aus einer Panik erklären lassen, lösten sich die Werwolf-Trupps, die über keine Organisationsstruktur verfügten, ohne eigene Kommandostellen und Versorgung waren, verängstigt auf, indem sie einfach auseinanderliefen, „heim zu Muttern" gingen.

Die Goebbelssche Werwolfpropaganda und die tatsächlich vorgekommenen Diversionsakte und Morde riefen bei den Besatzungsorganen in West und Ost Besorgnis vor einem möglichen Fortdauern oder gar einer Zunahme eines Untergrundkampfes hervor. Die Folge war, daß in allen Besatzungszonen tausende, zumeist jugendliche Deutsche als tatsächliche oder vermeintliche Werwölfe verhaftet und interniert wurden. Im Unterschied zu den drei westlichen Besatzungszonen, wo die meisten wie Kriegsgefangene behandelt und viele, vor allem junge „Werwölfe", bald nach Hause geschickt wurden, saßen in der sowjetischen Besatzungszone viele noch jahrelang ohne Anklage und Gerichtsurteil in Lagern.

Bei der Aufarbeitung und Aburteilung der Kriegsverbrechen spielte der Werwolf weder vor dem Internationalen Militärgerichtshof in Nürnberg noch bei anderen Kriegsverbrecherprozessen vor anderen Militärgerichten eine Rolle. Die Rechtsgrundlagen für eine Bestrafung der auf frischer Tat ertappten Werwolf-Mitglieder und der Organisation waren allerdings eindeutig. Die im Jahre 1907 geschlossene Haager Landkriegsordnung und die Genfer Konvention in der damals gültigen Fassung von 1929 besagen, daß die Werwölfe nicht als rechtmäßige Kriegsteilnehmer anzusehen waren und deshalb keinen Anspruch auf den in den internationalen Verträgen garantierten Schutz hatten.

Anmerkungen

1 Von der Vorliebe der Naziführung für solche mystischen Namen zeugen auch folgende Fakten: Der Tarnname Hitlers in der Zeit des Verbots der NSDAP war „Wolf". Der Deckname für Hitlers Hauptquartier bei Bruly le Peche während der Endphase des Westfeldzuges 1940 lautete „Wolfsschlucht". Das mehrjährige Führerhauptquartier bei Rastenburg in Ostpreußen hieß „Wolfsschanze" und das zeitweilig bei Winniza in der Ukraine „Werwolf". Für einige militärische Unternehmungen gab es „wölfische" Codenamen. Parallelen gibt es auch zu einem 1923 im Ruhrkampf entstandenen „Werwolf-Kampfbund", dessen Überreste 1933 in die SA eingegliedert wurden.

Siehe: *Rose, Arno,* Werwolf 1944 – 1945. Eine Dokumentation, Stuttgart 1980, S. 37ff.; *Auerbach, H.,* Der Werwolf, in: Gutachten des Instituts für Zeitgeschichte, Band 1, München 1958, S. 353ff.

2 Goebbels-Reden. Bd. 2, hrsg. von *Helmut Heiber,* Düsseldorf 1972, S. 429ff.

3 Deutschland im zweiten Weltkrieg, Bd. 6, Berlin 1985, S. 619ff.

4 *Jahnke, Karl Heinz,* Hitlers letztes Aufgebot. Deutsche Jugend im sechsten Kriegsjahr 1944/45, Essen 1993, S. 16.

5 Ein General im Zwielicht. Die Erinnerungen Edmund Glaises von Horstenau, Bd. 3, hrsg. von *Peter Broucek,* Wien 1988, S. 450.

6 Ebenda, S. 516.

7 Am 5.12.1944 wurde Prützmann außerdem noch Deutscher Bevollmächtigter General in Kroatien.

8 1945. Das Jahr der endgültigen Niederlage der faschistischen Wehrmacht. Dokumente, ausgewählt und eingeleitet von *Gerhard Förster u. Richard Lakowski,* Berlin 1975, S. 149f.

9 Goebbels-Reden, S. 432ff.

10 *Auerbach,* S. 353ff.; *Rose,* S. 241ff.

11 *Goebbels, Joseph,* Tagebücher 1945. Einführung *Rolf Hochhuth,* Hamburg 1977, S. 107; 423; 489f.

12 *Jahnke,* S. 22.

13 *Mammach, Klaus,* Der Volkssturm. Bestandteil des totalen Kriegseinsatzes der deutschen Bevölkerung 1944/45, Berlin 1981, S. 82.

14 *Boberach, Heinz,* Jugend unter Hitler, Düsseldorf 1982, S. 139f.

15 *Goebbels,* Tagebücher, S. 423.

16 *Diller, Ansgar,* Rundfunkpolitik im Dritten Reich, Stuttgart 1980, S. 439ff.; *Scheel, Klaus,* Krieg über Ätherwellen, Berlin 1970, S. 236ff.; *Goebbels,* Tagebücher, S. 479.

17 *Ueberschär, Gerd R.,* „Volkssturm" und „Werwolf". Das letzte Aufgebot in Baden, in: *Müller, Rolf-Dieter, Ueberschär, Gerd, Wette, Wolfram,* Wer zurückweicht wird erschossen!, Freiburg 1985, S. 34; 103. *Rose,* S. 263f.

18 *Kästner, Erich,* Notabene 45. Ein Tagebuch, Frankfurt a. M. 1963, S. 63.

19 *Rose,* S. 310.

20 *Goebbels,* Tagebücher, S. 476.

21 Die Beispiele sind aus allen in den Anmerkungen angeführten Titeln zusammengestellt.

Christoph Funke: Heinrich George – ein Komödiant im Dritten Reich. Versuch einer Deutung

Längst vergessen ist ein Schauspiel von Max Geisenhayner, das am 17. September 1940 im Berliner Schiller-Theater Premiere hatte. „Obrist Michael“ spielt im Jahre 1534, unterstützt die von den Nationalsozialisten so heiß geforderte „Ein- und Unterordnung des Einzelnen im Ganzen“ und lebt, wie könnte es da anders sein, aus einer „Hochspannung des Gefühls“ heraus. Die Titelrolle spielte Heinrich George. Karl H. Ruppel, einer der prominenten Kritiker des Dritten Reiches, schreibt über den Schauspieler: „Als Obrist Michael hat George wieder eine Rolle, in der er die wenn nicht von ihm entdeckten, so doch am reinsten dargestellten Elemente des ›Urdeutschen‹ – verträumte Gefühlsseligkeit, kindlich-strahlende Herzenseinfalt und sentimentale Biederkeit auf der einen, bärenhafte Kraft, rauher Trotz und wuchtige Unbeugsamkeit auf der anderen Seite – wieder neu verflechten und variieren kann.“[1]

Die Charakteristik sitzt. Sie beschreibt einen Mann und Schauspieler, der auf dem Gipfel des Ruhmes steht. Joseph Goebbels hat ihm das Berliner Schiller-Theater neu herrichten lassen. Heinrich George ist dort seit 1938 Intendant, Liebling der führenden Nationalsozialisten, gefeierter Held in den großen Filmen der Ufa, ein Komödiant großen Formats. Ist Heinrich George, ohne den keines der rauschenden Kunstfeste, kaum eine der gewaltigen politischen Manifestationen in der Reichshauptstadt denkbar ist, ein Nazi? Stellt er seine Kunst bewußt in den Dienst der Herrschenden, spielt er die immer gleiche Rolle des vergötterten Kraftkerls mit dem weichen Gemüt aus einem politischen Antrieb heraus ? Oder hat ihn nur die Verführbarkeit durch den Erfolg und die Chance zum ungehemmten Ausleben seiner überbordenden Sinnlichkeit in die gefährliche Nähe von Göring und Goebbels gebracht?

Zwölf Jahre vor der Geisenheyner-Premiere am Schiller-Theater hatte Heinrich George den Galy Gay in Bertolt Brechts Lustspiel „Mann ist Mann“ an der Volksbühne am Bülowplatz gespielt. Er stand zu dieser Zeit, und noch bis zur Machtübernahme Hitlers, der Kommunistischen Partei nahe, beteiligte sich am Berliner Schauspielerstreik und wurde deshalb 1933 aus dem Ensemble der Berliner Staatstheater entlassen. Dieser Hinauswurf aber muß sich George unauslöschlich eingeprägt haben. Er war doch Schauspieler, er mußte auf die Bühne, seine Vitalität ausleben, seine Kraft in großen Rollen hergeben, um sich dann, im Alltag, ebenso rücksichtslos, ebenso sinnlich, wieder für die großen Rollen aufbauen zu können. Für George galt, daß das Leben ein Spiel ist, nichts als Spiel, Spiel mit letztem Einsatz. Dieses Spiel mußte er haben, wer es ihm ermöglichte, dem gehörte er mit Haut und Haaren. Die Nationalsozialisten nutzten, wie so oft, diese Schwäche raffiniert aus. In wenigen Monaten war Heinrich George „umgedreht". Schon im September 1933 spielte er eine Hauptrolle in dem politischen Tendenzfilm „Hitlerjunge Quex". Was da mit ihm geschah, mag er gar nicht bemerkt haben.

Denn George wäre es nie in den Sinn gekommen, danach zu fragen, warum ihm die wirkungsvollen Rollen angeboten werden. Sie standen ihm zu. Und wenn man ihm ein Theater schenkte, dachte er über politische Gründe und Hintergründe nicht nach. Selber im Mittelpunkt zu stehen, befriedigte ihn ungeheuer, trieb ihn rastlos an. Er war ein begnadeter Schauspieler, er wußte es, danach allein versuchte er sein Leben zu richten. George setzte auf Empfindung, nicht auf Analyse. Und gerade das machte ihn für die Nationalsozialisten so interessant. Er holte die Rollen aus der Wucht und Masse des Körpers, er arbeitete mit dem wirkungssicheren Gegensatz von Kraft und Verletzlichkeit, er führte den starken Kerl vor, mit dem volkstümlich naiven, schlichten Gemüt. George verwandelte sich in jedes deftige Mannsbild, das er zu spielen hatte, holte es in seine Körperlichkeit herein. Das Denken über eine Rolle war seine Sache nicht, er gab sich hin, er ging auf in dem jeweiligen Charakter. Nicht ein klug berechnetes Maß machte er sich zur Aufgabe, nicht die sorgsam erfaßten Bedingungen einer Figur und einer Zeit interessierten ihn, sondern die Kraft ihres kreatürlichen Seins. Jeden Menschen, den er spielte, machte er zu seiner Sache, zu seiner Schöpfung, aus der Lust an der Verwandlung heraus, die er vollendet beherrschte.

In die Theatergeschichte eingegangen ist ein Offener Brief, den Bertolt Brecht im Dezember 1933 an Heinrich George schrieb. Der Brief fragt nach dem Schicksal des kommunistischen Schauspielers Hans Otto, der seit 1930 mit Heinrich George am Staatlichen Schauspielhaus in Berlin engagiert war. Werner Hecht berichtet im Kommentar des Bandes 22 der Großen Berliner und Frankfurter Brecht-Ausgabe (erscheint in zwei Halbbänden im Oktober 1993): „Als Brecht den Brief schreibt, ist Hans Otto bereits tot (er ist am 24. November 1933 ermordet worden). Propagandaminister Goebbels verhängt über den Tod von Hans Otto eine Nachrichtensperre. Daraufhin bemüht sich der Bund proletarisch-revolutionärer Schriftsteller (BPRS) um Aufklärung. Brecht schickt den ›Offenen Brief‹ am 18. Januar 1935 an Bernhard Reich nach Moskau für das geplante erste Heft einer antifaschistischen Theaterzeitschrift … Eine Reaktion Heinrich Georges konnte nicht ermittelt werden.“[2] Daß Brecht George als Adressaten wählte, hatte mit einiger Sicherheit seinen Grund in der gar nicht lange zurückliegenden Zusammenarbeit. Wie viele andere prominente Theaterleute hatte George nicht den Mut, sich der Verfolgung von Juden und Kommunisten durch die Nazis zu widersetzen. Man sah weg, man nahm nicht zur Kenntnis, man spielte weiter, nahm Aufträge der neuen Herren dankbar an. Das deutsche Theater, der deutsche Film spielten und produzierten weiter, als sei gar kein furchtbarer politischer Wandel eingetreten. Fast alle waren verführbar, von Gustaf Gründgens bis Heinrich George. Und hätten es anders, besser wissen können.

Im Mai 1930, das 25. Jubiläum Max Reinhardts am Deutschen Theater Berlin wurde gefeiert, spielte Heinrich George gemeinsam mit Kurt Gerron in „Phäa“ von Fritz von Unruh. Gerron kam Ende Oktober 1944 in Auschwitz um. Mit Paul Morgan arbeitete Heinrich George an deutschen Fassungen für Hollywood-Filme, so für „Menschen hinter Gittern“ (1931). Paul Morgan führte in dem Film „Wir schalten um auf Hollywood“ Dialoge mit prominenten Partnern, so mit Heinrich George. Schon im Dezember 1938 wurde Paul Morgan im KZ Buchenwald ermordet. Und ein dritter Fall: 1925 hatte George mit Otto Wallburg im Berliner Lessing-Theater zusammengearbeitet. Wallburg kam 1944 in den Gaskammern von Auschwitz um ...[3] Als Brecht im Dezember 1933 nach Hans Otto fragte, den Kollegen Georges am Berliner Staatlichen Schauspielhaus, war vom Schicksal dieser und vieler anderer jüdischer Künstler so gut wie nichts bekannt. Es gab sie nicht mehr. Sie waren außer Landes gegangen wie der vergötterte Max Reinhardt, sie waren entlassen, verschwunden, verfemt und verfolgt. Es empfahl sich, aus dem Gedächtnis zu löschen, daß man je mit solchen Leuten auf einer Bühne gestanden hatte. Auch Heinrich George war zu dieser Verdrängungsleistung bereit.

Es gab dafür ja auch sehr verlockende Angebote. Alle Mißhelligkeiten zwischen dem „linken" Schauspieler George und den gerade an die Macht gekommenen Braunen beseitigte die Mitwirkung Georges am Ufa-Film „Hitlerjunge Quex". Über die Uraufführung des Films berichtet das „Reichsfilmblatt" vom 16.9.1933: „Als ... das letzte Bild versunken war, standen auf der großen Bühne der Hitler-Junge und das Hitler-Mädchen wie zwei kleine Wanderer in einer großen Welt und grüßten mit erhobenem Arm hinauf zum Führer."[4] George hatte seinen Einstand gegeben, mit rauschendem Erfolg. Ein knappes halbes Jahr später spielte er im Staatstheater am Gendarmenmarkt in einem Stück des italienischen Faschisten-Führers Mussolini, „100 Tage". Außer ihm standen Werner Krauß, Gustaf Gründgens, Georg Kayßler, Bernhard Minetti und andere Prominente auf der Bühne. Der Grund für eine Karriere war gelegt, die in Theater und Film auf kein Hindernis mehr stieß. Sie stand unter der Schirmherrschaft der Großen des nationalsozialistischen Staates. Die Geschichte des Berliner Schiller-Theaters im Dritten Reich ist dafür ein besonders markanter Beleg.

Fritz Hirsch hatte das Theater 1932 in privater Pacht übernommen. Als Jude mußte er Deutschland verlassen, die Schiller-Theater AG wurde daraufhin 1933 aufgelöst. Zu Beginn der Saison 1936/37 erhielt die Bühne Subventionen aus dem städtischen Haushalt. Der NS-Staat beschloß dann einen umfassenden Umbau des Gebäudes, ließ aus dem Volkstheater ein prunkvolles, repräsentatives Theater der Reichshauptstadt machen, das direkt dem von Goebbels geleiteten Propagandaministerium unterstand. Kurz nach dem Progrom gegen die Juden, im November 1938, fand die Eröffnung statt, mit „Kabale und Liebe". Für den Intendanten des Theaters, den Regisseur der Eröffnungs-Premiere und den Darsteller des Musikus Miller stand nur ein Name: Heinrich George.

Zum Ensemble gehörten eine Reihe der führenden deutschen Darsteller der Zeit. Es spielten Paul Wegener und Gisela Uhlen, Raimund Schelcher und Ernst Legal, Berta Drews und Lucie Höflich, Eduard von Winterstein und Ernst Schröder, Will Quadflieg und Horst Caspar. Oberspielleiter war Ernst Legal, als Regisseure kamen Walter Felsenstein (ab Herbst 1939), Karlheinz Martin (ab Anfang 1941) und Jürgen Fehling (1939/40). Das Schiller-Theater zählte zu den bedeutendsten Theatern der Reichshauptstadt. „George wertete die Intendantenberufung als persönlichen Vertrauensbeweis. Sein Spielplan war entsprechend systemkonform, mit einem deutlichen und offiziell erwünschten Akzent skandinavischer (›nordischer‹) Dramen.[5]

Zweifellos, George hat die rückhaltlose Unterstützung der Nationalsozialisten sehr geschmeichelt. Er genoß seine Beliebtheit, er nutzte die großen Möglichkeiten, die ihm zur Verfügung standen. Das Politische aber war ihm nur Mittel zum Zweck. Er wollte gutes Theater machen, mit den besten Leuten. Er wollte selber spielen, das Publikum erreichen, sich ausleben auf der Bühne. Und so stellte er, wenn es nur möglich war, das Menschliche über das Politische. Wie sich George verhielt, war zur Zeit des Faschismus in Deutschland nicht ungewöhnlich. Was man ihm bot, nahm er. Aber er wahrte sein Gesicht, beging keine Schurkereien, stützte Kollegen, die den Nazis mißliebig waren. Popularität und Ansehen setzte er auch ein, um zu helfen. Er ging zu den Mächtigen, um für andere etwas zu erreichen, sie vor beruflichen Beeinträchtigungen und politischer Verfolgung zu bewahren. George mag sich immer als Künstler verstanden haben, dem es nur um seine Berufung zu tun war. Wer es ihm ermöglichte, dieser Berufung zu folgen, war willkommen. So wurde Theater gespielt, während durch die Schuld des deutschen Faschismus eine Welt in Trümmer fiel. So wurde weiter Theater gespielt, als der Krieg längst schon auf die Stadt zurückschlug, in der er vom Zaune gebrochen worden war.

Hilde Krahl und Heinrich George in dem Film „Der Postmeister“ (Wien-Film-GmbH, 1940, Regie: Gustav Ucicky, nach Puschkin), der von den Russen sehr geschätzt wurde

Auch das Schiller-Theater mußte schwere Zerstörungen durch Bomben hinnehmen. Bis zur Schließung aller Bühnen am 1. September 1944 aber war wohl doch für viele Theaterbesucher das Wort der Klassiker, die von der Bühne verkündete Menschlichkeit eine Hoffnung in hoffnungsloser Zeit. Für diese Hoffnung arbeitete Heinrich George.

Aber – mochte am Theater der überlieferte Text der Stücke von Shakespeare, Goethe, Schiller, Kleist, Molière noch ein Schutzschild gegenüber faschistischer Ideologie sein, im Film sah die Sache anders aus. Hier sicherte sich Joseph Goebbels einen direkten, einen absoluten Einfluß, hier wurde alles den Zielen der Propaganda untergeordnet, oft mit diabolischem Geschick und unbezweifelbarem Kunstverstand. 1940 kam der Großfilm „Jud Süß" in die Kinos, mit Ferdinand Marian, Werner Krauß, Kristina Söderbaum, Wolfgang Staudte – und Heinrich George. In geschickter Weise, durch die monumentale, fesselnde Darstellung eines jüdischen Schicksals aus dem Württemberg des 18. Jahrhunderts, diente der Streifen dem radikalen Antisemitismus der Nazis. Er setzte nicht auf vordergründige Belehrung, sondern auf das Erlebnis ungewöhnlicher, herausfordernder Konflikte. Die beteiligten Künstler mochten deshalb glauben, nichts anderes als einen guten Film gemacht zu haben. Daß sie übersahen, welch teuflisches Spiel mit Juden aus polnischen Ghettos getrieben wurde, die ihr von den Nazis verschuldetes Elend dokumentarisch in den Film einzubringen hatten, ist freilich schwer vorstellbar. Der Film erhielt das Prädikat „Staatspolitisch besonders wertvoll, jugendwert", und Himmler befahl die „gesamte SS und Polizei" in die Kinosäle. „Die eigentlichen Stars des Films ›Jud Süß‹ sind jedoch Heinrich George, den wir nächste Woche in der Comédie-Francaise erleben werden, und Werner Krauß". Das schrieb, im faschistisch besetzten Paris, am 21. Februar 1941 die Zeitschrift „Les nouveaux films".[6]

Am 30. Januar 1945, knapp vier Monate vor der bedingungslosen Kapitulation Nazideutschlands, kam der „Großfilm" „Kolberg" zur Premiere. Goebbels hatte schon im Sommer 1943 Veit Harlan mit den Dreharbeiten beauftragt: „Aufgabe dieses Films soll es sein", schrieb er an den Regisseur, „am Beispiel der Stadt, die dem Film den Namen gibt, zu zeigen, daß eine in Heimat und Front gemeinsame Politik jeden Gegner überwindet."[7] Kolberg wurde im siebenjährigen Krieg dreimal von den Russen belagert, es fiel 1761; 1807 dagegen verteidigte sich die Stadt unter Gneisenau gegen die Franzosen bis zum Friedensschluß von Tilsit. So konnte wieder ein historisches Geschehen nutzbar gemacht werden. Der Film nach dem Drehbuch von Veit Harlan zeigt, daß die Verteidigung der Stadt (der Heimat) jedes persönliche 0pfer rechtfertigt. Haus und Hof gehen in den selbst entfesselten Fluten unter, Gehöfte und privater Besitz brennen nieder, Söhne fallen im Gefecht, Väter kommen in den Flammen um, aber der Widerstand wird nicht aufgegeben. „Aus Asche und Trümmern wird sich wie ein Phönix ein neues Volk erheben, ein neues Reich" heißt es im pathetischen Dialog des Films.[8] Heinrich George gestaltete in „Kolberg" den Weinhändler Nettelbeck, von dem der entscheidende Widerstand gegen die Belagerung ausgeht: Nettelbeck stellt aus der Zivilbevölkerung eine Truppe zusammen, die von Leutnant Schill ausgebildet wird. Neben George spielten Kristina Söderbaum, Paul Wegener, Horst Caspar, Paul Bildt, Paul Henckels, Kurt Meisel und viele andere. Im Dezember 1943 äußerte sich Veit Harlan zu dem Film: „Ich will dem Publikum von heute das Heldentum seiner Vorfahren vor Augen führen, will ihm sagen: Aus diesem Kern seid Ihr geboren, und mit dieser Kraft, die Ihr von Euren Ahnen ererbt habt, werdet Ihr auch heute den Sieg erringen."[9]

Auch im letzten, nicht mehr vollendeten UFA-Film wirkte Heinrich George mit. „Das Leben geht weiter", wieder auf direkte Weisung von Goebbels gedreht (es kann nicht ausgeschlossen werden, daß der Reichspropagandaminister das Drehbuch selbst verfaßte), erzählt die Geschichte einer Zehlendorfer Hausgemeinschaft während der alliierten Bombenangriffe 1943. Gestärkt werden sollte durch den als „Teil der geistigen Kriegsführung" eingestuften Film der Glaube an die deutsche Wunderwaffe – Heinrich George spielte den Direktor einer Rüstungsfirma. Noch im Winter 1944/45 wurde in Babelsberg an dem Film gearbeitet, er konnte nicht mehr vollendet werden, sein Material ist verschollen. Am 20. April 1945 fielen Bomben auf die Babelsberger Filmstudios, die Festung der faschistischen Kinematographie war nicht mehr arbeitsfähig.[10]

Eine Antwort auf die Frage, warum Heinrich George von den siegreichen Sowjets und deutschen Helfern am 23. Juni 1945 aus seiner Berliner Wohnung heraus erst ins Lager Hohenschönhausen, dann ins Lager Sachsenhausen verschleppt wird, ist, wenn überhaupt, nur in der Filmarbeit des Schauspielers im Dritten Reich zu finden. Viele prominente Künstler, die sich den Nazis angedient oder ihnen nicht widerstanden hatten, kamen völlig ungeschoren davon. Auch solche, die wichtige Ämter innehatten, große Verantwortung auf sich nehmen mußten. Und General Bersarin hatte doch auch George schon zur Mitarbeit eingeladen ... Der Gedanke liegt nahe, daß George für sie alle büßen mußte. Er wurde offenbar (möglicherweise auch von Seiten deutscher Kommunisten und Rückkehrer) als der Repräsentant der von den Nazis geförderten Künstler angesehen. Nicht auszuschließen ist vor allem, daß der Kolberg-Film (alle Ufa-Kopien standen den Sowjets ja zur Verfügung) den entscheidenden Umschlag in der Haltung gegenüber George bewirkt hat. Dennoch, der Umgang der Sieger mit dem großen Schauspieler widersprach ihrer sonstigen Politik. Kulturoffiziere wie Tulpanow und Dymschitz unterstützten tatkräftig den kulturellen Neuaufbau in Berlin, legten auf die Mitarbeit aller Künstler wert, verlangten ein humanistisches Bekenntnis, aber nicht den Nachweis einer antifaschistischen Haltung im Dritten Reich. Warum also George? Hatte er Goebbels zu nahe gestanden, war seine Teilnahme an der Sportpalast-Kundgebung mit der hysterischen Verkündung des „Totalen Krieges“ die Ursache der Lagerhaft? Nicht zu leugnen ist: Die Nazis hatten einen starken Kerl, einen gutmütigen Riesen geschickt mißbraucht. Und George vermochte diesem Mißbrauch nicht zu widerstehen. Er wollte doch bei aller Förderung nichts anderes sein als Schauspieler.

Schauspieler sein wollte er auch im Lager. Dem tiefen Sturz ins bittere Elend, in den Hunger, in die völlige Ungewißheit über den nächsten Tag setzte er die Leidenschaft des Spielens entgegen. Auf ganz andere Art konnte er beweisen, daß er ein leidenschaftlicher 0rganisator, ein Zauberer, ein Freund der

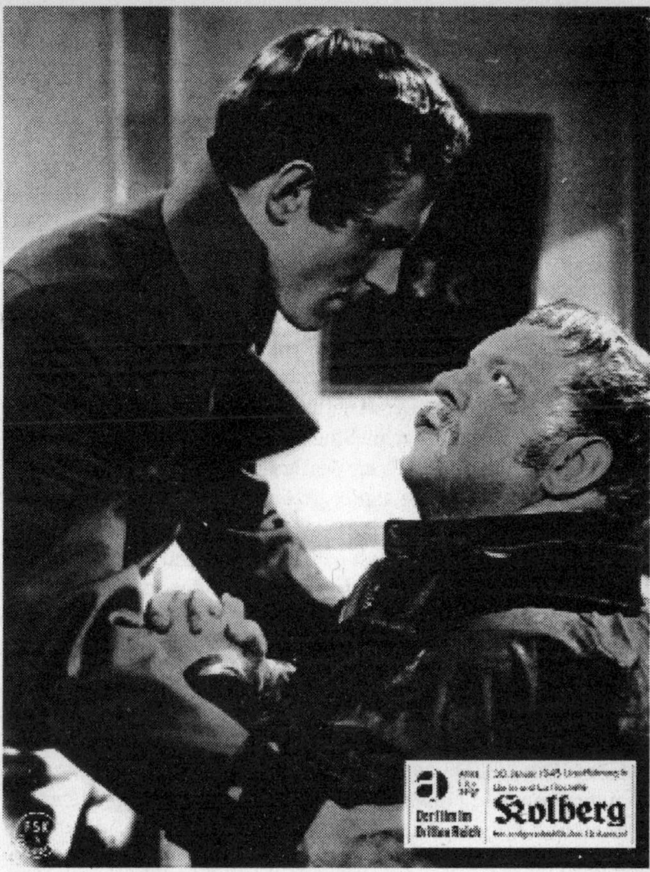

Heinrich George und Horst Caspar in Georges letztem Film „Kolberg“ (Ufa, 1945, Regie: Veit Harlan)

Menschen war, ein schlichter Kerl, der andere zu begeistern vermochte. Aus dem Bedrückenden, Bedrängenden, Hoffnungslosen floh er in die Kunst, in seine Kunst der Rollengestaltung, des Formens von Sprache. Lust der Verwandlung bedeutete nun nichts anderes als Verteidigung des Lebens. Der Mime hatte keine Bühne mehr. Aber die Phantasie war ihm geblieben, die schöpferische Kraft verließ ihn nicht, so sehr die körperlichen Kräfte schwanden. Den anderen, vom gleichen Schicksal Getroffenen, ob schuldig oder nicht, gab Heinrich George ein unvergeßliches Beispiel. Viele Berichte aus dem Lager bestätigen das.

Im Lager Sachsenhausen kam Heinrich George zum Kern seines Wesens. Das Repräsentative erwies sich als Tünche, als Schwäche, geschuldet der Anfälligkeit des Berufs. Das Gieren nach Erfolg galt nicht mehr. Spielen hieß nun, für ihn und viele andere, Anrennen gegen Verzweiflung, Krankheit, Entbehrung. George hat den untadelig tapfer geführten Kampf verloren. Mag seine Naivität, seine Nachgiebigkeit gegenüber den Nationalsozialisten, seine Abhängigkeit von ihnen Schuld bedeuten – im Lager ist diese Schuld mehr als abgegolten worden.

Daß die Berichte über Heinrich Georges Schicksal im Lager nicht deckungsgleich sind, hat mit den besonderen Bedingungen dieser für so viele tödlichen Gefangenschaft zu tun. Vielleicht hat George Szenen aus dem „Postmeister“ nach Sprachstudien tatsächlich in Russisch gespielt. Wahrscheinlicher ist, daß er Sätze und Dialogteile phonetisch einstudierte, sich in die fremde Sprache „einhörte“, um sie einigermaßen gültig interpretieren zu können. Diese Aufgabe war ganz sicher reizvoll für George, ein wie auch immer systematisches Russisch-Lernen aber muß unter den gegebenen Umständen als wenig wahrscheinlich gelten. Unterschiedliches mitgeteilt wird auch über die Todesursache. Welcher Operation mußte sich George unterziehen? Wer operierte ihn? War die Narkose falsch berechnet, der Körper schon zu sehr entkräftet? Wichtig ist, daß sich ein Mensch, ein großer Künstler, nicht aufgab, daß andere in ihm den großen Künstler achteten. Auch die Sieger, die Herren des Lagers. Heinrich George wurde ehrenvoll bestattet. Allein das zählt, welches Schicksal auch immer sein Grab gehabt haben mag.

Vielen, fast allen berühmten Kollegen Heinrich Georges ist der Neuanfang nach 1945 vergönnt gewesen. Er, der vitalste Komödiant unter ihnen, mußte mit 53 Jahren von der Bühne abtreten, auf tragische Weise. Einer politisch zerrissenen Zeit war er nicht gewachsen. Ganz fixiert auf seine Kunst und ihre schier unerschöpfliche Kraft, vergaß er, was um ihn herum geschah. Aber er nahm, nach einem Leben in Ruhm, das unbegreifliche, furchtbare Ende an. In Lager und Gefängnis bewahrte er Treue gegenüber sich selbst und gegenüber der Kunst, der sein Leben gegolten hatte.

Anmerkungen

1 Karl H. Ruppel: „Berliner Schauspiel“, Dramaturgische Betrachtungen 1936 bis 1942, Paul Neff Verlag Berlin/Wien 1943, Seite 309
2 Brecht. Große Kommentierte Berliner und Frankfurter Ausgabe, Band 22, Seite 881/882 (Kommentar)
3 Über die Schicksale verfolgter Künstler berichtet die Dokumentation von Ulrich Liebe: „verehrt, verfolgt, vergessen“, Schauspieler als Naziopfer. Beltz Quadriga 1992
4 „Theater und Film im Dritten Reich“, eine Dokumentation von Joseph Wulff, rororo Taschenbuch 1966, Seite 401
5 Daniele Pfennigs in „Der Tagesspiegel“, 30. Juli 1993, Seite 15
6 „Theater und Film im Dritten Reich“, Seite 452
7 a. a. 0. Seite 395
8 Jerzy Toeplitz, Geschichte des Films, Band 4 1939-1945, Henschelverlag Berlin 1983, Seite 244
9 „Theater und Film im Dritten Reich“, Seite 396
10 Hans-Christoph Blumenberg: Das Leben geht weiter. Der letzte Film des Dritten Reiches. Rowohlt Berlin 1993

Der berühmteste Tote des Internierungslagers Sachsenhausen ist der Schauspieler Heinrich George (1893–1946). Über die Umstände seiner Internierung, seines Todes und seiner Bestattung gibt es mancherlei, zum Teil voneinander abweichende Auskünfte.

Zum 100. Geburtstag Heinrich Georges am 9. Oktober 1993 erschienen in deutschen Tageszeitungen und im Fernsehen di-

verse Würdigungen des Künstlers. Keine verzichtete darauf, Georges zwangsweisen Aufenthalt in den Internierungslagern des NKWD Hohenschönhausen und Sachsenhausen und sein Ende dort zu erwähnen. In diesen Darstellungen wurden aber auch – auf der Grundlage der wenigen sicheren Fakten – alte Legenden weiterfabuliert und neue angelegt. Letzte gültige Auskünfte auch über George werden gewiß erst die Dokumente aus den Moskauer Archiven geben.

Der Herausgeber fügt der Sicht Christoph Funkes auf Leben, Werk und Ende des Schauspielers ein Dokument hinzu, das Peter Laregh in seiner George-Biographie (München 1992) erstmals vorlegte: Der Schauspieler Horst Caspar, Georges Kollege und sein Partner in Georges letztem Film „Kolberg" (Ufa, 1945, Regie: Veit Harlan), verwendet sich für Georges Freilassung. Sein Text gilt stellvertretend für weitere Texte anderer Kollegen und Mitarbeiter Georges mit gleichem Anliegen. Auch sie gehören zu den zeitgenössischen Dokumenten in Sachen Internierungslager Sachsenhausen.

Horst Caspar
Erklärung zu Heinrich George

(Abschrift)
Aus kameradschaftlicher Verbundenheit mit dem Schauspieler Heinrich George möchte ich folgende Erklärung abgeben:

Ich lernte Heinrich George anläßlich der Festspiele in Heidelberg im Sommer 1935 kennen. Er war dort mein Regisseur und Mitspieler.

Trotz der Widerstände, die auf Grund meiner nichtarischen Abstammung gegen mich bestanden, holte mich George 1940 an sein Schiller-Theater nach Berlin und stellte mich gleich zum Antritt meines Engagements in einer der bedeutendsten Rollen meines Fachs heraus. Es war Kleist's Prinz von Homburg, er selbst spielte den Kurfürst Friedrich Wilhelm. Auch im Folgenden war er mir stets kameradschaftlich zugetan (er setzte sich tatkräftig dafür ein, daß ich im Schillerfilm die führende Rolle erhielt) und ließ sich meine künstlerische Weiterentwicklung in allen Stücken zu innerst angelegen sein.

In den Spielzeiten 1940/41 und 1941/42 gehörte ich außer zwei dreimonatigen Gastspielen in München und Wien ständig seinem Ensemble an. Ab 1942 war ich an das Burgtheater in Wien verpflichtet, ging aber jedes Jahr für sechs Monate an Georges Schiller-Theater nach Berlin zurück.

Ich habe in all den Jahren meiner Zugehörigkeit zum Theater Heinrich Georges dort nie Rollen spielen oder in Stücken mitwirken müssen, die mir aus politischen Gründen widerstrebt hätten, auch kann ich bezeugen, daß ich während unserer Zusammenarbeit oder bei privaten Einladungen in seinem Hause nie eine faschistische oder antisemitische Äußerung von ihm vernommen habe.

gez. Horst Caspar
Mitglied von Max Reinhardts Deutschem Theater
Berlin, den 24. Juni 1946

Günter Agde
Gezeichneter Witz als Überlebenshilfe

Im Keller der Schälküche, einem der wenigen gemauerten und unterkellerten Gebäude auf dem Sachsenhausener Lagergelände, befinden sich an den Wänden und an den Stützpfeilern Fresken – farbige, auf den weißen Kalk des Putzes aufgebrachte Zeichnungen. Die Bilder an den Wänden umfassen den Raum, von den Pfeilern blicken sie dem Eintretenden entgegen.

Einheimisches Gemüse ist da abgebildet – Gurken, Tomaten, Kartoffeln, Kürbis. Der Zeichner figurierte die Früchte zu Lebewesen und vermenschlichte sie: sie tragen Gesichter und haben stilisierte Gliedmaßen. Die Figuren stellen kleine Szenen dar, Momentaufnahmen von Abläufen – Waschen, Trocknen, Haare-Fönen. Die Situationen der dargestellten Episoden beziehen sich direkt auf ein Charakteristikum dieses besonderen Raumes, das für die darin arbeitenden Menschen von Wichtigkeit war:

fließendes heißes und kaltes Wasser, das unbegrenzt zur Verfügung stand. Mit Takt und Geschmack hat der Zeichner eindeutige Bezüge zum Internierungslager vermieden, er hat weder Hunger noch Ungeziefer gezeichnet. Auch Menschen oder Tiere kommen auf seinen Bildern nicht vor.

Der Überlieferung nach schälten in diesem Keller jede Nacht von ca. 22.00 abends bis 4.00 oder 6.00 Uhr morgens zwischen 35 und 80 internierte Frauen die Kartoffeln, die für die tägliche Verpflegung des Lagers verwendet wurden. Vor dem Schälen wurden die Kartoffeln in einem großen, aus Beton gegossenen Becken gewaschen. Das Schälkommando war – wie jedes Arbeitskommando im Lager – sehr begehrt, bot es doch sinnvolle Arbeit in dem ansonsten arbeits“losen“ Alltag des Internierungslagers und insofern eine willkommene Abwechslung, eingeschlossen gerade hier die Möglichkeit, die individuelle hygienische Befindlichkeit wenigstens zeitweilig zu verbessern.

Auf den Betrachter wirken die Bilder durch ihre Heiterkeit, ihre zweckfreie Lustigkeit, die vom Lagerleben völlig abgehoben erscheint. Der Humor der Zeichnungen teilt sich mit – auch mittels der „Verfremdung“ in Gestalt der Früchte. Für die nächtlichen Kartoffelschälerinnen war das Schmunzeln, das die Bilder hervorriefen, ein Stück Überlebenshilfe.

Der Urheber dieser Zeichnungen ist der deutsche Zeichen- und Trickfilmregisseur Hans Fischerkoesen (1896–1973), der als Mitbegründer eines eigenständigen deutschen Zeichentrickfilmschaffens angesehen werden kann.

Hans Fischer, im mitteldeutschen Bad Koesen geboren (den Namen seiner Geburtsstadt fügte er später seinem Familiennamen hinzu), studierte nach einer Lithographen-Ausbildung an der Kunstakademie in Leipzig. In der Messestadt fand er auch Anschluß an kleine örtliche Filmproduzenten. Der zeitlebens experimentierfreudige, phantasievolle und bastlerisch sehr begabte Mann stellte mit primitivsten Mitteln 1920 seinen ersten Zeichentrickfilm „Der Bummelpetrus“ her, dessen Kopie leider verschollen ist. Im Verlauf der zwanziger Jahre produzierte Fischerkoesen zahlreiche Werbefilme von durchschnittlicher Länge zu 3–4 Minuten, die in den Kinos vor dem Hauptfilm, oft auch im Bündel mit anderen Vor-Filmen, gezeigt wurden. Mühelos vollzog Fischerkoesen Ende der 30er Jahre den Übergang vom Stumm- zum Tonfilm. Er warb für alle Produkte des täglichen Gebrauchs, vom Mundwasser bis zum Staubsauger, vom Waschmittel bis zum Schuh. Grundlage seiner Werbefilm-Ästhetik waren kurze, linear erzählte Geschichten, meist nach der Struktur des Witzes gebaut, also auf die Pointe hin erzählt, die dann der Name (oder das Bild) des Werbe-Produkts ist. Die wendige, schnelle Form des Werbefilms wurde in den zwanziger Jahren ein mobilisierendes, zugleich disziplinierendes Feld filmischer Experimente schlechthin, das heute noch weitgehend unerforscht ist. Bedeutende deutsche Filmregisseure wie Walter Ruttmann, Hans Richter und Oscar Fischinger, aber auch Produzenten wie Julius Pinschewer, haben hier der avantgardistischen Komponente im deutschen Film vor 1933 entscheidende Impulse hinzufügen können. Und Fischerkoesen selbst entwickelte, erprobte und verfeinerte eine erstaunliche Vielfalt filmischer und tricktechnischer Möglichkeiten. Viel später erst konnte er – von den Zweckgebundenheiten der Reklame befreit – seine immense Erfahrung und seine Fabulierkunst in eigene Zeichentrickfilme einbringen, die in dieser Zeit durchaus eigenständig neben den prägenden Filmen Walt Disneys bestehen konnten, wie z.B. „Die verwitterte Melodie“ (1942).

Ein Kennzeichen von Fischerkoesens Filmen bildete der volkstümliche Humor, der gemütliche Witz, der freundliche, ironische Spaß, der ohne Satire oder Zynismus auskam und der sich indirekt von Fischerkoesens massenwirksamem ideellem „Stammvater“ Wilhelm Busch ableitete. Stilistisch arbeitete Fischerkoesen durchweg mit der Vermenschlichung von Gegenständen, denen er ein Antlitz (oft auch eine eigenwillige Frisur) zeichnete und stark abstrahierte Gliedmaßen beigab, die sich ständig bewegen und verändern.

Alle diese Elemente finden sich – eindeutig und unverwechselbar von Fischerkoesen stammend – in den Zeichnungen des Sachsenhausener Schälkellers wieder.

Tatsächlich war Fischerkoesen. der in den vierziger Jahren ein eigenes, selbständiges Trickfilm-Atelier in Potsdam betrieb und unter anderem der Spielfilmproduktion der Ufa zulieferte, im Speziallager Nr. 7 interniert, von 1945 bis 1948. Gründe für seine Internierung sind nicht bekannt, man kann nur verschiedene Motive vermuten.

Fischerkoesen hat in den Jahren des 2. Weltkrieges mit tricktechnischen Sequenzen an etlichen Lehrfilmen mitgewirkt, die das Oberkommando der deutschen Wehrmacht für interne Ausbildungszwecke herstellen ließ und die damalige neueste Erkenntnisse von Waffentechnik und -wirkung demonstrieren. Die geschäftlichen Verbindungen zwischen Fischerkoesen (und übrigens auch anderen Trickateliers) und dem OKW sind verdeckt über eine Ufa-Tochter-Firma namens Mars-Film geführt worden. Stablisten oder exakte Produktionsdokumente dieser militärischen Lehrfilme sind nicht überliefert. Es ist denkbar, daß in Fischerkoesens Zu-Arbeit für militärische Film-Zwecke die Ursache seiner Internierung durch das NKWD lag.

Fischerkoesens Sohn vertrat (gegenüber dem Autor) die Ansicht, daß die Rote Armee Fischerkoesen interniert habe, um von ihm solche militärischen Lehrfilme hergestellt zu bekommen, der Vater aber habe sich geweigert. Gegen diese Vermutung spricht freilich, daß Fischerkoesen gerade im Internierungslager Sachsenhausen nicht auf filmischem Gebiet arbeiten konnte. Er wurde auch nicht nach Rußland deportiert, wie viele andere Spezialisten, wo er hätte solche Filme herstellen können. Auch war Fischerkoesen Spezialist für Filmtricks und nicht für Waffentechnik.

Wie dem auch sei: Fischerkoesen kam 1948 frei und übersiedelte sofort mit seiner Familie und wenigen Geräten ins Rheinland. Dort hat er bis zu seinem Tod weiterhin Werbefilme, nun auch für das Fernsehen, produziert. Die Symbol-Figur des Hessischen Rundfunks (hr), Onkel Otto, ist wohl die bekannteste Schöpfung Fischerkoesens aus dieser Zeit. Sie wird auch heute noch von dem Sender verwendet.

Und: die Zeichnungen im Schälkeller stammen von ihm, das Figuren-Ensemble und die zeichnerische Technik sind durch eine Fülle seiner Werbefilme-Figuren belegbar. Dem steht gegenüber, daß das Format der Keller-Bilder nicht Fischerkoesens Format war, der – bedingt durch seine Filmarbeit – kleinere Formate bevorzugte. Auch verweisen hauchdünne, kaum sichtbare Rasterlinien auf den Kellerbildern auf die Möglichkeit, daß

Farbige Witz-Zeichnungen des deutschen Trickfilmregisseurs Hans Fischerkoesen an Wänden und Pfeilern der Schälküche diese nach separaten Vorlagen Fischerkoesens vergrößert und auf den Putz übertragen wurden. An Fischerkoesens Urheberschaft jedoch kann kein Zweifel bestehen. Die bisherigen Unklarheiten über die technischen Umstände der Entstehung (Beschaffung der Farben und Maler-Mittel) können vernachlässigt werden.

Was bleibt, ist, daß der erfahrene Mann mit seinen Mitteln einen freundlich-ironischen, humorvollen Beitrag schuf und eindrucksvoll fixierte, den Überlebenswillen der Schälkeller-Arbeiterinnen zu stärken. Es ist gut, daß dieses Zeugnis, ein Dokument eigener Art, erhalten blieb und in Kürze öffentlich zugänglich gemacht werden wird.

Günther Wieland
Der sowjetische Sachsenhausenprozeß 1947

Die im KZ Sachsenhausen verübten Verbrechen bildeten den Gegenstand zahlreicher Nachkriegsprozesse. Das Tatgeschehen in dem cirka zwei Dutzend Kilometer nördlich von Berlin errichteten, ab 12. Juli 1936 bis zur Befreiung am 22. April 1945 stets mit Häftlingen belegten Lager erörterten alliierte und deutsche Gerichte. Fanden die Hauptverhandlungen im Osten vorwiegend in der unmittelbaren Nachkriegszeit statt (seit 1955 gab es hier noch vier Urteile gegen drei SS-Angehörige und einen an seinen Mitgefangenen schuldig gewordenen Kapo), trug das Gros der einschlägigen westdeutschen Strafsachen Aktenzeichen der endfünfziger und sechziger Jahre.

Die relativ große Zahl deutscher Schuldsprüche (im Osten 44, im Westen, wohin 1945 zahlreiche Tatverdächtige gelangten, annähernd die gleiche Zahl)[1] belegt, daß es beiderseits der Elbe Anstrengungen gab, jene NS-Straftaten zielstrebig aufzuklären. Zugleich erlaubt sie den Vergleich der von den einzelnen Justizbehörden getroffenen Tatsachenfeststellungen und der ausgeworfenen Strafen. Jedoch ist dabei zu beachten: Nach der militärischen Zerschlagung des Hitlerregimes oblag gemäß dem Kontrollratsgesetz Nr. 10 vom 20. Dezember 1945 die Verfolgung von NS-Verbrechen den alliierten Militärgerichten. Nach Artikel III, Absatz 1, Buchstabe d dieses Gesetzes[2] konnten die Besatzungsbehörden deutsche Gerichte zur Ahndung solcher an Inländern oder Staatenlosen verübten Taten ermächtigen[3], während die Strafhoheit bezüglich der gegen Ausländer gerichteten NS-Kriminalität in den Händen der Alliierten blieb. Das engte die Kompetenz der einheimischen Justiz über Jahre ein. Liest man heute deren damalige Entscheidungen, fällt zudem der noch recht begrenzte Erkenntnisstand über das System der NS-Verbrechen im allgemeinen und das der Konzentrationslager im besonderen auf[4]. So blieben seinerzeit zum Teil Straftaten Schwerbelasteter unbekannt und unberücksichtigt, während man andererseits insbesondere in ostdeutschen Prozessen gegen Angeklagte, denen eine konkrete Tatbeteiligung nicht nachweisbar war und die ausschließlich wegen ihrer Zugehörigkeit zu einer im Nürnberger Hauptkriegsverbrecherprozeß für verbrecherisch erklärten Organisation[5] vor Gericht standen, zuweilen unangemessen hohe Strafen forderte. Mit dem letztgenannten Problem war freilich jener öffentliche Prozeß nicht konfrontiert, der zwischen dem 23. Oktober und dem 1. November 1947 vor dem Militärtribunal der Gruppe der sowjetischen Besatzungstruppen in Deutschland im Rathaus Berlin-Pankow stattfand.[6] Dessen Angeklagten waren, wie die Verhandlung erwies, tief in die in Sachsenhausen verübten Straftaten verstrickt.

Bestrafung der NS-Täter – ein alliiertes Hauptkriegsziel

Schon am 13. Januar 1942 hatten die im Londoner St.-James-Palast tagenden Vertreter der von Hitlerdeutschland besetzten Staaten Belgien, Frankreich, Griechenland, Holland, Jugoslawien, Luxemburg, Norwegen, Polen und der Tschechoslowakei in Gegenwart von Beobachtern Chinas, Großbritanniens, der UdSSR und der USA gefordert, die Bestrafung der Verantwortlichen der vom deutschen Faschismus verübten Straftaten zu einem alliierten Hauptkriegsziel zu erklären. Sie verwiesen dabei auf bekannt gewordene Verletzungen der Haager Konvention über die Gesetze und Gebräuche des Landkrieges vom Januar 1907[7] und gelobten „im Geiste internationaler Solidarität darauf zu achten, daß (a) jene Schuldigen oder Verantwortlichen, unabhängig von ihrer Nationalität, aufgespürt, der Rechtsprechung übergeben und abgeurteilt werden, (b) daß die verkündeten Urteile vollstreckt werden."[8] Diese Verpflichtung haben die Verbündeten in der Folgezeit wiederholt bekräftigt. Sie fand schließlich ihren Niederschlag in der Moskauer Erklärung der drei Hauptalliierten über die Verantwortlichkeit der Hitleranhänger für begangene Greueltaten vom 30. Oktober 1943, die als Geburtsurkunde der völkerrechtlichen Pflicht der Staaten zur Zusammenarbeit bei der Verfolgung jener Kriminalität gelten kann. In der im Namen von 32 Vereinten Nationen abgegebenen Deklaration gelobten die Signatare, die Tatbeteiligten „ganz gewiß bis an das äußerste Ende der Welt (zu) verfolgen und sie ihren Anklägern aus(zu)liefern, damit ihnen Gerechtigkeit geschehe."[9]

Zu dieser Zeit sind bereits – wie bekannt gewordene Vernehmungsprotokolle belegen – deutsche Kriegsgefangene in der UdSSR über das Tatgeschehen im KZ Sachsenhausen vernommen worden. Inwieweit so gewonnene Erkenntnisse in das 1947 angestrengte Strafverfahren einflossen, kann erst beurteilt werden, wenn die damaligen Akten auswertbar sind.

Die Voruntersuchung

Fest steht: Noch im Frühjahr 1945 nahmen die Besatzungsbehörden das Gros der späteren Angeklagten fest. Zehn von ihnen (Baumkötter, Eccarius, Ficker, Fresemann, Hempel, Höhn. Knittler, Körner, Rehn und Sorge), befanden sich am 8. Mai 1945 bereits in Gewahrsam – zum Teil noch in Kriegsgefangenschaft. Höhn und Hempel gesellten sich einen Monat später den in Ostdeutschland Ergriffenen zu: Höhn war am 1. Mai in usamerikanische Kriegsgefangenschaft gelangt, 13 Tage darauf in Untersuchungshaft genommen und den Briten übergeben worden, die ihn am 6. Juni 1945 der östlichen Besatzungsmacht SMAD überstellte. Kommandant Kaindl wurde am 14. Mai 1945 gefaßt. Der zu dieser Zeit schon elf Tage in Kriegsgefangenschaft befindliche Eccarius galt ab Februar 1946 als Untersuchungshäftling bis im Juni jenes Jahres seine Auslieferung erfolgte. Im gleichen Monat übernahm die SMAD Baumkötter an der Autobahn bei Helmstedt.

Zeitgleich mit den ersten Verhaftungen setzte die Beweissicherung am Tatort ein. So fand der Untersuchungsrichter der 1. belorussischen Front, Major Krassow, am 31. Mai im Bereich des Schießstandes sieben Glasbehälter mit einer durchsichtigen Flüssigkeit, deren chemische Untersuchung sie als Blausäurepräparat auswies. Im Verlauf jener Ermittlungen sind ab Juni 1945 von einer sowjetischen Juristenkommission sowohl ehemalige Häftlinge als auch deren einstige Bewacher mit vorgefundenen Beweisen konfrontiert und vernommen worden.[10]

Die Entscheidung, gegen jene SS-Männer einen öffentlichen Prozeß durchzuführen, dürfte im Dezember 1946 gefallen sein. Jedenfalls nahm am 27. Dezember 1946 „gemäß Aufforderung der Untersuchungsgruppe des Ministeriums für staatliche Sicherheit der UdSSR" vom gleichen Tage „in Sachen Nr. 1258 der Anklage gegen Kaindl, Anton; Höhn, August; Körner, Michael; und anderes ehemaliges führendes Personal des deutschen Konzentrationslagers ›Sachsenhausen‹" eine Gutachterkommission ihr Tätigkeit auf. Ihr Leiter war der gerichtsmedizinische Sachverständige Dr. W. I. Prosorowski. Als deren Mitglieder sind fünf sowjetische und drei deutsche Mediziner genannt, unter ihnen der Lehrstuhlinhaber für Gerichtsmedizin am zweiten Moskauer medizinischen Institut Professor Dr. W. M. Smoljaninow und Professor Dr. Arnold Ehricke von der Berliner Universität. Als Berater zog man zwei sowjetische und zwei deutsche Ärzte sowie zwei sowjetische Offiziere („Ingenieur und Technologe für das Fach Leder und Schuhzeug" bezw. „Ingenieur-Major, Chef der Amtsgruppe Kommunalwirtschaft und Bauwesen der Zentralmilitärkommandantur der Stadt Berlin") hinzu. Diese Zusammensetzung des Expertenteams dürfte sich durch den Gutachterauftrag erklären, der neben einigen medizinischen vorwiegend technische und historische Aspekte berührte. So sollte man zu Ausmaß, Fassungsvermögen und Charakter des Lagers, Lebensbedingung und Mortalitätsrate der Gefangenen, der Kapazität des Krematoriums und der Gaskammer, zur Natur und Herkunft der bei der Befreiung vorgefundenen Aschereste, Zahnprothesen und -kronen, zu im Lager gesicherten Kinder- und Frauenschuhen sowie den dort in sieben Fässern vorgefundenen Haaren und schließlich über „die ungefähre Anzahl der Opfer" Aufschluß geben. Den Gutachtern stand neben den Sachbeweisen „das Aktenmaterial der Voruntersuchung" zur Verfügung, auf das sich später deren 28seitige Expertise[11] wiederholt bezog. So zitierte man u.a. Einlassungen von Kaindl, Baumkötter, Höhn, Sakowski und Zander[12] und Häftlingsaussagen – so von Probst Heinrich Grüber, Hans Seigewasser, Rudolf Wunderlich, Franz Cyranek, Wilhelm Girnus.

Die Kommission führte am 27. Dezember 1946 bis 10. Januar 1947 ihre Untersuchungen und legte dann das Gutachten vor. In seinem ersten Teil beschrieb es die Beschaffenheit des Lagers unter besonderer Berücksichtigung des Erschießungsstandes und der (dort nicht so bezeichneten) „Station Z" mit Genickschußanlage, Gaskammer und Krematorium. Sodann schilderte es die zur Tatzeit herrschenden sanitären und hygienischen Verhältnisse und ging auf die Lebensbedingungen der Gefangenen unter besonderer Berücksichtigung der im Lager praktizierten verbrecherischen Versuche ein (experimentelle Prüfung der Gaswagen, Testen von vergifteten Explosivgeschossen, Sepsis- und Phlegmoneversuche u.ä.).

Abschließend bezifferte das Gutachten, gestützt auf die Auswertung der erbeuteten Unterlagen der Lagerschreibstube, der täglichen Veränderungsmeldungen über die Häftlingsstärke und der Statistiken der Politischen Abteilung, die Zahl der im Lager Umgekommenen als mit „100 000 nur minimal erfaßt".

Entstand die Stellungnahme der Sachverständigen mit auffälliger Eile, dauerte es dann mehr als ein dreiviertel Jahr, bis die sowjetische Militärstaatsanwaltschaft am 18. Oktober 1947 Anklage erhob.[13]

Die Hauptverhandlung

Von da bis zum Prozeß verstrichen hingegen nur fünf Tage. Am Nachmittag des 23. Oktober eröffnete der Gerichtsvorsitzende, Oberst der Justiz N.J. Majorow, die Verhandlung gegen sechs SS-Offiziere, sieben Unterführer, einen Zivilisten und zwei ehemalige Häftlinge.

Hauptangeklagter war SS-Standartenführer Anton Kaindl (45)[14], von 1942–45 Lagerkommandant. Daneben hatten sich SS-Untersturmführer August Höhn (43), seit 1944 Schutzhaftlagerführer; SS-Obersturmführer Michael Körner (33), nach 1939 Lagerführer; SS-Untersturmführer Ludwig Rehn (37), Arbeitseinsatzführer 1943-1945; SS-Obersturmführer Dr. Heinrich Baumkötter (35)[15], Lagerarzt seit 1942; und SS-Obersturmführer Heinrich Freesemann (33)[16], ab 1942 Leiter des Nebenlagers Klinkerwerk, zu verantworten.

Ferner standen vor Gericht: SS-Hauptscharführer Kurt Eccarius (42), seit August 1942 Leiter des Zellenbaues, dessen Wachmannschaft er schon zuvor angehörte; SS-Hauptscharführer Gustav Sorge (36), ab 1938 u. a. als Rapport- bezw. Arbeitsdienstführer eingesetzt, im Sommer 1942 mit der Leitung des Nebenlagers Berlin-Lichterfelde betraut; SS-Oberscharführer Wilhelm Schubert (30), der 22jährig 1939 Blockführer wurde und das bis 1942 war; SS-Oberscharführer Martin Knittler (31), von 1936–1944 Block- bezw. Rapportführer; SS-Oberscharführer Fritz Ficker (34), 1939–1942 Blockführer: SS-Oberscharführer Menne Saathoff (33), Blockführer 1939–1943 und SS-Unterscharführer Horst Hempel (37), seit 1941 Rapportschreiber.

Drei Angeklagte hatten nicht der SS angehört: Dr. Ernst Brennscheidt (30), Leiter der 1942 im Lager errichteten Schuhprüfstelle sowie die ehemaligen Häftlinge Karl Zander (60) und Paul Sakowski (27).

Nachdem Militärstaatsanwalt F.A. Beljaew die Anklageschrift verlesen hatte, vernahmen zunächst er, anschließend der jeweilige Verteidiger und sodann das Gericht die Angeklagten. Von den 26 ursprünglich benannten Zeugen hörte man 17 und schloß danach die Beweisaufnahme[17]. Am 30. Oktober plädierte der Anklagevertreter. Er stellte im einzelnen die in der Beweisaufnahme erörterten Straftaten unter besonderer Berücksichtigung des im Herbst 1941 an sowjetischen Kriegsgefangenen verübten Massenmordes dar und betonte, daß das Kontrollratsgesetz 10 für solche Verbrechen die Todesstrafe vorsähe: „Die Untäter, die auf der Anklagebank sitzen, haben dieses Strafmaß verdient.“ Da es jedoch in der UdSSR abgeschafft sei, beantragte er gegen alle Angeklagten lebenslänglichen Freiheitsentzug in Verbindung mit Zwangsarbeit.[18]

Dann kamen die fünf durchweg aus Moskau beigezogenen

Pflichtverteidiger zu Wort. Recht ausgewogen argumentierend mahnten sie ein differenzierteres Urteil an. Als erster charakterisierte Rechtsanwalt S.K. Kasnatschejew seine Mandanten Kaindl und Höhn als „Vollzieher der verbrecherischen Direktiven ihrer verbrecherischen Führung“ und fügte hinzu, „daß das Vorhandensein solcher Befehle bei der Feststellung des Grades, Umfangs und Charakters der Verantwortlichkeit nicht für ein neutrales Moment gehalten werden kann“.[19] Schließlich bat er, die Schuldbekenntnisse strafmildernd zu berücksichtigen. Seinem Kollegen N.P. Below oblag es, Körner, Baumkötter, Sorge und Schubert zu vertreten. Er fand, der Staatsanwalt habe zu wenig berücksichtigt, unter welchem Einfluß jene vier erzogen wurden. Als die Hitlerregierung an das Ruder kam, war Schubert gerade 16 Jahre alt, Körner 18, Baumkötter 20 und Sorge 21. So wären sie letztlich für „Lüge, Barbarei, Wortbrüchigkeit und der sozialen Demagogie“ der NS-Bewegung besonders anfällig gewesen. Abschließend berief sich Below auf den russischen Feldherrn Suworow: „Dem Sieger geziemt Großmut“.[20] K.D. Tschishow war Brennscheidt, Sakowski und Zander beigeordnet. Er schilderte eindringlich, wie die SS den damals 20jährigen Häftling Sakowski mit dem Versprechen gefügig machte, bald entlassen zu werden, wenn er bereit sei, angebliche Kindesmörder zu henken. Der wegen eines Wäschediebstahls mit 53 Jahren ins KZ gekommene Zander sei selbst gemäß Anklage „nicht vom Blute der unmittelbaren Ermordungen besudelt“ (er war im Krematorium an der Verbrennung der Leichen beteiligt) und Brennscheidt säße als Vertreter der Schuhprüfstelle des Reichswirtschaftsministeriums auf der Anklagebank. Mit „unverständlichem Pedantismus“ habe er wohl seine Aufgabe erfüllt, das Schuhläuferkommando aber weder aufgestellt noch unmittelbar an Exzessen teilgenommen.[21]

Der Advokat W.N. Gawrilow bat, bei der Beurteilung von Rehn, Saathoff und Knittler „die geschichtlich entstandenen Verhältnisse und die Bedingungen nicht außer acht (zu) lassen, unter denen sie lebten, handelten und ihre Untaten vollbrachten.“[22] Als letzter sprach N.T. Sidorenko: Zur Entlastung trug er vor, Freesemann habe nur auf Befehl gehandelt, Eccarius sei an der Massenerschießung sowjetischer Kriegsgefangener nicht

Der Sachsenhausen-Prozeß 1947 in Berlin-Pankow, der erste öffentliche Prozeß eines Sowjetischen Militätribunals, verurteilte Mitglieder der SS-Wachmannschaft des NS-KZ Sachsenhausen

Blick in den Gerichtsraum (li. die Kamera für Dokumentarfilmaufnahmen)

Vernehmung des Angeklagten Anton Kaindl, ehemaliger Lagerkommandant

beteiligt gewesen und Ficker sowie Hempel müßten als „verhältnismäßig kleine Leute“ betrachtet werden. Im übrigen gäbe es bei den 16 auf der Anklagebank Sitzenden durchaus Differenzen. So unterscheide sich „der laute Schreier Schubert“ durch „sein dreistes, vorlautes Auftreten vor Gericht“ (das ihm eine Ermahnung des Vorsitzenden eingebracht habe) von den anderen: „In diesem Geschrei hört man jetzt unwillkürlich den Widerhall der wilden Befehle und zynischen Verhöhnungen“. Schließlich bat er, die individuelle Beurteilung jedes Angeklagten möge im Strafmaß in „womöglich größerer Milde“ gegenüber seinen Mandanten Niederschlag finden.[23]

Das Urteil

Bereits am Abend des 1. November erging der Schuldspruch: gegen Dr. Brennscheidt und Zander lautete er auf je 15 Jahre Haft, bei den anderen Angeklagten auf lebenslängliche Haft, in allen Fällen verbunden mit Zwangsarbeit.[24]

Urteil und Prozeßverlauf sind differenziert zu bewerten. Zweifellos unterschieden sie sich von dem, was wir heute von anderen Prozessen sowjetischer Militärgerichte wissen: In Pankow verhandelte man öffentlich (in Gegenwart ausländischer Beobachter) und das Gericht war erkennbar bemüht, die individuelle strafrechtliche Verantwortlichkeit festzustellen. Es entging so dem Makel einer Kollektivverurteilung. Die Beschuldigten waren weitgehend geständig. Deren auffällige Aussagefreudigkeit hat freilich zu Diskussionen geführt. Einerseits steht fest, daß sich die Beschuldigten in der Voruntersuchung am Tatort mit erdrückenden Sachbeweisen und den Aussagen ehemaliger Häftlinge konfrontiert sahen. Soweit der Autor Gelegenheit hatte, seinerzeit Verurteilte bezw. mit ihnen in Haft gewesene und teils in diesem Verfahren als Zeugen gehörte andere Sachsenhausener SS-Leute später zu ihrer damaligen Situation zu befragen, verwiesen sie übereinstimmend auf harte Haftbedingungen und manche auch auf energische Vernehmungsoffiziere. Gleichwohl gab keiner an, zur Aussage gepreßt worden zu sein. Das deckt sich mit den mir vor Jahrzehnten bestätigten Wahrnehmungen, die der sowohl um die umfangreichen Sachsenhausen-Ermittlungen der Kölner Zentralstelle zur

Aufklärung nationalsozialistischer Massenverbrechen in Konzentrationslagern als um die Abstimmung mit den dieses Lager betreffenden DDR-Recherchen[25] verdienstvolle nordrhein-westfälische Staatsanwalt Kurt Pfeufer gewann. Diese Aussage erstreckte sich freilich ausschließlich auf den hier dargestellten Prozeß, zu dem detaillierte Erkenntnisse zur Verfügung stehen.

In einem für die Tagung des Rates der Außenminister der vier verbündeten Hauptmächte vom 20.–25. Februar 1947 bestimmten Bericht des Alliierten Kontrollrates in Deutschland war dagegen – wohl auf Angaben der Sowjetischen Militäradministration beruhend – verallgemeinernd dargetan worden: „In allen Provinzen und Bezirken der sowjetischen Besatzungszone wurden spezielle Abteilungen gebildet, die die Untersuchung durchführten und die Schuld eines jeden Verhafteten feststellten. Erst nach der Feststellung einer Schuld wurden die gesamten Unterlagen an das Militärtribunal zur Überprüfung der strafrechtlichen Verfolgung dieser Personen weitergeleitet."[26] So wenig diese auch in ihrer Diktion aufschlußreiche Passage (die Schuld stellten danach spezielle Abteilungen fest, während dem Gericht nur eine überprüfende Funktion oblag) das Geschehen vieler Verhandlungen der sowjetischen Militärtribunale widerspiegeln dürfte, ist die Berechtigung der Schuldsprüche des Pankower Prozesses unstreitig.

Gleichwohl bedürfen dessen Verhandlungsprozedur und Beweiswürdigung in dreierlei Hinsicht auch kritischer Distanz:

Erstens konnte in der Eile der nur wenige Tage währenden Hauptverhandlung eine sachkundige Aufhellung aller den Beschuldigten anzulastenden schwerwiegenden Straftaten nicht erfolgen.[27] In dieser knappen Frist das sich zum Teil über nahezu ein Jahrzehnt erstreckende Tatgeschehen[28] mit der für eine Aburteilung erforderlichen zuverlässigen Beweisführung in jedem Detail aufzuklären, war schlichtweg unmöglich. Das demonstrieren nicht zuletzt die damaligen Erfahrungen anderer mit der Ahndung von NS-Verbrechen betrauter alliierter und deutscher Gerichte. So erging Monate zuvor das Urteil des Landgerichts Dresden gegen Prof. Paul Nitsche und 18 andere wegen Tötung von Patienten in Heil- und Pflegeanstalten trotz eines vergleichbar überschaubaren Prozeßgegenstandes und zügiger Verhandlungsführung erst nach mehrwöchiger Beweisaufnahme.[29] Daß in Pankow nicht alle möglichen Schuldvorwürfe zur Sprache kamen, gereichte den SS-Angeklagten freilich nicht im Strafmaß zum Vorteil, da das ja ohnehin die damalige Höchststrafe darstellte. Andererseits ist dem Urteil aber nicht zu entnehmen, wodurch das Gericht dort die Schuld erwiesen sah, wo Beschuldigte die Teilnahme an einzelnen Straftaten bestritten (Freesemann z. B. die Mitwirkung an der Erschießung eines us-amerikanischen Fliegers im Klinkerwerk). Solchen Einwänden ging schon die Anklageschrift nicht nach, sobald ein Zeuge Gegenteiliges bekundet hatte. Ob diese Position in der Hauptverhandlung aufrecht erhalten blieb, ist den bislang vorliegenden Erkenntnissen nicht zu entnehmen. Das knapp begründete Urteil enthält dazu keine Ausführungen.[30] Gewiß ist ein ausreichender Schuldnachweis auch mit einer einzigen Zeugenaussage zu führen. Das zeigten andere Sachsenhausenprozesse. So führte der Anklagevertreter der beiden großen Kölner Verhandlungen (1964/65 und 1969/70) aus: „Bei zwei großen Schwurgerichtsverfahren in NS-Sachen, die ich vertreten durfte, hat das Gericht in mehreren Fällen lediglich aufgrund einer einzigen Zeugenaussage, die 25 bezw. 30 Jahre nach der Tat gemacht worden ist, auf schuldig erkannt."[31] Demgegenüber fand die Pankower Verhandlung statt, als den Zeugen das Tatgeschehen in relativ frischer Erinnerung war. Gleichwohl erfordert das Abwägen einer belastenden Aussage gegenüber dem leugnenden Verdächtigen stets eine eingehende Begründung, warum diesem oder jenem (bezw. keinem) Vorbringen nach richterlicher Überzeugung Glaubwürdigkeit beigemessen wird. In KZ-Verfahren ist es (nicht zuletzt wegen der oft anonymisierenden Wirkung von Uniformen) außerordentlich bedeutungsvoll zu wissen, wie verläßlich der Zeuge den der Tat Bezichtigten kannte und unter welchen Umständen er sein Wissen erlangte. So „ist bei Fällen, in denen für jemanden selbst bei seiner Beobachtung Gefahr für Leib oder Leben bestand, trotz des Umstandes, daß das Erleben für ihn besonders einprägsam sein mußte, Vorsicht geboten. Das Nacherleben von Situationen kann zu Fehlfolgerungen führen."[32] Solche Überlegungen sind in der Entscheidung vom 1. November 1947 nicht enthalten, wobei freilich zuzugestehen ist, daß man damals am Anfang der justitiellen Aufarbeitung der NS-Kriminalität stand und noch nicht über jene Erfahrungen verfügte, die zwischenzeitlich gewonnen wurden.

Ein zweiter Mangel des Urteils besteht darin, daß seine Gründe oft außerordentlich allgemein abgefaßt, die Zahl der Opfer bestimmter Verbrechen recht summarisch hochgerechnet und Tatzeiten zum Teil unrichtig zugeordnet sind. So heißt es: „Im Mai 1944 organisierte Höhn die Erschießung von 27 deutschen Antifaschisten und führte sie persönlich durch."[33] In der Tat handelte es sich dabei um die von H. geleitete Erschießung von 24 Deutschen (unter ihnen die KPD-Abgeordneten Ernst Schneller, Mathias Thesen, Gustl Sandner) und drei Franzosen am 11. Oktober 1944 im Industriehof. Ist dieses Verbrechen zumindest noch zu identifizieren, ermöglichen das andere Passagen des Urteils nicht, so wenn es z. B. über Höhn heißt, daß er 1945 die Erschießung „einer Gruppe von polnischen Häftlingen und Angehörigen anderer Nationalitäten leitete."[34] Die mangelnde Konkretisierung dieses Tatgeschehens behinderte spätere Recherchen, so die Prüfung, ob der Verurteilte damals wegen Straftaten vor Gericht gestanden hatte, die erst Jahre danach exakt aufgeklärt werden konnten.

Sind diese Fehler wohl noch dem Umstand zuzuschreiben, daß sich die Richter mit nach Ausmaß und Intensität bis dahin unvorstellbaren Verbrechen konfrontiert sahen, trifft das auf den dritten Mangel nicht zu. Er bestand in den nahezu undifferenzierten Schuldsprüchen: So traf den seit 1942 residierenden Kommandanten Kaindl die gleiche Strafe wie den als Jugendlichen festgenommenen und später in das KZ überführten Sakowski. Ohne dessen Schuld zu übersehen bleibt unumstößlich: Die Verantwortung des gehobenen SS-Führers überragte weit die des mißbrauchten Gefangenen. Dennoch schickte das unanfechtbare Urteil beide zur lebenslangen Zwangsarbeit.

Das weitere Schicksal der Verurteilten

Noch im Dezember 1947 gelangten die 16 Verurteilten zur Strafverbüßung in die UdSSR. In dortigen Straflagern sind fünf von ihnen verstorben, wobei der genaue Todestag wohl nur von

Michael Körner bekannt ist, nämlich der 15. Februar 1948. Den ungefähren Sterbetag kennt man von Fritz Ficker (Mai/Juni 1948) und Heinrich Freesemann (Frühjahr 1948). Alle vier kamen ebenso in Workuta um wie vermutlich im Frühjahr 1948 Menne Saathoff. Demgegenüber ist von Anton Kaindl bis-lang nur bekannt, daß er während der Haft in der UdSSR gestorben ist.

Die übrigen Verurteilten sind 1955/56 aus der UdSSR nach Deutschland überstellt worden. Während man den aus Schlesien stammenden Sakowski in den DDR-Strafvollzug überführte, kamen die anderen in die Bundesrepublik. Trafen einige dort bereits im Herbst 1955 ein (so Eccarius am 14. September), folgten Sorge und Schubert mit einem Transport Nichtamnestierter am 14. Januar 1956. Zwischen dieser Kategorie und den Amnestierten unterschied die UdSSR. Mit ihrer einseitigen Willenserklärung[35] gab sie der Erwartung Ausdruck, daß die erstgenannte Gruppe in Deutschland erneut in Strafhaft genommen würde. Während das die DDR als bindend empfand[36], ließ die Bundesrepublik sämtliche Aufgenommenen frei. Das führte gerade wegen der Sachsenhausener SS-Leute dort bald zu nachhaltigen öffentlichen Protesten – insbesondere durch die Vereinigung der Verfolgten des Naziregimes –, die schließlich in detaillierte Strafanzeigen mündeten. In der Tat sah sich die bundesdeutsche Justiz veranlaßt, gegen die Freigekommenen strafprozessuale Ermittlungen anzustrengen, die zu Hauptverhandlungen führten.[37] Bald umschlossen westdeutsche Haftanstaltstore alle jene SS-Angeklagte des Pankower Prozesses, die die sowjetischen Straflager überlebt hatten. Während sich Martin Knittler am 13. Juli 1958 im Gefängnis Bonn durch Suizid einer erneuten Hauptverhandlung entzog, fanden sich seine Tatgenossen durchweg auf der Anklagebank wieder und wurden letztlich wie folgt abgeurteilt: Am 6. Februar 1959 erkannte das Landgericht Bonn (8 Ks 1/59) Gustav Sorge des Mordes in 67 Fällen und des versuchten Mordes in 20 Fällen sowie der Anstiftung zum Mord und der Beihilfe zum Mord und Totschlag für schuldig. Bei Wilhelm Schubert sah das Gericht den Tatbestand des Mordes in 46 Fällen, den des versuchten Mordes in acht Fällen und den der Beihilfe zum versuchten Mord als erfüllt an. Beide wurden zu lebenslanger Haft verurteilt.[38] Das Bonner Gericht charakterisierte Sorge als „alten Kämpfer" der NSDAP, der er im Januar 1931 unter dem Einfluß seines Onkels (damals Ortsgruppenleiter in Breslau) beitrat. Zu Schubert hieß es: „Er war nicht der politische Eiferer und Fanatiker … Er blieb ohne innere Reife … Orden waren für ihn wichtiger als Mord … Menschen wie er waren die brauchbarsten Diener des NS-Regimes."[39] Während Sorge in der Vollzugsanstalt starb, kam Schubert 1987 frei, nachdem er sich mehr als vier Jahrzehnte in Strafhaft befunden hatte.[40]

Am 15. Oktober 1960 fällte das Landgericht Düsseldorf (8 Ks 2/59) folgende Entscheidung: „Der Angeklagte Höhn ist des Mordes in acht Fällen sowie der Beihilfe zum Mord in fünf Fällen und der Beihilfe zum Totschlag in zwei Fällen schuldig. Er wird zu lebenslagem Zuchthaus verurteilt." Zugleich erging gegen Hempel wegen Beihilfe zum Mord in drei Fällen eine Gesamtstrafe von fünf Jahren Zuchthaus.[41]

Am 19. Februar 1962 verkündete das Landgericht Münster (6 Ks 1/61) das Urteil gegen Dr. Baumkötter: wegen „Verbrechens der Beihilfe zum Mord in zwei Fällen und einer weiteren Beihilfehandlung zu 14 in Tatmehrheit stehenden Verbrechen des Mordes" erhielt er eine Zuchthausstrafe von acht Jahren, die durch die Untersuchungshaft in der Bundesrepublik und die UdSSR-Haft als verbüßt galt.[42]

Schließlich erkannte das Landgericht Coburg (2 Ks 3/62) am 30. November 1962 gegen Eccarius auf vier Jahre Zuchthaus wegen „vierer rechtlich zusammentreffender Verbrechen des versuchten Totschlags in Tatmehrheit mit zwei weiteren rechtlich zusammentreffenden Verbrechen des versuchten Totschlags."[43]

Sämtliche dieser Entscheidungen haben Rechtskraft erlangt. Damit sind alle jene SS-Angeklagten des Pankower Prozesses, die aus der UdSSR in die Bundesrepublik gelangten, dort erneut strafrechtlich zur Verantwortung gezogen worden.

Anmerkungen:

1 Dabei handelt es sich um SS-Angehörige (einschließlich der des Wachbataillons) und um an ihren Mitgefangenen schuldig gewordene Häftlinge. Einige von ihnen hatten sich zugleich oder ausschließlich wegen ihres Verhaltens an anderen Tatorten zu verantworten. So erkannte das Landgericht Ansbach gegen den Sach-

senhausener SS-Obersturmführer Karl Chmielewski wegen in Mauthausen begangener Verbrechen auf lebenslanges Zuchthaus. – Die Zahl der bundesdeutschen Sachsenhausen-Urteile mindert nicht die Kritik an verschiedentlich ungerechtfertigt niedrigen Strafen, die dort vor allem gegen Beteiligte der Massenerschießung sowjetischer Kriegsgefangener ergingen sowie an Einstellungsverfügungen, die u.a. Angehörige der Politischen Abteilung der Strafverfolgung enthoben.

2 Amtsblatt des Alliierten Kontollrates, Nr. 3 v. 31.1.1946, S. 50ff.

3 Davon haben die Besatzungsmächte unterschiedlich Gebrauch gemacht: Geschah das in der sowjetischen und us-amerikanischen Zone von Fall zu Fall, ergingen in der britischen durch Verordnung Nr. 47 v. 30.8.1946 (Justizblatt für Aurich, Oldenburg und Osnabrück 1946, Nr. 14, S. 129) und in der französischen Zone durch die – hier allerdings auf Straftaten, die „unter Deutschen" begangen worden waren, beschränkte – Verordnung Nr. 173 (Journal Officiel, Amtsblatt des französischen Oberkommandos in Deutschland, Nr. 206 v. 5.10.1948, S. 1684ff.) allgemeine Ermächtigungen. – Im Westen wurde jene Kompetenzbegrenzung mit dem Gesetz Nr. 13 des Alliierten Hohen Kontrollrates betreffend die „Gerichtsbarkeit auf den vorbehaltenen Gebieten" am 1.1.1950 aufgehoben (Amtsblatt der Alliierten Hohen Kommission, S. 54). In Ostdeutschland sind m.E. nach der Überstellung der Insassen sowjetischer Internierungslager an die DDR im Jahre 1950 keine Inländer wegen Teilnahme an vor dem 8. Mai 1945 verübter Straftaten von sowjetischen Gerichten verurteilt worden. Gleichwohl erlosch deren formelle Zuständigkeit erst mit dem Vertrag über die Beziehungen beider Staaten vom 20.9.1955 (GBl. I, S. 917), der insoweit mit dem Abkommen vom 24.4.1957 (GBl. I, S. 237 u. 285) eine Konkretisierung erfuhr.

4 So war z. B. im Nürnberger Hauptkriegsverbrecherprozeß das Protokoll der Wannseekonferenz nicht bekannt. Robert Kempner hat geschildert, daß man dessen Existenz zwar vermutete, seiner aber erst im Frühjahr 1947 in Berlin habhaft wurde. – Vgl. dazu: K. Drobisch/G. Wieland, System der NS-Konzentrationslager 1933-1939, Berlin 1993.

5 Daß die Brandmarkung von Organisationen bei der strafrechtlichen Verfolgung von deren Angehörigen wegen der damit zwangsläufig verbundenen Aushöhlung des Prinzips der individuellen Verantwortlichkeit wenig hilfreich ist, wurde u.a. während des AIDP-Seminars zu Problemen der internationalen Verbrechen und des Strafrechts im brandenburgischen Wustrow im Juni 1988 dargetan (Vgl.: U. Dähn/M. Weyrauch in: Neue Justiz 1988, H. 10, S. 417ff.).

6 Das Protokoll ist auszugsweise veröffentlicht in: Todeslager Sachsenhausen. Ein Dokumentarbericht vom Sachsenhausenprozeß. Zusammengestellt von F. Sigl. Berlin 1948,

7 RGBl. 1910, Nr. 2, S. 132ff.

8 Zit. nach: History of the United Nations War Crimes Commission and the development of the Laws of War, London 1948, S. 90.

9 Potsdamer Abkommen, Ausgewählte Dokumente zur Deutschlandfrage 1943 bis 1949, Berlin 1971, S. 22.

10 Die Dokumentation „Damals in Sachsenhausen. Solidarität und Widerstand im Konzentrationslager Sachsenhausen." Hrsg. Komitee der Antifaschistischen Widerstandskämpfer in der DDR, Berlin o.J. weist den Beginn deren Tätigkeit per Juni 1945 aus.

11 Eine Ablichtung der deutschen Fassung besitzt der Autor.

12 Auf Seite 18 erwähnt das Gutachten den „Angeklagten Rose", den man jedoch nicht in diesem Prozeß sondern gesondert verurteilte. Es handelt sich um den am 11.4.1955 in sowjetischer Haft verstorbenen SS-Unterscharführer Paul Rose.

13 Die zögerliche Haltung der Anklagevertretung könnte mit einer damals vorbereiteten Änderung des UdSSR-Strafgesetzbuches korrespondiert haben: Am 26.5.1947 schaffte man dort die 1951 wieder eingeführte Todesstrafe ab. Dagegen erscheint es fraglich, ob die Ende 1946 erfolgte Festnahme des Angeklagten Schubert den Prozeßbeginn beeinflußte. – Die Schilderung der Umstände von dessen Festnahme sind in dem Buch von Wilhelm Girnus, Aus den Papieren des Germain Tawordschus. Unvollständiger Bericht über eine Lebenserfahrung. Rostock 1982, S. 329 mit weitgehender dichterischer Freiheit dargestellt.

14 Sämtliche Altersangaben beziehen sich auf das Jahr 1947.

15 Im „Todeslager Sachsenhausen" (Anm. 6, S. 199) wird Baumkötter als Hauptscharführer bezeichnet. Falls es sich nicht um einen Druckfehler handelt, ist dem Gericht dessen wahrer Dienstgrad verborgen geblieben.

16 Auch Freesemann erhielt dort den unzutreffenden Dienstgrad Oberscharführer (Ebenda).

17 Im „Todeslager Sachsenhausen" wird der Verzicht wenig überzeugend so begründet: „Bereits nach der Vernehmung von 17 Zeugen, sowjetischer, polnischer, tschechoslowakischer und deutscher Staatsbürger, ehemaliger Häftlinge … konnte der Gerichtshof den Sachverhalt als völlig aufgeklärt erachten und in Übereinstimmung mit dem Staatsanwalt und den Verteidigern von weiteren Zeugenvernehmungen Abstand nehmen." (a.a.O., S. 124).

18 a.a.O., S. 137.

19 a.a.O., S. 145.

20 a.a.O., S. 169.
21 a.a.O., S. 169ff
22 a.a.O., S. 182.
23 a.a.O., S. 185ff.
24 a.a.O., S. 198ff.
25 Auf den „wirksamen Beitrag“ der DDR zur Strafverfolgung dort angeklagter Sachsenhausener SS-Leute, verwies u.a.: A. Rückerl, Die Strafverfolgung von NS-Verbrechen 1945-1978. Eine Dokumentation. Heidelberg – Karlsruhe 1979, S. 146.
26 Abgedruckt in: Um ein antifaschistisch-demokratisches Deutschland. Hrsg.: Ministerium für Auswärtige Angelegenheiten der UdSSR. Berlin 1968, S. 387ff. (389)
27 Naturgemäß beschränkt sich der justitielle Aufklärungsrahmen auf jene Straftaten, die den Personen zur Last gelegt werden, gegen die sich die jeweiligen Ermittlungen richten. So konnte das grauenvolle Geschehen des heimtückischen Massenmordes am bitterkalten 18. Januar 1940, dem 78 Häftlinge (und am nächsten Tag weitere 67) zum Opfer fielen, in Pankow nicht gesühnt werden, weil die Hauptverantwortlichen dort fehlten: Der damalige Lagerführer Rudolf Höss (später Kommandant des KZ Auschwitz und auf dessen Gelände am 16.4.1947 gehenkt) sowie Arbeitsdienstführer Gerhard Palitzsch (später ebenfalls in Auschwitz und am 7.12.1944 in Ungarn gefallen). Dagegen bleibt unverständlich, daß z.B. die bestialische Ermordung des österreichischen Staatsanwalts Karl Tuppy (Anklagevertreter im Wiener Dollfußmordprozeß) am 15.11.1939 unberücksichtigt blieb. Vgl. Harry Naujoks, Mein Leben im KZ Sachsenhausen, 1936 – 1942. Erinnerungen des ehemaligen Lagerältesten. Berlin 1989, S. 176ff. u. 145f. – Der dort erwähnte und in Pankow vernommene Augenzeuge R. Wunderlich hatte die Tatumstände dieses Mordes – einschließlich der Beteiligung von Schubert und Sorge – bereits 1944 in der Illegalität (nach geglückter Flucht aus dem KZ) in seinem damals in einem märkischen Pfarrhaus verborgenen Erlebnisbericht „K.Z. Sachsenhausen bei Oranienburg von März 1939 bis Juni 1944“, S. 57 geschildert (bislang unveröffentlicht, Kopie im Besitz des Autors).
28 So gehörte Knittler seit 1936 zur Sachsenhausener SS.
29 Umfassend dazu: J.S. Hohmann, Der „Euthanasie“-Prozeß Dresden 1947. Eine zeitgeschichtliche Dokumentation, Frankfurt a. M. 1993.
30 Vgl. Anmerkung 24.
31 K. Pfeufer, Verläßlichkeit von Zeugenaussagen, in: Beiträge zur gerichtlichen Medizin, Wien, Bd. XXIX (1972), S. 14ff.
32 Ebenda

33 Todeslager Sachsenhausen, S. 205

34 Ebenda

35 Diese – in erster Linie wohl an die eigene, aber auch an die internationale Öffentlichkeit gerichtete – UdSSR-Erklärung besaß nicht die Qualität einer zwischenstaatlichen Vereinbarung und entbehrte der bindenden Wirkung für die übernehmenden Staaten. Daß sich die DDR dennoch ohne inhaltliche Prüfung der sowjetischen Schuldsprüche zu deren weiterer Vollstreckung verpflichtet fühlte, beruhte ausschließlich auf politisch-ideologischen Erwägungen.

36 Neben Sakowski kamen die in weiteren SMT-Prozessen verurteilten SS-Hauptscharführer Johann Nowacki (Rapportführer) und der Kommandeur des Sachsenhausener Totenkopf-Bataillons, SS-Sturmbannführer Gustav Wegner, in den DDR-Strafvollzug. Alle drei haben 24 bezw. 25 Jahre Strafhaft verbüßt.

37 Die von UdSSR-Gerichten wegen NS-Verbrechen Abgeurteilten konnten dort erneut angeklagt werden. Dagegen mußten die von den Westalliierten strafrechtlich zur Verantwortung Gezogenen nach ihrer Freilassung gemäß Artikel 3 Absatz 3b des zwischen der Bundesrepublik und den USA, Großbritannien und Frankreich geschlossenen Vertrages zur Regelung aus Krieg und Besatzung entstandener Fragen (BGBl. 1955, T. II, S. 405) unbehelligt bleiben. Ein am 9.4.1975 in Kraft getretener Vertrag räumte der Bundesrepublik jedoch das Recht ein, Verfahren gegen solche Personen durchzuführen, die in Frankreich in Abwesenheit verurteilt waren (BGBl. 1975, II, S. 431).

38 Justiz und NS-Verbrechen. Sammlung deutscher Strafurteile wegen nationalsozialistischer Tötungsverbrechen (im folg.: JuNS-V) Bd. XV, Amsterdam 1976, S. 399.

39 JuNS-V S. 418 u. 655.

40 profil, Das unabhängige Nachrichtenmagazin Österreichs, Wien 1987/30, 27.7.1987, S. 40ff. Dort auch zum Fall K. Tuppy (siehe Anmerkung 27): 1987/27, S. 45ff., 1987/28, S. 46ff u. 1987/29, S. 46ff.

41 JuNS-V Bd. XVI, Amsterdam 1976, S. 611. – Nachdem er etwa zwei Jahrzehnte in Strafhaft war, kam Höhn zur Entlassung.

42 JuNS-V Bd. XVIII, Amsterdam 1978, S. 215.

43 a.a.O., S. 765

Günter Agde
Lager Sachsenhausen im Film

Es klingt unwahrscheinlich, ist aber Tatsache: Im streng von der Außenwelt isolierten Speziallager Nr. 7, Sachsenhausen bei Berlin, wurden Dokumentarfilm-Aufnahmen gedreht. Sie wurden in dem Dokumentarfilm „Todeslager Sachsenhausen" (sw, 27 Minuten) verwendet, den der Produktionsleiter Richard Brandt für die DEFA produzierte und für den der Publizist Karl Schnog, der von 1940 bis 1945 selbst Häftling in NS-KZ – auch in Sachsenhausen – war, den Kommentartext schrieb. Dieser Film ist der erste Dokumentarfilm, der die NS-KZ aus deutscher Sicht thematisierte.

Richard Brandt verwandte Archivmaterial über NS-KZs, das die Frontkameraleute der Alliierten bei der Öffnung, der Befreiung der Lager aufnahmen, drehte jedoch große Teile vor Ort, in Sachsenhausen, neu hinzu. Die technischen Strukturen der Neu-Aufnahmen und der damalige Stand der Filmtechnik lassen den Schluß zu, daß an diesen Dreharbeiten noch mindestens zwei Techniker, ein Kameramann und ein Beleuchter, beteiligt waren. Schnitt- oder Rest-Material und Produktions-Unterlagen sind nicht erhalten.

Der Filmhistoriker Günter Jordan skizziert den Inhalt des Films folgendermaßen: „Der Film beginnt mit dem belebten, von vielen Ausländern besuchten Berlin Ende der 30er Jahre. Eine inszenierte Sequenz erinnert an Spitzelei und Verhaftungen. 30 km vor Berlin war der erste elektrische Zaun und das Tor mit der Aufschrift „Arbeit macht frei": Sachsenhausen. Eine Trickaufnahme stellt dieses Konzentrationslager in den Zusammenhang mit dem System der KZ, die, einem Spinnennetz gleich, über Deutschland verteilt waren. Im zweiten Teil schildert der Film die Einrichtung des Lagers. Im dritten Teil ist er mit Originalton bei einem Lokaltermin dabei, als sowjetische Offiziere einen SS-Aufseher vernehmen, der die Praxis der Peinigung und Vernichtung minutiös erklärt. Der Film schließt mit einer Porträtfolge der Henker im Polizeifoto-Stil: Schaut sie euch an!"[1]

Der Film ist mit der „frischen Wut" des Kriegsendes gemacht, als die Naziverbrechen allgemein detailliert bekannt wurden und als europaweit mit ihren Urhebern abgerechnet wurde. In Szenenabfolge und Vokabular des Kommentars (eingeschlossen die stimmungsuntermalende Musik) praktiziert der Film ein Enthüllungs- und Aufklärungspathos, das deutlich der unmittelbaren Nachkriegszeit geschuldet ist. Der Film strebt eine einfach-lineare Beweisführung an: er benennt Opfer und den Ort der Verbrechen und führt die (einige) Verbrecher vor. Im Zentrum stehen vor allem die Opfer, die die Sowjetunion in den NS-KZ gebracht hat. Noch wird nicht zu anderen Opfergruppen unterschieden, die Juden fehlen völlig. Hingegen wird die europäische Dimension des NS-KZ-Systems exakt beschrieben. Relativierend sei angemerkt, daß deutschen Filmschaffenden 1946 tatsächlich noch nicht viele historische Fakten über das NS-System bekannt waren. Und: mit Sicherheit entstand der Film im Konsens mit Intentionen der SMAD, was seine Sowjetunion-"Lastigkeit" erklärt.

Ein genaues Anlauf-, sprich Uraufführungs-Datum des Films ist nicht bekannt, aber das Jahr 1946 als Produktions- und Uraufführungsjahr kann als gesichert gelten.[2] Der Film wurde im Beiprogramm zu Wochenschau und Hauptfilm, aber auch in Sonderveranstaltungen, in Kinos der SBZ und Berlins gezeigt. Premieren- bzw. Uraufführungsberichte oder -rezensionen sind nicht überliefert. Der Film wurde am 24. Oktober 1947 während des Sachsenhausen-Prozesses, den ein Sowjetisches Militärtribunal gegen ehemalige Bewacher des NS-KZ in Berlin-Pankow durchführte, gezeigt, einen Tag nach der Anklageerhebung, zur Illustration, nicht zur Beweisführung der Anklage. Seit der Eröffnung der Nationalen Mahn- und Gedenkstätte Sachsenhausen 1961 wurde der Film regelmäßig im Kinosaal der Gedenkstätte gezeigt.[3] In den von ihm gedrehten Teilen des Films bedient sich Regisseur und Produzent Richard Brandt eines einfachen, dramaturgischen Mittels: er läßt einen Augenzeugen, den ehemaligen NS-KZ-Häftling Fritz Börner, für die Kamera (sprich: für den Zuschauer) verschiedene Bereiche und Gebäude des Lagers zeigen, Einzelheiten der Einrichtung (Galgen, Erschießungsstand, Zellenbau, Krankenrevier etc.) demonstrieren und schreckliche Hinterlassenschaften der Verbrechen (Berge von Knochen, Haaren und Zahnprothesen) vorführen. Die zum Verständnis notwendigen textlichen Erläuterungen gibt der Kommentar im off, nicht der Zeuge. Zu einigen der von Börner vorgeführten Einrichtungen schneidet Richard Brandt Archiv-Filmmaterial, das in anderen NS-KZ aufgenommen wurde, bedenkenlos zur Demonstration des NS-KZ Sachsenhausen hinein. Auch an den Vernehmungen des SS-Henkers Sakowski durch Offiziere der Roten Armee, bei denen die Funktionsweise der Vernichtungseinrichtungen Gaskammer und Genickschußanlage erklärt wird, nimmt Fritz Börner, wiederum ohne Original-Ton, teil. Börner (1894–?) war als politischer Häftling im NS-KZ Sachsenhausen gefangen und dort von 1937–43 Blockältester.[4] Die Regie gestaltet ihn bescheiden und einfach, jedoch ostentativ gleichberechtigt auf Seiten der Sieger, der Offiziere der Roten Armee.

Diese Szenen der Tatort-Besichtigung, des Lokaltermins in Sachsenhausen verraten deutlich die Inszenierung oder doch zumindest genaue, wenn nicht gar probierte Abstimmung und Festlegung der Beteiligten vor Drehbeginn: wenn die Gruppe die jeweiligen Räume betritt, sind Kamera und Licht bereits vorher am Ort und nehmen die Hereinkommenden „in Empfang“. Die Räume selbst sind von Beginn der Sequenz an ausreichend und gleichmäßig ausgeleuchtet (in einigen Spiegelungen kann man mindestens zwei Scheinwerfer im Raum nachweisen). Das Arrangement – die sowjetischen Offiziere: ein Fragender, ein Still-Beobachtender, ein Protokollant, dazu Börner und der Zeuge – ist stets übersichtlich gegliedert und offenbar festgelegt: Keine Zufälligkeit in Gängen, Placierung und Position, kaum ein auch nur flüchtiges Verdecken einer Person, keine störenden Schatten. Fragen und Antworten kommen flüssig, ohne Zögern, ohne Formulierungsunschärfen und ohne Übersetzungsprobleme.

Diese Aufnahmen wurden in Sachsenhausen gedreht, als das Gelände bereits als Speziallager Nr. 7 vom NKWD genutzt wurde. Zum vermutlichen Zeitpunkt der Dreharbeiten (spätes Frühjahr/beginnender Sommer 1946) waren die Internierten in Zone I untergebracht und von den SMT-Strafgefangenen der Zone II streng isoliert. Nach Lage der Dinge kann man anneh-

Spuren des Internierungslagers im Dokumentarfilm:

im Hintergrund einer Trick-Szene: Gruppen von Internierten vor den Giebeln zweier Baracken

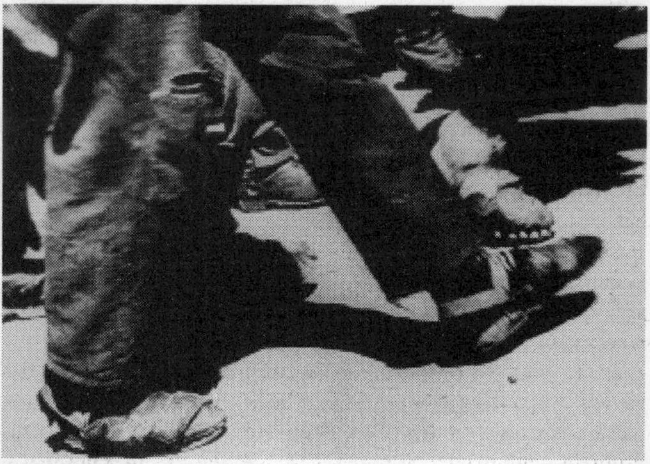

Beine und Füße einer marschierenden Kolonne – Zivilkleidung und Privatschuhe

men, daß diese Isolierung für die Dreharbeiten nicht durchbrochen wurde. Die von Fritz Börner vorgeführten Anlagen Krankenrevier und Zellenbau wurden im Speziallager weiterbetrieben, aber für die Filmaufnahmen sichtbar von Anzeichen einer aktuellen Nutzung freigehalten. (Dabei fällt die opulente Ausstattung des Krankenbaus – Labor bzw. Behandlungszimmer – auf.)

In anderen Szenen finden sich bei genauem Hinsehen direkte, sichtbare Spuren des Internierungslagers. Eine Sequenz, die zweimal in dem Film verwendet wird, haben die DEFA-Leute sogar unmittelbar mit Internierten gedreht[5]: die Beine und Füße/Schuhe einer Gruppe von laufenden bzw. marschierenden Männern: 9 Fußpaare in 3er Reihe, also 27 Personen vertretend. Eine Einzelbildanalyse der Sequenz zeigt viele verschiedene Arten von Schuhwerk und Bekleidung, auch grobe Reparaturen an Hosen (dicke Nähte, aufgesetzte Flicken). Die genau erkennbare Zivilkleidung ist ein typisches Indiz für die Bekleidung der Insassen im Speziallager. (In den NS-KZ trugen alle Häftlinge die gleiche gestreifte Häftlingskleidung und Holzpantinen.) Der Film legt optisch nahe, daß diese Sequenz für NS-KZ-Realität gehalten wird. Sie kann jedoch nur als Alibi, als Quasi-Beweis, als Stellvertreter gelten.

In einigen anderen Sequenzen sind die Spuren des Internierungslagers erst bei genauerem Hinsehen auszumachen.

Noch am deutlichsten sind sie in der dem Regisseur wichtigsten Szene des Films, einer Tricksequenz, zu sehen: die Befreiung des Lagers. Diese Szene soll nach dem Willen des Regisseurs und offensichtlich in Übereinstimmung mit den damaligen propagandistischen Intentionen der Machthaber in der SBZ eine besondere ideologische Sogkraft offerieren.

Über das Bild des wie von Geisterhand bewegten, sich langsam öffnenden Lagertors mit der perfiden NS-Aufschrift „Arbeit macht frei“ wurde die Sequenz vom Hissen der roten Fahne auf dem Berliner Reichstag kopiert, die sowjetische Kameraleute 1945 gedreht hatten. Die Sequenz „Fahne-Hissen“ wurde zudem gekontert, d. h. seitenverkehrt einkopiert: die Rotarmisten tragen Fahne und Waffen in der linken Hand (realiter jedoch in der rechten). Offenbar wurde diese Szene aus optisch-gestalterischen Gründen gekontert: die Dynamik des Vorganges – das Aufgehen/Öffnen des Tores – wird durch die Bewegungen der Soldaten – von rechts unten ins Zentrum des Bildes hinein – gesteigert und damit die angestrebte Symbolkraft erhöht.

Blickt man nun über die zweifachen, übereinander kopierten Bewegungen des Vordergrundes hinaus und in den Hintergrund der Szene hinein, so sieht man deutlich die Stirnseiten zweier Baracken, dem Appellplatz zugewandt – und vor ihnen jeweils mehrere Personen in Gruppen. Nach Ortslage muß es sich dabei um Internierte handeln: die sichtbaren Baracken und der Appellplatz gehörten zur Zone I, in der Internierte untergebracht waren.

An der Gestaltung des Tores ist für den Film offenbar manipuliert worden. Die Buchstaben „Arbeit macht frei" in Versalien waren im Original des NS-KZ aus einfachem Stabeisen gefertigt, wie auch das Tor selbst. Die Buchstaben, die der Film zeigt – weiß, flächig und leuchtend -, sind extra angefertigt und in obere Felder des Tores eingehängt, zudem mit einer vom Original abweichenden Zeilen-Aufteilung: „Arbeit macht / frei".

Die Häftlinge des NS-KZ lasen die Inschrift nur dann „richtig", wenn sie von draußen durch das Tor hindurch ins Lager hineingehen mußten. Von innen, aus dem Lager nach draußen gesehen, war der Text nur seitenverkehrt zu lesen. Für die Film-Sequenz sind also offenbar die Buchstaben umgehängt worden. Davon zeugt im Film auch die Einzel-Einstellung, die das Tor vom Appellplatz aus, also von innen nach außen, zum ehemaligen Haupteingang hin, zeigt.

Daraus folgt, daß die originale Inschrift des NS-KZ-Tores für das Speziallager entfernt worden war[6]. Für die Filmaufnahmen wurde dann die Inschrift des Lagertores nicht ganz exakt improvisiert.

Bei Errichtung der Nationalen Mahn- und Gedenkstätte Sachsenhausen 1961 ist die Inschrift so wiederhergestellt worden, wie sie im NS-KZ angebracht war und wie sie noch heute so dort zu sehen ist: aus Eisenstäben geformt und in das obere Feld der kleineren Eingangstür eingeschweißt, die in das große Tor eingelassen ist. Auch wurde die ursprüngliche Zeilenaufteilung wiederhergestellt: „Arbeit/macht frei".

Ein weiteres Beispiel: die Kamera schwenkt sehr ausführlich in einer Totalen von links nach rechts über den Appellplatz hinweg, etwas überhöht vom ersten Stock des Hauptturms A aus gedreht. Dem großen abgefilmten Areal wenden die Baracken ihre Stirnseiten zu. Im NS-KZ war auf diesen Giebeln ein Text zu lesen, der in allen NS-KZ (wenn auch in verschiedener Gestaltung) angeschrieben war: „Es gibt einen Weg zur Freiheit. Seine Meilensteine heißen Gehorsam, Fleiß, Ehrlichkeit, Ordnung, Sauberkeit, Nüchternheit, Wahrhaftigkeit, Opfersinn und Liebe zum Vaterland."[7] Dieser Text und die Aufteilung seiner Worte in Sachsenhausen (jeweils pro Barackengiebel ein Wort) sind auch auf einem der wenigen authentischen Fotos zu erkennen, die aus dem NS-KZ überliefert sind. Die Inschriften sind nun, wie der Schwenk des Films zeigt, verschwunden. Offenbar wurden sie übertüncht, als das NS-KZ im Sommer 1945 zum NKWD-Speziallager umgerüstet wurde.[8]

Noch einmal in dem Film kommen in der Ferne, im Hintergrund der Sequenz, Internierte ins Bild: als der Demonstrant der NS-KZ-Einrichtungen Fritz Börner das Tor zum Lagerkomplex Zellenbau/Bunker öffnet, um gleich darauf hindurchzugehen, kann man – über seine Schulter blickend – im Bildhintergrund wiederum eine Menschengruppe vor dem Giebel einer Baracke erkennen. Dabei muß es sich um internierte Frauen handeln, da sich dort das isolierte Frauenlager des Internierungslagers befand.

Dem Film „Todeslager Sachsenhausen" wurden späterhin Sequenzen entnommen, die als Ausgangsmaterial für weitere Dokumentar-Filme verwendet wurden, z. B. für einen Film über den Sachsenhausen-Prozeß 1947: „Berlinskij Prozess" (sw, 40 Minuten), der nur russischsprachig existiert. Weder eine deutsche Synchronfassung noch eine öffentliche Aufführung dieses Films in Deutschland sind nachweisbar. Über seinen Einsatz in Kinos der Sowjetunion konnte nichts ermittelt werden.[9]

Der Film berichtet über den Prozeß gegen 16 Mitglieder der ehemaligen Bewachungsmannschaft des NS-KZ Sachsenhausen, den ein Sowjetisches Militärtribunal vom 23. bis 31. Oktober 1947 unter großer Anteilnahme der Öffentlichkeit in Berlin-Pankow durchführte.[10] Um in dieser filmischen Prozeß-

Reportage die Beweisführung der Anklage für den Zuschauer zu illustrieren, sind große Ausschnitte aus dem Film von Richard Brandt verwendet worden, insbesondere solche Sequenzen, die die Vernichtungseinrichtungen des NS-KZ zeigen, wie sie Richard Brandts Augenzeuge Fritz Börner vorzeigt. Börner selbst tritt im Prozeß nicht als Zeuge auf. Auch die Herkunft bzw. Quelle der Materialien verzeichnet der Film nicht.

Der seinerzeitige DEFA-Kameramann Henry (Heinz) Jaworsky erinnert sich, daß er – zusammen mit zwei sowjetischen Kamera-Assistenten – im Pankower Rathaus, in dem das Gericht tagte, gedreht hat.[11] Von der Verwendung seines Materials erfuhr er nach Abschluß der Dreharbeiten nichts. Jaworsky erfuhr auch nicht, daß die von ihm gedrehten Sequenzen mit dem Material Brandts zu einem eigenständigen Dokumentarfilm montiert worden waren. Im Internierungslager Sachsenhausen hat Jaworsky nicht gedreht.[12]

Die seinerzeitige Vermischung von Original- und (im Internierungslager) nachgedrehtem Material, die Richard Brandt vorgenommen hatte, wurde also für den Film „Berlinskij Prozess"nicht hinterfragt, sondern kritiklos übernommen und weiterbefördert.

Zwei Sujets vom Sachsenhausen-Prozeß wurden in der DEFA-Wochenschau „Der Augenzeuge" Nr. 77/1947 und 80/1947 gezeigt.

In den westdeutschen Wochenschauen 1945–50 sind keine Sujets von alliierten Internierungslagern enthalten.

Viele Jahre später hat Konrad Wolf hat Szenen aus „Todeslager Sachsenhausen" in seinen stark autobiographischen Spielfilm „Ich war 19" (DEFA, 1968, sw, 119 Minuten) aufgenommen. Der Drehbuchautor des Films Wolfgang Kohlhaase erinnert sich, daß Konrad Wolf bei der Produktions-Vorbereitung in Oranienburg-Bernau recherchierte und dabei im Kinosaal der Gedenkstätte Sachsenhausen den Film Richard Brandts sah.[13]

Kohlhaase und Wolf entnahmen dem Film Richard Brandts die Sequenzen, in denen der Henker die Gaskammer und die Genickschußanlage erkärt, und nutzten sie für eine dramaturgisch wichtige Szene der Handlung.

Die letzten Dokumentarfilmaufnahmen vom Internierungslager Sachsenhausen entstanden am 20. Januar 1950[14] und zeigen Szenen der Entlassung. Aufgenommen wurden diese Szenen am Eingangstor und in Räumen der Vorzone, zeigen also nichts vom Inneren des Lagers. Sie wurden in der DEFA-Wochenschau „Der Augenzeuge“ Nr. 4/1950 gezeigt. Die Qualität und Genauigkeit dieser Bilder wird von der propagandistischen Kampagne geprägt, mit der in der noch jungen DDR die Auflösung der Lager begleitet wurde.

Die filmischen Zeugnisse über Sachsenhausen sind aufschlußreicher und aussagekräftiger, als man bislang annehmen konnte. Jedoch bedarf der schlimme Ort noch einer gültigen, sachlich-differenzierenden, filmisch-dokumentarischen Darstellung.

Anmerkungen

1 Günter Jordan, DEFA-Wochenschau und Dokumentarfilm 1946–49: Neuer deutscher Film in der Nachkriegsgesellschaft zwischen Grundlegung und Selbstverständnis, Funktion und Gestalt, Berlin 1990, S. 77 f. Leider differenziert Jordan nicht zwischen Archiv-Material, das Brandt aus den alliierten Beständen verwendet hat, inszenierten bzw. nachgestellten Sequenzen und „echtem“ Sachsenhausen-Material.

2 Der DEFA-Dokumentarfilmregisseur Andrew Thorndike datiert den Film „etwa zu gleicher Zeit“ mit Kurt Maetzigs Dokumentar-Filmen „Einheit“ und „Berlin baut auf“, die im Frühjahr 1946 entstanden. Vgl. Auf neuen Wegen, 5 Jahre fortschrittlicher deutscher Film, o.V., o.J. (1950), Berlin, S. 99

3 In dieser Fassung fehlt freilich eine Sequenz, die bei der Vorführung des Films im Sachsenhausen-Prozeß besonders aufgefallen war und ausdrücklich hervorgehoben wurde, daß nämlich Sachsenhausener SS-Offiziere als Belohnung für ihre Verbrechen einen Erholungsurlaub in Italien erhalten hatten. Diese Sequenz nahm auf das Titelblatt einer NS-Illustrierten bezug.

4 Nach Informationen von Ingeborg Ross, Archiv der Gedenkstätte Sachsenhausen, an den Verf.

5 Auch ehemalige Internierte erinnern sich an Filmaufnahmen, z. B. Heinz Schalow gegenüber dem Verf.

6 Es hätte wohl auch einen Gipfel an Perfidie dargestellt, die Inschrift „Arbeit macht frei“ zu belassen: in allen Speziallagern des NKWD in der SBZ galt striktes Arbeitsverbot.

7 Der Text wird Heinrich Himmler zugeschrieben.

8 Diese markante Veränderung ist auch dem evangelischen Geistlichen Propst Heinrich Grüber aufgefallen, dem einzigen Zivilisten, dem das Betreten dieses Lagerteils – wenn auch erst 1949 zu einem Weihnachtsgottesdienst – gestattet wurde. Vgl. Heinrich Grüber, Sachsenhausen 1940–1949, S. 154 dieses Bandes

9 Die Filmographie „DEFA 1946–64, Studio für Wochenschau und Dokumentarfilm", Berlin 1969, S. 15 verzeichnet ein ausschließlich deutsches Film-Team und vermerkt: „Der Film wurde für sowjetische Dienststellen hergestellt. Eine Dokumentation über den Verlauf des Sachsenhausen-Prozesses." Die im Bundesarchiv/Filmarchiv Berlin befindliche Kopie dagegen verzeichnet ein ausschließlich sowjetisches Team und die Angabe „Moskau 1948".

10 vgl. den Aufsatz von Günter Wieland, S. 234 des vorliegenden Bandes

11 Jaworskys Mitwirkung an den Dreharbeiten wird in der Filmographie „DEFA 1946–64, Studio für Wochenschau und Dokumentarfilm", a.a.O., genannt.

12 Gedächtnisprotokoll eines Gesprächs des Verf. mit Henry Jaworsky am 1. Juni 1993 in Berlin

13 Gedächtnisprotokoll eines Gesprächs des Verf. mit Wolfgang Kohlhaase am 3. Juni 1993 in Berlin

14 In: Tätigkeitsbericht des Verbindungsoffiziers der LBdVP, o.D., vgl. S. 188 des vorliegenden Bandes

Anhang

Bibliographie „Das sowjetische Speziallager Sachsenhausen 1945–1950“ (Auswahl)

Zusammengestellt von Peter Erler

Agafonow, Alexander: Erinnerungen eines notorischen Deserteurs. Berlin 1993.

Auerbach, Helmut: Die Organisation des „Werwolf“. In: Gutachten des Institut für Zeitgeschichte. München 1958.

Bald nach Hause – Skoro domoi, Das Leben der Eva-Maria Stege, aufgezeichnet von Sigrid Moser, Berlin 1991

Bericht des Alliierten Kontrollrates in Deutschland an den Rat der Außenminister. 20. bis 25. Februar 1947. (Auszüge). In: Um ein antifaschistisches demokratisches Deutschland. Dokumente aus den Jahren 1945–1949. Berlin 1968, S. 387 f.

Berichte über sowjetische Internierungslager in der SBZ. In: Deutschland Archiv 1990, H.11, S. 1804 f.

Berner, Kurt: Spezialisten hinter Stacheldraht. Berlin 1990.

Birkenfeld, Günther: Der NKWD-Staat. In: Der Monat 1950, H. 18, S. 628 f.

Bordihn, Peter: Für fünf Jahre verschwunden. Peter Bodihn über ein Stück seines Lebens, das er bishlang verschweigen mußte. In: Wochenpost 1990, H. 19, S.16.

Bordihn, Peter: Bittere Jahre am Polarkreis. Als Sozialdemokrat in Stalins Lagern. Berlin 1990.

Bräuer, Hans-Dieter: Fluch der bösen Tat. Weil Stalins Schatten über Sachsenhausen gelegen und Honecker darüber zu schweiger befohlen hatte, konnten im ehemaligen KZ neue Nazis alte Nazis feiern. In: Neue Berliner Illustrierte 1990, H. 19, S. 62.

Bundesnachrichtenblatt des Waldheim – Kameradschaftskreises, 1/1963–65/1980.

Buschfort, Wolfgang: Das Ostbüro der SPD, Schriftenreihe der

Viertelsjahreshefte des Instituts für Zeitgeschichte, Bd.63, München 1991.

Dahms, Henrike: Die sowjetischen Sonderlager in der SBZ/DDR 1945–1950. Schriftliche Hausarbeit im Rahmen der Ersten Staatsprüfung für das Lehramt für die Sekundarstufe II, dem Staatlichen Prüfungsamt Köln vorgelegt von Henrike Dahms, Berichterstatter: Prof. Dr. Alexander Fischer, Bonn 1992.

Das Kreuz von Schmachtenhagen. Fragen an den Bundeskanzler. Dokumentation. Berlin (Selbstverl Axel Lutz) 1991.

Das System des kommunistischen Terrors in der Sowjetzone. Sopade Informationsdienst. Denkschriften Nr. 28. Hrsg. vom Vorstand der Sozialdemokratischen Partei Deutschlands. Hannover 1950.

Dengler, Gerhard: Der Konzentrationslager-Schwindel ist endgültig geplatzt. In: Neues Deutschland vom 22. Januar 1950.

Denkschrift des Ministeriums für Innere Angelegenheiten der UdSSR zu den Sonderlagern in der ehemaligen SBZ. In: Neues Deutschland vom 27. Juli 1990.

„Die einen sind im Dunkeln ...".Jugend hinter Stacheldraht. Sopade Informationsdienst. Denkschrift Nr. 31. Hrsg.: Vorstand der Sozialdemokratischen Partei Deutschlands. Hannover o.D.

Die Sowjetischen Militärtribunale. KgU-Archiv 1957, H. 7.

Die sowjetischen Konzentrationslager auf deutschen Boden. Bericht der Kampfgruppe gegen Unmenschlichkeit Berlin. Berlin o.J. (1950).

Die Straflager und Zuchthäuser der Sowjetzone. Gesundheitszustand und Lebensbedingungen der politischen Gefangenen. Sopade Informationsdienst. Denkschrift Nr. 55. Hrsg. vom Vorstand der Sozialdemokratischen Partei Deutschlands. Hannover o.J.

Dokumentation des Terrors. Namen und Schicksale der seit 1945 in der sowjetisch besetzten Zone Deutschlands verhafteten und verschleppten Professoren und Studenten. Hrsg. vom Verband Deutscher Studentenschaften. 5. Auflage. Berlin 1962.

Enke, Thomas: Freiwild und Denunzierte. Sachsenhausen zwi-

schen Hitler und Stalin. 45er Frühlingserlebnisse einer 22jährigen. In: Junge Welt vom 24. April 1990.
Erinnerung ist das Geheimnis der Versöhnung. 2. Buchenwald-Geschichtsseminar Weimar, Buchenwald, Ettersburg, 15.–17. November 1991. Hrsg. Kuratorium Schloß Ettersburg e.V. Weimar 1992.
Erler, Peter: Sowjetische Internierungslager in der SBZ/DDR. In: links – Was und Wie 1990, 2. Augustheft, S. 18/19.
Erler, Peter: Verhaftungen Berliner Sozialdemokraten durch sowjetische Sicherheitsorgane 1945/1946. In: Horch und Guck (Berlin) 1993, H. 7, S. 15 f.
Erler, Peter/Fechner, Andre: Wie viele starben unter stalinistischer Willkür? Entgegnung zu Aussagen einer ministeriellen Arbeitsgruppe. In: Berliner Zeitung vom 14. November 1991.
Erler, Peter/Prieß, Lutz: Provisorische Ordnung der Internierungslager in der SBZ/DDR. In: Beiträge zur Geschichte der Arbeiterbewegung 1991, H. 4, S. 530 f.
Erler, Peter/Prieß, Lutz: Sowjetische Internierungs- bzw. Speziallager in der SBZ/DDR 1945 bis 1950. In: Nicht länger geheim. Zum unheilsamen Wirken und zur Liquidierung der Staatssicherheit. Hrsg.: Antistalinistische Aktion Berlin-Normannenstraße e.V. (ASTAK) Berlin o.D. (1992), S. 15.
Erler, Peter/Otto, Wilfriede/Prieß, Lutz: Sowjetische Internierungslager in der SBZ/DDR 1945 bis 1950. In: Beiträge zur Geschichte der Arbeiterbewegung 1990, H. 6, S. 723 f.
Finn, Gerhard: Die politischen Häftlinge der Sowjetzone 1945–1959. Pfaffenhofen 1960.
Finn, Gerhard: Sachsenhausen 1936–1950. Geschichte eines Lagers. Bad Münstereifel 1988.
Flocken, Jan von: Zu Tode gehungert. Stalins Internierungslager in Deutschland 1945–1950. Chance. Das Jugendmagazin in der DDR 1990, H. 3, S. 26/27.
Flocken, Jan von: Mit Heinrich George im Todeslager. Zwei Jahre KZ Sachsenhausen für eine Fahrradfahrt. Das Schicksal des Hubert Polus 1946–1948. In: Der Morgen (Berlin) vom 10./11. März 1990.
Flocken, Jan von/Klonovsky, Michael: Stalins Lager in Deutschland 1945–1950. Dokumentation-Zeugenberichte. Berlin 1991.

Freiheitsglocke. Hrsg. v. d. Gemeinschaft ehemaliger politischer Häftlinge, Vereinigung der Opfer des Stalinismus e.V., 1 (1951)1 f.

Fricke, Karl Wilhelm: Sachsenhausen mahnt. Ein Konzentrationslager unter zwei Diktaturen. In: SBZ-Archiv vom 2. März 1961.

Fricke, Karl Wilhelm: Politik und Justiz in der DDR. Zur Geschichte der politischen Verfolgung 1945–1968. Bericht und Dokumentation. Köln 1979.

Fricke, Karl Wilhelm: „Kampf dem Klassenfeind“: Politische Verfolgung in der SBZ. In: Studien zur Geschichte der SBZ/DDR. Herausgegeben von Alexander Fischer. Berlin 1993 (Schriftenreihe der Gesellschaft für Deutschlandforschung; Bd. 38), S. 179 f.

Fricke, Karl-Wilhelm: Politische Verfolgung und sowjetische Militärjustiz in der SBZ/DDR. In: Das Torgau-Tabu. Wehrmachtstrafsystem, NKWD-Speziallager, DDR-Strafvollzug. Hg. v. Norbert Haase u. Brigitte Oleschinski. Redaktionelle Mitarbeit: Bernward Dörner, Forum Verlag, Leipzig 1993, S. 165 f.

Greve, Uwe: Lager des Grauens. Sowjetische KZ,s in der DDR nach 1945. Kiel 1990.

Grüber, Heinrich: Erinnerungen aus sieben Jahrzehnten. Köln/Berlin 1968.

Harmsen, Torsten: Mit der Stunde der Befreiung kam nicht das Ende des Lagers Sachsenhausen. Der Zeitzeuge Heinz Schalow besucht nach 45 Jahren das Ehemalige NKWD-Speziallager Nr. 7. In: Berliner Zeitung vom 12. April 1990.

Harmsen, Torsten: „Hör auf zu heulen, wir kommen alle noch nach Hause!“. Ein Sensationsartikel und das Ende des Schauspielers Heinrich George im September 1946 in Sachsenhausen. In: Berliner Zeitung vom 28. September 1990.

Hartenstein, Elfi: … und nachts Kartoffeln schälen. Verfolgt, verschwiegen, verdrängt. Frauen berichten aus Nachkriegslagern. Annäherung an ein Kapitel DDR-Vergangenheit. Berg am Starnberger See 1992.

Heise, Joachim: Nicht nur um die Seelsorge von Internierten bemüht. In: Neues Deutschland vom 7./8. April 1990.

Ich war in Sachsenhausen. Vier Jahre in einem sowjetischen Konzentrationslager/Erlebnisbericht eines japanischen Arztes. In: Das Freie Wort vom 8. April 1952.

Jansen, Frank: „Doch es sind Keine namenslosen Toten“. Gedenkstein am Massengrab des sowjetischen Speziallagers Sachsenhausen eingeweiht. In: Tagesspiegel vom 18. August 1991.

Just, Hermann: Die sowjetischen Konzentrationslager auf deutschen Boden. Hefte der Kampfgruppe gegen Unmenschlichkeit. Hrsg. von der Kampfgruppe gegen Unmenschlichkeit. Berlin 1952.

Kogon, Eugen: Der SS-Staat. Frankfurt a. M. 1959.

Kühle, Barbara/Titz, Wolfgang: Speziallager Nr.7. Sachsenhausen 1945–1950. Berlin 1990.

Kunold, Frank: Von Sachsenhausen nach Sibirien. eine deutsche Nachkriegsodysse. In: Akzente (Berlin) Mai 1990, S. 8.

Laregh, Peter: Heinrich George. Komödiant seiner Zeit. München 1992.

Lipinsky, Jan: Speziallager Torgau. Verwaltung im Spiegel der sowjetischen Akten. In: Das Torgau-Tabu. Wehrmachtstrafsystem, NKWD-Speziallager, DDR-Strafvollzug. Hg. v. Norbert Haase u. Brigitte Oleschinski. Redaktionelle Mitarbeit: Bernward Dörner, Forum Verlag, Leipzig 1993, S. 146 f.

Materialien zur Pressekonferenz des Stellvertreters des Ministerpräsidenten und Minister des Innern, Dr. Peter-Michael Diestel. Berlin, 26.September 1990.

Merz, Kai-Uwe: Kalter Krieg als antikommunistischer Widerstand. Die Kampfgruppe gegen Unmenschlichkeit 1948 bis 1959, (Studien zur Zeitgeschichte, 34), R. Oldenbourg Verlag, München 1987.

Nawratil, Heinz: Die deutschen Nachkriegsverluste. München/Berlin 1987.

Otto, Wilfriede: Auch Unschuldige wurden verhaftet und verschleppt. In: Neues Deutschland vom 24./25. März 1990.

Plato, Alexander v.: Sowjetische Sonderlager in SBZ und DDR. In: BIOS, Opladen 1992 H. 2, S. 248 f.

Preissinger, Adrian (Hrsg.): Todesfabriken der Kommunisten.

Von Sachsenhausen bis Buchenwald. Mit einem Vorwort und Berichten von Joachim Siegerist, Berg am See 1991.
Richter, Wolfgang: „Daß auch diese Geschichte aufgearbeitet wird ...“. Ein deutsches Schicksal mahnt. Reinhard Wolf – als Jugendlicher drei Jahre unschuldig im NKWD – Lager Sachsenhausen. In: Neue Zeit vom 2. April 1991.
Ritscher, Bodo: Zur Herausbildung und Organisation des Systems von Speziallagern des NKVD der UdSSR in der sowjetischen Besatzungszone Deutschlands im Jahre 1945. Dokumentation, Deutschland Archiv 1993, H. 6, S. 723 f.
Ritscher, Bodo: Speziallager Nr.2 Buchenwald. Hrsg. von der Landeszentrale für politische Bildung Thüringen. Weimar-Buchenwald 1993.
Ritscher, Bodo: Die Abteilung Spezlager. Anmerkungen zur Struktur und zum Funktionsbereich einer NKWD/MWD-Behörde in Deutschland. In: Das Torgau-Tabu. Wehrmachtstrafsystem, NKWD-Speziallager, DDR-Strafvollzug. Hg. v. Norbert Haase u. Brigitte Oleschinski. Redaktionelle Mitarbeit: Bernward Dörner, Forum Verlag, Leipzig 1993, S. 135f.
Rose, Arno: Werwolf 1944–1945. Eine Dokumentation. Stuttgart 1980.
Sammlung Außerdeutscher Strafgesetzbücher. Strafgesetsbuch der Russischen Sozialistischen Föderativen Sowjetrepublik vom 22. November 1926 in der am 1. Januar 1952 gültigen Fassung mit Nebengesetzen und Materialien. Berlin 1953.
Schatz, Helga: Die sowjetischen Speziallager in der SBZ und DDR und ihre gesellschaftliche Wahrnehmung bis Anfang der fünfziger Jahre, Magisterarbeit am Historischen Seminar der Universität Hannover, Erstgutachter: Prof. Dr. Herbert Obenaus, Zweitgutachter: Prof. Dr. Claus Füllberg-Stollberg, Hannover 1992.
Schilde, Kurt: Jugendliche unter „Werwolf“-Verdacht. Anmerkungen zu einem schwierigen Thema. In: Das Torgau-Tabu. Wehrmachtstrafsystem, NKWD-Speziallager, DDR-Strafvollzug. Hg. v. Norbert Haase u. Brigitte Oleschinski. Redaktionelle Mitarbeit: Bernward Dörner, Forum Verlag, Leipzig 1993, S. 176 f.

Siegert, Toni: Stalins Todeslager in der DDR. In: Politische Studien 1990, H. 3, S. 656 f.

Süß, Walter: Die sowjetischen Internierungslager in der DDR. Verdrängte DDR-Geschichte ans Tageslicht geholt. Im DDR-Gulag interniert wurden ab April 1945 Kriegsverbrecher, Nazis, „Klassenfeinde" und „möglicherweise gefährliche Deutsche". In: Tageszeitung (Berlin) vom 31. März 1990.

Taege, Herbert: Die Gefesselten. Deutschen Frauen in sowjetischen Konzentrationslagern in Deutschland. Lindhorst 1987.

Terror in der Ostzone. Tatsachenklagen an. Hrsg. vom Vorstand der SPD. Hannover 1948.

Vittori, J. P.: Keine Gleichstellung von Tätern und Opfern. In: antiFA 1991, H. 4, S. 8/9.

Voelkner, Hans und Rosemarie (Hrsg.): „Unschuldig in Stalins Hand". Briefe. Berichte. Notizen. Berlin 1990.

Vollnhals, Clemens (Hrsg.): Entnazifizierung. Politische Säuberung und Rehabilitierung in den vier Besatzungszonen 1945–1949. In Zusammenarbeit mit Thomas Schlemmer. München 1991.

Weber, Hermann: Das System der „Speziallager" in der SBZ. In: Brandenburgische Gedänkstätten für die Verfolgten des NS-Regimes. Berlin 1992, S. 28 f.

Zur Neuorientierung der Gedänkstätte Buchenwald. Die Empfehlungen der vom Minister für Wissenschaften und Kunst des Landes Thüringen berufenen Historikerkommission. Weimar-Buchenwald 1992.

Autorenverzeichnis:

Agde, Günter, Dr. phil., geb. 1939, Filmhistoriker, wissenschaftlicher Mitarbeiter an der ehemaligen Akademie der Künste zu Berlin, Publikationen zu filmhistorischen Themen, u. a. „Kahlschlag, Dokumente und Studien zum 11. Plenum des ZK der SED", Berlin, 1991

Erler, Peter, geb. 1961, Historiker, wissenschaftlicher Mitarbeiter am ehemaligen Institut für Marxismus-Leninismus beim ZK der SED, derzeit Mitglied des Forschungsverbundes „SED-Staat" an der FU Berlin, Publikationen zur Aufarbeitung stalinistischer Repressalien, u. a. Mitautor „In den Fängen des NKWD", Berlin 1991

Funke, Christoph, geb. 1934, Journalist und Theaterkritiker, Publikationen über Schauspieler, Regisseure, Bühnenbildner, Aufführungen des Deutschen Theaters Berlin, u. a. „Theater am Schiffbauerdamm, die Geschichte einer Berliner Bühne" (zus. mit Elmar Jansen), Berlin 1993

Hass, Gerhart, Prof. Dr. sc. phil., geb. 1931, Historiker, wissenschaftlicher Mitarbeiter an der ehemaligen Akademie der Wissenschaften der DDR, Publikationen zur NS-Zeit, u. a. Mitautor und Mitherausgeber „Deutschland im Zweiten Weltkrieg", Berlin 1974–85

Prieß, Lutz, Dr. phil., geb. 1951, wissenschaftlicher Mitarbeiter am ehemaligen Institut für Geschichte der Arbeiterbewegung Berlin, zuletzt Leiter der Forschungs- und Konsultationsstelle „Opfer des Stalinismus", Publikationen zur Aufarbeitung stalinistischer Repressalien, u. a. „SED und Stalinismus" (zus. mit J. Gabert), Berlin 1990

Wieland, Günter, Dr. jur., geb. 1931, Staatsanwalt a. D., Publikationen zur Verfolgung von NS-Verbrechen, u. a."Das war der Volksgerichtshof, Ermittlungen, Fakten, Dokumente", Berlin 1989, „Das System der NS-KZ 1933–39" (zus. mit Klaus Drobisch), Berlin 1993

Danksagung:

Allen „ehemaligen" Sachsenhausenern, die das Zustandekommen dieses Buches direkt und indirekt unterstützt haben, danke ich von Herzen, insbesondere Kurt Adam†, Wolfgang Böhme†, Lottchen Fischer, Gisela Gneist, Walter Gorgas, Hans Jakubik, Manfred Papsdorf, Heinz Schalow, Kurt Schroot, Helga Timm, Erwin Tränkmann, Kurt Weiss und Jutta von Willich. An Ingeborg Kampe, Elfriede Winkelmann, Dieter Scholz und Gudrun Schüller Dank für die Überlassung zahlreicher Materialien, für persönliche Angaben und für Mithilfe beim Entziffern.

Ebenso herzlich danke ich für Genehmigungen und Beratung Dr. Ursula Adam/Berlin, Hans Biereigel/Oranienburg, Dr. Hans Fischerkoesen/Bad Godesberg, Pf. i. R. Hartmut Grüber/Berlin, Dr. Sergey Mironenko/Moskau, Dr. Dieter Plath/Berlin, Monika Quast/Hamburg, Manfred Rexin/Berlin, Pf. Reinhardt Röhm/Oranienburg und besonders Dr. Bodo Ritscher (Buchenwald) und Wolfgang Titz (Sachsenhausen) sowie meinen Autoren.

Und mein Dank geht an Berlin Document Center, Brandenburgisches Landeshauptarchiv Potsdam, Bundesarchiv Koblenz, Bundesarchiv/Bundesfilmarchiv Berlin (besonders Gunter Voigt) und Bundesarchiv/Abteilungen Potsdam, Evangelisches Zentralarchiv Berlin, Fotoarchiv der Stiftung Deutsche Kinemathek Berlin, Gedenkbibliothek zu Ehren der Opfer des Stalinismus Berlin e.V. (Ilse-Dore Gissler, Ursula Popiolek), Gedenkstätte Buchenwald, Gedenkstätte Sachsenhausen (Dr. Günter Morsch und Ingeborg Ross), Geheimes Staatsarchiv Berlin, Kreisarchiv Sondershausen, Progreß-Filmverleih-GmbH/Dokfilm-Archiv Berlin, RIAS-Archiv Berlin, Senatsverwaltung für Bau- und Wohnungswesen V Berlin, Sovexportfilm Vertretung in der BRD Berlin, Stadtarchiv Greußen, Stadtarchiv Oranienburg, Studio Moser/Rosiè Berlin, Thüringer Justizministerium Weimar, Thüringisches Hauptstaatsarchiv Weimar (Dr. Bernhard Post und vor allem Grit Graupner)

G.A.

Fotonachweis:

Archiv der Gedenkstätte Sachsenhausen 2, Archiv des Herausgebers 2, Bundesarchiv Koblenz 5, privat 1, Progreß-Filmverleih-GmbH, Dokfilm-Archiv/Studio Moser/Rosié 3, Monika Quast 3, Kurt Schroot 1, Senatsverwaltung für Bau- und Wohnungswesen Berlin (Vermessung) 1, Stiftung Deutsche Kinemathek Berlin 2